Horst Klaus Berg · Grundriß der Bibeldidaktik

Horst Klaus Berg

GRUNDRISS DER BIBELDIDAKTIK

Konzepte – Modelle – Methoden

Kösel · Calwer

Handbuch des Biblischen Unterrichts: Band 2

ISBN 3-466-36345-4 (Kösel)
ISBN 3-7668-3222-0 (Calwer)

Druck und Bindung: Kösel, Kempten
Umschlaggestaltung: Bine Cordes, Weyarn

2 3 4 5 6 7 · 05 04 03 02 01 00

*Gedruckt auf umweltfreundlich hergestelltem Werkdruckpapier
(säurefrei und chlorfrei gebleicht)*

Inhalt

I. Ausgangspunkte

II. Basis

III. Praxis

I. Ausgangspunkte

Kapitel 1
Fragen nach dem, was notwendig ist

Die Bibel ist in Gefahr, zum »vergessenen Buch« zu werden und aus dem Bewußtsein der Menschen zu verschwinden. Das zeigt sich nicht zuletzt in den Einstellungen der meisten Schüler zum biblischen Unterricht. Aber wie gehen wir mit solchen Erfahrungen um?

Die größte Versuchung, die sich angesichts der oft trüben Erfahrungen mit dem Bibelunterricht meldet, ist wohl der Griff in die methodische Trickkiste: Wer hat noch nicht den interessantesten Film gewählt, die flottesten Lieder angeschlagen, um mit den Schwierigkeiten fertigzuwerden?

Aber jeder weiß, daß die Anwendung kurzatmiger methodischer Handgriffe die Problematik nur ganz oberflächlich und schnellebig überdeckt und mittelfristig eher Schaden anrichtet.

Das konnte man gut an vielen Unternehmungen zum »Jahr mit der Bibel«, studieren, das 1992 ausgerufen wurde. Eine Fülle von Aktivitäten war zu registrieren. Da wurden beispielsweise angeboten: Bibel-Schiffe auf dem Bodensee und der Elbe oder ein Bibelzug mit Gesellschaftswagen. Auf dem Programm standen dann u.a.: Bibelcomputer, Bibeltexte in der Rock- und Popmusik, eine Videostation... Stolz zog der für das Bodensee-Schiff zuständige Pfarrer Bilanz: Man habe die Bibel »munter, unterhaltsam, mit Freizeitwert« vorgestellt. Das erinnert fatal an Verkaufstechniken, die auch auf Kaffeefahrten benutzt werden, um etwas an den Mann oder an die Frau zu bringen, was eigentlich niemand will.

Die Frage nach neuen Wegen muß viel tiefer, ehrlicher ansetzen. Bevor nach neuen Vermittlungstechniken für die biblische Überlieferung gesucht wird, wird Klärung darüber nötig sein, was das »didaktisch Notwendige« ist (Ingo Baldermann, 1983, S. 11 ff.). Das didaktisch Notwendige ist in meiner Sicht nicht das, was der Lehrplan verordnet, sondern das, was den Schülern in ihrer Lebenslage hilft, Orientierung anbietet, Wege zeigt, zum Weiterkommen anregt. Die didaktische Frage kann also immer nur auf dem Hintergrund der Situation derer reflektiert werden, die die gedachten Lernprozesse betrifft.

In dem Augenblick, in dem die didaktische Frage so grundlegend gestellt wird, kann der Religionspädagoge sich nicht mehr aus ihr heraushalten, ist ihm eine Zuschauerdidaktik versperrt. Denn er muß sich ja der Frage stellen, welche Bedeutung die Bibel für ihn selbst hat: Kann er in den alten Texten noch Leben wahrnehmen? Angst und Hoffnung, Leidenschaft und Wut, Vertrauen und Hingabe, Zweifel und Glauben... Erfahrungen, die auch seine sind? Kann er sich von diesen Erfahrungen anstecken lassen, Orientierung gewinnen, Mut schöpfen? Oder radikaler gefragt: Was würde sich für ihn verändern, wenn es die Bibel nicht gäbe?
Die eigentliche Quelle von Enttäuschung und Resignation liegt vielleicht gerade darin, daß es auf diese Fragen so wenig authentische Antworten gibt – wie soll der Lehrer den Schülern dann etwas »vermitteln«?

In Weiterführung der berühmten Thesen Hans Bernhard Kaufmanns von 1966 (s.u. Kapitel II.3.1), die die Reform der neueren Bibeldidaktik anstießen, erkenne ich für mich als Grundaufgabe des biblischen Unterrichts:
Im Religionsunterricht sind die biblischen Inhalte so auszuwählen und so auszulegen, daß junge Menschen ihre kritische und befreiende Dynamik und die in ihnen aufbewahrte Hoffnungskraft erkennen und annehmen können; junge Menschen sind zur kritischen Analyse ihres Lebens und ihrer Welt zu befähigen, damit sie die befreienden Impulse der biblischen Überlieferung als eine ihnen zugedachte Chance zur Veränderung erkennen und annehmen können.
Diesem Basis-Satz entspricht die Anlage des gesamten »Handbuchs der Bibeldidaktik«, dessen zweiten Band ich mit diesem Buch vorlege.
Band 1 versuchte, die Möglichkeiten einer erfahrungsbezogenen Auslegung der Bibel auszuloten: Dreizehn hermeneutische Konzepte wurden vorgestellt, in ihren Möglichkeiten und Grenzen geprüft und integrativ aufeinander bezogen. Der 2. Band bleibt auf dieser Spur: Er ist kein Methodenbuch zum Bibelunterricht, sondern fragt nach dem didaktisch Notwendigen und bedenkt Aussichten der Realisierung.
In einem ersten Teil werden Ausgangspunkte des biblischen Unterrichts dargestellt: Einstellungen und Bedürfnisse der Schüler, Vorgaben in Lehrplänen. Der zweite Teil setzt mit einer Reflexion der Lern- und Erfahrungschancen ein, die die biblische Überlieferung für Schüler und Lehrer bereithält. Hauptsächlich aber beschäftigt sich dieser Teil mit den hermeneutischen und didaktischen Grundlagen des biblischen Unterrichts. Die Ausführungen zur Hermeneutik greifen teilweise auf Texte aus Band 1 zurück; mein Interesse dabei ist, die einzelnen Bände als abgeschlossene, in sich schlüssige Gedankengänge und Vorschläge anzubieten.
Im dritten Teil geht es dann um Wege zur Praxis: Die verschiedenen Typen des Bibelunterrichts werden erläutert und Unterrichtsmethoden beschrieben.
Das »Handbuch des Biblischen Unterrichts« soll dann mit zwei weiteren Bänden abgeschlossen werden, die zentrale biblische Themen und Texte unmittelbar praxisbezogen bearbeiten.

Kapitel 2
Zur Ausgangslage der Schüler

Vorbemerkung

Die Bibel gehört zu den unbeliebtesten Inhalten des Religionsunterrichts – das weiß wahrscheinlich jeder Lehrer aus eigener Anschauung.
Wer kennt nicht die oft niederschmetternde Bilanz nach langen unterrichtlichen Anstrengungen. Da sind zunächst die Defizite im Blick auf die *Ergebnisse* des biblischen Unterrichts: In aller Regel werden sich bei den Schülern kaum abrufbare oder aktivierbare Kenntnisse im Blick auf biblische Inhalte finden lassen. Das mag ein Schicksal sein, das unser Fach mit vielen oder sogar den meisten anderen Unterrichtsfächern teilt – erschreckend aber ist, daß das wenige, was hängenbleibt, sich zumeist noch nicht einmal auf das Wesentliche oder Wichtige konzentriert, sondern oft ganz Banales oder sogar Falsches betrifft.
Das muß zu denken geben! Denn es deutet darauf hin, daß die biblische Überlieferung nirgendwo einen »Sitz im Leben« der Schüler hat, keinen Ort, an dem sie ihre Erfahrung trifft, Lebensorientierung für sie gewinnt.
Die Beobachtungen, die sich im Blick auf die Ergebnisse des biblischen Unterrichts zeigten, bestätigen sich, wenn man die *Einstellungen* der Schüler zu biblischen Themen bedenkt: Man wird häufig Langeweile oder Abneigung spüren, jedenfalls bei älteren Schülern.
Solche Erfahrungen sollen im folgenden Kapitel reflektiert und vertieft werden. Es bietet Informationen und Materialien zu der Frage an, mit welcher Ausgangslage der Unterrichtende bei seinen Schülern rechnen muß.
Da sind einmal allgemeine Beobachtungen und Überlegungen, wie ich sie auch schon in Band 1 (dort: Kapitel I.2) angestellt habe; darüber hinaus ziehe ich auch veröffentlichte Untersuchungen zu dieser Frage heran.
Ich berichte nicht nur über die Ergebnisse, sondern biete auch einen Fragebogen zur Durchführung eigener Befragungen an.
Was könnte eine solche Aktion in der eigenen Klasse leisten?

- Sie kann dem Unterrichtenden Aufschlüsse über die Einstellungen seiner Schüler und Hinweise für die Anlage seines Unterrichts geben;
- der Vergleich mit den Ergebnissen der gesamten Klassenstufe, mit den allgemeinen Trends und auch mit einer empirischen Untersuchung kann zur genaueren Analyse der eigenen Daten anregen;
- die Befragung kann in der Lerngruppe Gespräche über die Inhalte der Befragung und damit über das Verständnis des Religionsunterrichts auslösen.

1 »Thema: Bibel« – eine Schülerbefragung

1.1 Zur Anlage der Befragung

Um nicht auf Vermutungen oder punktuelle Eindrücke angewiesen zu sein, führte ich vor einigen Jahren eine Befragung durch. Ausgangspunkt war eine Arbeit »Schüler und Bibel« von Martin Bröking-Bortfeld (1984). Es handelt sich um eine umfangreiche empirische Untersuchung zur Bedeutung der Bibel für 13-16jährige Schüler. Aus den dort verwendeten 49 Fragen wurden elf ausgewählt und zum Teil verändert.

Die Befragung wurde im Frühjahr 1989 in zwei Aktionen durchgeführt:

Im Raum Weingarten (Württemberg) und Ravensburg wurden 63 Klassen (5. – 10. Schuljahr) befragt; sie wurden relativ zufällig in Haupt- und Realschulen (und einem Gymnasium) ausgewählt. Es beteiligten sich etwa 1150 Schüler, die meisten in den Klassenstufen 8 und 9. Die konfessionelle Schichtung entsprach in etwa den statistischen Verhältnissen in Oberschwaben (ca. 20% evangelische Christen). Die statistische Auswertung berücksichtigte zunächst auch die Konfessionszugehörigkeit der Befragten; die nach Konfessionen differenzierte Auswertung zeigte jedoch kaum signifikante Unterschiede, darum wurde sie bei der tabellarischen Zusammenstellung vernachlässigt. Einige Auffälligkeiten werden bei der inhaltlichen Auswertung genannt.

Gleichzeitig wurde die Umfrage an Berufsschulen in ganz Baden-Württemberg durchgeführt. Es beteiligten sich 175 Klassen mit fast 3000 Schülern. Es wurden die verschiedensten Schultypen berücksichtigt (Teilzeit-Unterricht bis Berufliches Gymnasium); eine Differenzierung nach der Konfession der Schüler fand nicht statt.

Thema Bibel

1	Die Bibel hat für viele Menschen eine ganz unterschiedliche Bedeutung. Was bedeutet sie wohl für Dich? *Du kannst hier mehrere Antworten ankreuzen, aber bitte* ***nicht mehr als zwei***	
1.1	Für mich ist die Bibel die Grundlage christlichen Glaubens für alle Zeiten	… ☐
1.2	Für mich ist die Bibel ein Märchenbuch	… ☐
1.3	Für mich ist die Bibel eine Sammlung von Gottes Worten	… ☐
1.4	Für mich ist die Bibel eine Sammlung wichtiger Erfahrungen, die andere Menschen gemacht haben	… ☐
1.5	Für mich ist die Bibel ein Buch wie jedes andere auch	… ☐
2	Hat die Bibel für Dich eine große Bedeutung?	
2.1	Ja	… ☐
2.2	Nein	… ☐
2.3	Das kann ich nicht so genau sagen	… ☐
3	Gibt es Deiner Meinung nach besondere Situationen oder Stimmungen, in denen man in der Bibel liest?	
3.1	Eigentlich nicht	… ☐
3.2	Ja, wenn man besonders traurig ist	… ☐
3.3	Ja, wenn man sich einmal besonders freut und glücklich ist	… ☐
3.4	Ja, wenn man einmal richtig verzweifelt ist	… ☐
3.5	Ja, vor einem wichtigen Ereignis	… ☐
4	Hast Du selbst schon solche Situationen oder Stimmungen erlebt?	
4.1	Ja	… ☐
4.2	Nein	… ☐
5	Wie oft liest du eigentlich in der Bibel? *Gemeint ist nicht das Bibellesen im Religionsunterricht oder in einer Jugendgruppe, sondern für sich selbst, daheim*	
5.1	Eigentlich nie	… ☐
5.2	Eigentlich ziemlich oft	… ☐
5.3	Sehr häufig und regelmäßig	… ☐
6	Gibt es Geschichten in der Bibel, die Du besonders gern hörst oder liest?	
6.1	Nein, eigentlich nicht	… ☐
6.2	Ja, und zwar besonders … *Schreibe bitte ein paar Stichworte zu solchen Geschichten auf!*	… ☐
7	Gibt es Personen in der Bibel, die Dich besonders beeindruckt haben?	
7.1	Nein, eigentlich nicht	… ☐
7.2	Ja, aber ich kann mich nicht an ihre Namen erinnern	… ☐
7.3	Ja, und zwar besonders … *Schreibe bitte ein paar Stichworte zu diesen Personen auf!*	… ☐

8 Wenn heutige Menschen Probleme haben, glaubst Du, daß die Bibel ihnen bei der Lösung ihrer Probleme helfen kann – oder geht das nicht?

8.1 Ja, die Bibel kann heutigen Menschen helfen, Probleme zu lösen … ☐
8.2 Nein, die Bibel kann heutigen Menschen nicht helfen, Probleme zu lösen … ☐
8.3 Ich weiß es nicht so genau … ☐

9 Gibt es Deiner Ansicht nach Menschen, für die die Bibel besonders wichtig ist?
*Du kannst mehrere Antworten ankreuzen, aber **bitte nicht mehr als vier***

9.1 Nein, eigentlich für niemanden … ☐
9.2 Ja, für Christen … ☐
9.3 Ja, für fröhliche Menschen … ☐
9.4 Ja, für einsame Menschen … ☐
9.5 Ja, für zufriedene Menschen … ☐
9.6 Ja, für kranke Menschen … ☐
9.7 Ja, für junge Menschen … ☐
9.8 Ja, für traurige und unglückliche Menschen … ☐
9.9 Ja, für alte Menschen … ☐

10 Wenn Du hörst, daß andere Jugendliche in Deinem Alter regelmäßig in der Bibel lesen, wie findest Du das?

10.1 Ganz normal … ☐
10.2 Nicht normal … ☐
10.3 Das muß jeder für sich selbst entscheiden … ☐
10.4 Das weiß ich nicht so genau … ☐

11 Wie sollte man sich Deiner Meinung nach im Religionsunterricht mit der Bibel beschäftigen?

11.1 Man sollte sich ausführlicher mit der Bibel beschäftigen, sie kennenlernen … ☐
11.2 Man sollte sich mit heutigen Problemen beschäftigen und dabei auch Texte aus der Bibel berücksichtigen … ☐
11.3 Man sollte sich vor allem mit heutigen Problemen beschäftigen … ☐
11.4 Das interessiert mich nicht … ☐

Schule: . . . .
Klasse: . . . .

Ich bin ein Junge: ☐
Ich bin ein Mädchen ☐

Vielen Dank für Deine Mitarbeit!

Befragung: »Thema Bibel« · Auswertung (Angaben in %)

Klasse:	05	06	07	08	09	10	B/U	<B-B>
Frage:								
1.1	47	52	46	39	44	32	41	59
1.2	07	02	10	06	14	17	08	08
1.3	60	60	57	62	58	45	41	47
1.4	39	33	39	44	40	48	41	37
1.5	08	01	07	04	06	08	14	07
2.1	51	36	24	22	16	13	17	17
2.2	05	05	12	12	16	32	31	22
2.3	41	40	61	65	65	54	51	59
3.1	24	22	43	38	47	57	51	35
3.2	29	28	19	21	13	14	15	20
3.3	20	17	06	09	04	03	05	02
3.4	31	25	23	40	28	26	31	17
3.5	16	16	18	15	16	11	11	07
4.1	43	37	35	53	37	43	34	31
4.2	43	45	61	45	58	55	62	63
5.1	48	48	76	74	80	88	66	39
5.2	18	19	11	15	12	08	27	04
5.3	18	11	07	02	00	04	05	02
6.1	24	27	70	43	52	62	67	53
6.2	64	57	33	41	40	37	30	47
7.1	14	08	26	26	27	32	35	30
7.2	35	22	47	44	35	36	36	26
7.3	38	52	32	26	36	39	26	31
8.1	29	29	22	31	25	43	38	31
8.2	07	01	06	16	18	11	14	22
8.3	34	54	62	51	51	46	46	45
9.1	05	00	11	09	07	12	06	04
9.2	60	52	51	55	61	61	69	45
9.3	13	10	11	11	11	08	06	04
9.4	57	53	58	62	44	43	48	54
9.5	07	05	09	10	09	08	05	02
9.6	65	61	66	80	68	66	77	63
9.7	06	04	08	09	05	10	06	04
9.8	36	44	39	42	30	37	35	37
9.9	66	63	66	79	74	63	67	59
10.1	26	10	15	15	13	14	16	
10.2	07	02	03	05	05	07	05	
10.3	54	63	73	74	77	79	78	
10.4	09	08	05	04	00	02	02	
11.1	54	38	35	23	09	14	13	20
11.2	30	47	42	43	62	57	54	55
11.3	05	11	21	29	24	27	32	15
11.4	08	04	11	04	06	08	08	<10>

Erläuterung: 05-10: Ergebnisse der oberschwäbischen Umfrage in den Klassen 5-10. – BU: Ergebnisse der Umfrage in Berufsschulen in Baden-Württemberg (*Hier lauteten die Vorgaben bei Frage 5: Eigentlich nie – manchmal – sehr häufig). – B-B: Ergebnisse der Umfrage von Bröking-Bortfeld. (Dort keine statistische Auswertung von Frage 10)

1.2 Ergebnisse

Zu Frage 1

Den Schülern wurden 3 Antworttypen angeboten: Ein mehr lehrhaft-dogmatisch akzentuierter Typ (1.1. und 1.3.), ein eher distanzierter (1.2. und 1.5.) und ein reflektiert erfahrungsbezogener (1.4.). Bei jüngeren Schülern überwiegt der »dogmatische« Typ (mit gewisser Präferenz für 1.3.); die Tendenz nimmt bei den älteren Schülern deutlich ab; das erfahrungsbezogene Verständnis wird von einem guten Drittel der Befragten bevorzugt; wenig Anklang finden die distanzierten Äußerungen. Die Ergebnisse bei Bröking-Bortfeld sind ähnlich.

Zu Frage 2

Eine große Bedeutung der Bibel bejaht bei den Fünftkläßlern jeder zweite Schüler; die Zustimmung nimmt rasch ab bis auf etwa 15%. Die Mehrheit der Schüler ist nicht bereit, sich in dieser Frage festzulegen; dies stellte auch Bröking-Bortfeld fest.

Zu Frage 3 und 4

Die beiden Fragen sollten den Schülern Gelegenheit geben, sich zur möglichen Bedeutung der Bibel im persönlichen Bereich zu äußern. Eine mit dem Alter zunehmende Zahl der Befragten kann keine Bedeutung der Bibel für das persönliche Leben erkennen; bei den anderen überwiegen Zustimmungen zur Bedeutung der Bibel in Problemsituationen (3.2. und 3.4.); nur wenige Schüler (von der 5. Klasse an abnehmend) können sich vorstellen, daß die Bibel in einer freudigen Situation wichtig ist.
Bei der Frage nach der persönlichen Betroffenheit (4) sind die positiven und negativen Nennungen etwa ausgeglichen (deutlich abweichend von Bröking-Bortfeld, der bei Frage 4.2. eine höhere Zahl von Nennungen notiert).

Zu Frage 5

Die Zustimmung zur Frage nach der persönlichen (nicht institutionell veranlaßten) Benutzung der Bibel setzt schon bei den 11jährigen auf einem niedrigen Level an (48%) und sinkt sehr kräftig ab (Bröking-Bortfeld kommt zu günstigeren Ergebnissen). Eine gewisse Anzahl von Schülern ergänzt von sich aus, daß sie »manchmal« in der Bibel läsen.

Zu Frage 6 und 7

Die beiden Fragen zielen auf die Bibel-Kenntnisse der Schüler in bezug auf Geschichten und Personen. Es wurde bewußt auf die Vorgabe bekannter Texte bzw. Namen verzichtet, um wirklich die aktiven Kenntnisse auszuloten.

Eine deutlich mit dem Lebensalter ansteigende Zahl von Schülern gibt zu beiden Fragen an, daß sie sich weder an Geschichten noch an Personen erinnern könnten. Bei den Zustimmungen sind die Nennungen breit gestreut. Sicher wird man dabei berücksichtigen müssen, daß die Kenntnisse der Schüler häufig durch die unmittelbare Nähe von Unterrichtsthemen beeinflußt sind; aber es lassen sich doch einige Beobachtungen anstellen:
Bei den Geschichten ist das Gleichnis vom verlorenen Sohn (Lk 15) mit Abstand am besten bekannt. Es folgt die Exodus-Überlieferung (verstärkt bei den jüngeren Schülern). Häufig werden auch die Texte zur Geburt Jesu genannt, vielleicht bedingt durch das noch nicht allzu lange zurückliegende Weihnachtsfest. Schöpfungstexte und Heilungswunder folgen, ebenso wie das Gleichnis vom Barmherzigen Samariter. Schließlich sind noch die Erzählungen von Zachäus, von Josef und von der Ehebrecherin (Joh 8) mit Mehrfachnennungen belegt.
Einige Äußerungen: »Ich find' die Geschichte gut, wo Jesus mit 12 von daheim abgehauen ist.« Oder: »Es gibt ein paar Geschichten, die mich beruhigen.«
Bei den Personen sind Jesus, David und Mose die absoluten Spitzenreiter. Es folgen Paulus und Abraham. Mehrfachnennungen gibt es auch noch bei: Elia, Salomo, Maria und Josef, Petrus, Maria aus Magdala, der »Erzvater« Josef. Einem Schüler gefiel besonders »der Typ, der bei der Speisung das Essen besorgt hat«.

Zu Frage 8

Hier geht es darum, ob die Schüler in der Bibel das Angebot einer Lebensorientierung erkennen. Etwa ein Drittel der Befragten hat eine positive Meinung; ausgesprochen negativ äußern sich verhältnismäßig wenige Schüler; die meisten sind nicht bereit, sich festzulegen.

Zu Frage 9

Diese Frage soll die allgemeine Formulierung von Frage 8 etwas konkretisieren. Es zeigte sich deutlich die gleiche Tendenz wie bei Frage 3: Die Bibel wird am ehesten im Blick auf Problemsituationen als hilfreich angesehen (Fragen 9.4.; 9.6.; 9.8.). Dagegen stehen dann 9.3. und 9.5. Ganz eindeutig ist die Bibel in den Augen der Schüler etwas für alte Leute – umgekehrt lehnen sie deutlich die Meinung ab, die Bibel sei etwas für junge Menschen. Diese etwas deprimierende Sicht wird nur wenig gemildert durch die Beobachtung, daß nur verhältnismäßig wenige der Befragten die Bibel für völlig irrelevant halten (9.1.).

Zu Frage 10

Die Schüler erhalten noch einmal Gelegenheit, ihre Einstellung zur Bibel anhand des Verhaltens anderer zu klären. Überraschend hoch ist die Zahl der Unentschiedenen; einige Schüler notieren bei dieser Frage: »Das finde ich toll« o.ä.

Zu Frage 11

Diese Frage wird die Religionslehrer besonders interessieren. Vorwiegend mit der Bibel wollen sich die jüngeren Schüler beschäftigen, die Zahl geht dann bis auf ca. 15% zurück. Genau umgekehrt verlaufen die Kurven bei den Statements 11.2. und 11.3.; dabei liegt das Hauptinteresse auf der Diskussion von Gegenwartsproblemen unter Einbeziehung der Bibel.

Konfessionelle Differenzierungen

Wie bereits erwähnt, spielt die Konfession bei der Einstellung zur Bibel kaum eine Rolle; einige wenige Beobachtungen seien notiert:
Eher eine größere Zahl katholischer Schüler votierte bei folgenden Fragen: 1.3. (Klassen 9 und 10); 1.4. (Klassen 7 bis 9); 2.1. (Klassen 6 bis 8); 11.1. (Klassen 6 bis 9); wahrscheinlich läßt sich aus diesen Beobachtungen aber nicht ein größeres Interesse katholischer Schüler für die Bibel ableiten. Evangelische Schüler votierten deutlicher bei: 2.3. (Klassen 6 und 7; vgl. die katholischen Schüler zu 2.1.) und 4.2. (Klassen 5 und 7).

1.3. Zusammenfassung

Für den Unterricht ist besonders interessant, daß viele Schüler – jedenfalls mit zunehmendem Alter – Interesse an einem lebensbezogenen, erfahrungsorientierten Verständnis der Bibel zeigen; das kann man aus der Zustimmung zu Frage 1.4. ablesen; das bestätigt auch die relativ hohe positive Stellungnahme zu 8.1.
Offensichtlich haben sie einen solchen Zugang zur Bibel bisher aber noch nicht gefunden; das lassen die weitgehend zurückhaltenden Nennungen zu einer ganzen Reihe von Fragen erkennen (vor allem 2 bis 5). Und wenn sie einen Erfahrungs- und Lebensbezug annehmen, dann zu Personen, die ihnen fernstehen: einsamen, kranken, traurigen und vor allem alten Menschen. Im Blick auf die Einstellungen zur Bibel ist also ein starkes Erfahrungs- und vielleicht auch Relevanzdefizit festzustellen, das offenbar durch den bisherigen Bibelunterricht nicht aufgefangen wurde. Das schafft Verunsicherung bei den Schülern, wie die hohen Nennungen bei den Fragen zur Lebensbedeutung der Bibel (2.3. und 8.3.) deutlich belegen. Es kommt alles darauf an, diese Verunsicherung ernstzunehmen, als Offenheit zu interpretieren und als Ansatzpunkt für Verbesserungen im Feld des biblischen Unterrichts aufzugreifen. Dafür spricht auch das überraschend große Interesse der Schüler an dem 2. Typ der in Frage 11 angebotenen Unterrichtsansätze: Beschäftigung mit heutigen Problemen unter Berücksichtigung biblischer Texte; deutlich schwächer ist demgegenüber die Zustimmung zu einseitigen Ansätzen (nur Bibelunterricht oder nur Problemdiskussion). Als Indizien für ein Interesse an erfahrungsbezogenem Bibelunterricht lassen sich auch die Nennungen zu den Fragen 6

und 7 interpretieren: Die Schüler führen Geschichten mit deutlichem Lebensbezug an (Erfahrung von Freiheit und Geborgenheit, von Vergebung und Solidarität). Sie bevorzugen biblische Personen, deren Erfahrungen die Bibel nicht nur überliefert, sondern auch deutet.
So läßt die Befragung Defizite im Blick auf den biblischen Unterricht erkennen, bietet aber auch Ansatzpunkte für die produktive Weiterentwicklung.

2 Weiterführung

Da die Befragung sich auf die Untersuchung von Bröking-Bortfeld stützte, soll diese jetzt noch kurz referiert werden. Sie bestätigt weitgehend die Ergebnisse der oberschwäbischen Befragung – das zeigte sich bereits an der tabellarischen Auswertung; einen wichtigen Aspekt betrifft das Stichwort »Realitätsverlust« des biblischen Unterrichts. Das viel umfänglichere Fragenensemble bei Bröking-Bortfeld brachte jedoch weitere interessante Beobachtungen und Erkenntnisse hervor. Die Bibel werde da für Schüler interessant und relevant, wo sie sich mit grundlegenden, ihnen wichtigen Themen wie beispielsweise »Frieden, Gerechtigkeit, Umwelt« verbindet (S. 310 f). Diese Beobachtung kann man auch umkehren und schließen: Wo Schüler sich durch die Beschäftigung mit der Bibel gelangweilt fühlen – und das ist ja leider nicht selten der Fall! – vermissen sie eine lebensrelevante Perspektive; hier zeigt sich der schon oben angesprochene Relevanzverlust recht eindeutig.
Ein weiteres interessantes Ergebnis: Die genannten Themen Frieden, Gerechtigkeit und Umwelt sind für die Schüler keineswegs nur abstrakte Begriffe oder unverbindliche Unterrichtsinhalte, sondern werden als Impulse zur Lösung von Problemen wahrgenommen. Die Schüler kennen und anerkennen aber nur wenige Christen, die diese biblischen Impulse in praktischer Arbeit aufgreifen; diese Kritik äußern sie vor allem gegenüber den kirchlichen Institutionen. Damit kommt es zu einem weiteren Defizit, das man als »Effektivitätsverlust« bezeichnen kann. Wenn diese Defizite nicht erkannt und als Anstöße zu Veränderungen des biblischen Unterrichts aufgegriffen werden, muß es zu einer Erosion kommen!
Realitätsverlust – Relevanzverlust – Effektivitätsverlust: Das sind auch die grundlegenden Stichworte aus den allgemeinen Beobachtungen, die ich bereits in Band 1 zusammengetragen und interpretiert habe (dort Kapitel I.2). Somit unterscheiden sich die Einstellungen und Erwartungen der Schüler im Blick auf die Bibel nicht wesentlich von den allgemein verbreiteten. Allerdings verschärfen sich die Probleme in der Lernorganisation Schule noch deutlich: Der Bibelunterricht nimmt an der allgemeinen Schwierigkeit schulisch organisierten Lernens teil (Unlust durch Lernzwang; Bevorzugung des kognitiven Lernens; Zergliederung durch Fächerprinzip und Stundentakt...).

Dazu kommt der rasch zunehmende Sprachverfall: Viele wichtige Informationen erreichen uns nicht mehr über das gelesene oder gehörte Wort, sondern über das Bild – der steigende Fernsehkonsum hat die Wahrnehmungsgewohnheiten radikal verändert. Das hat Konsequenzen für das Christentum als »Buchreligion«! Nicht nur die Kenntnis der biblischen Inhalte nimmt ab, sondern vor allem auch die Fähigkeit, die Sprache der Überlieferung aufzunehmen.
Schließlich sind auch noch spezifische Urteile gegenüber dem Religionsunterricht (»altmodisch«; »langweilig« ...) in Ansatz zu bringen.
Eine ganz eigenartige Erscheinung läßt sich im Zusammenhang mit den Kenntnissen der Schüler beobachten: In der Tat wissen die meisten nicht viel; dennoch beklagen sich viele darüber, daß im Bibelunterricht »immer das gleiche« behandelt würde, das ihnen längst zum Hals heraushinge. Dieser offenkundige Widerspruch ist sicher nicht einfach mit Gedankenlosigkeit und Unlust der Schüler zu erklären, sondern hängt damit zusammen, daß in der Tat häufig die gleichen Texte behandelt werden, aber eben *nicht* so, daß die Schüler zur Auseinandersetzung angeregt werden. Oft werden biblische Geschichten nur rasch zitiert, um eine bestimmte Norm zu belegen, z.B. Gen 2 zum Stichwort »Umweltverantwortung«, die 7. Seligpreisung (Mt 5,9) zum Stichwort »Friedenspflicht der Christen«, Ps 23 zum Stichwort »Vertrauen«, Wunder Jesu zum Erweis der Messianität usw. Offenbar sind es in den Augen der Schüler immer die gleichen Schlagworte, die an ihnen vorüberziehen. Sie sehen sich mit dem Anspruch konfrontiert, diese biblischen Aussagen kritiklos zu akzeptieren und sich zu eigen zu machen. Ich werde diesen normativen Gebrauch der Überlieferung in Kapitel I.3 noch genauer untersuchen und belegen – vorerst nur die Vermutung, daß gerade diese Praxis einen fatalen Kreislauf von Oberflächlichkeit, Gleichgültigkeit und Überdruß erzeugt, der einen interessierten Lernprozeß blockiert.

3 Was ist für die Schüler notwendig?

Die bisherigen Überlegungen gingen vom vorgegebenen Unterrichtsinhalt »Bibel« aus und versuchten zu klären, welche Aspekte und Zugangswege für Schüler interessant und plausibel sein könnten.
Im Sinne der Basisthese dieses Buchs, die ich in Kapitel I.1 entwickelt habe, ist diese Sicht aber noch viel zu einseitig am Interesse der Vermittlung ausgerichtet. Darum ist nun in einem zweiten Durchgang zu fragen:
Welche Probleme bewegen die Schüler? Wo brauchen sie Orientierungsangebote? Erst dann kann erneut überlegt werden, in welcher Perspektive die biblische Überlieferung auszulegen ist, damit sie den jungen Menschen als Hilfe zur Selbstfindung und Selbstbestimmung vorgelegt werden kann.

Der Situation der jungen Generation widmen sich umfängliche psychologische und jugendkundliche Studien (vgl. z.B. die zusammenfassenden Berichte und Kommentare: Luther, 1989; Halbfas, 1991; Gabriel, 1991; Zinnecker, 1991; Mette, 1991; Bertram, 1991; Bizer, 1992). Ich verzichte auf ein Literaturreferat und versuche, anhand der genannten Untersuchungen und eigener Erfahrung einige Probleme zu nennen, von denen sich wohl viele Kinder und Jugendliche bedrückt fühlen.

3.1 Kompliziertheit des Lebens

Der einzelne findet sich in die verschiedensten Lebenszusammenhänge eingebunden, die jeweils unterschiedliche oder auch widersprüchliche Rollenerwartungen bereithalten (z.B. der Schüler – das Kind – der Sportler – der Konsument – der Junge/das Mädchen...). Das macht das Leben kompliziert und undurchschaubar und löst Ängste aus. Es entsteht das Bedürfnis nach überschaubaren, einfachen Lebenszusammenhängen, wohl auch der Wunsch nach »Ganzheitlichkeit«, was auch immer das im einzelnen bedeuten mag.

3.2 »Rädchenexistenz«

Der Begriff (vgl. Janzen, 1988, S. 125 ff) spricht die Erfahrung an, daß im gesellschaftlichen Zusammenhang alle in die verschiedensten Systeme einbezogen sind: Organisationen – Verwaltung – ökonomische Abläufe. Deren Strukturen und Abläufe werden als so perfekt und undurchdringlich erlebt, daß der einzelne keine Möglichkeit hat, in dies Räderwerk handelnd einzugreifen, sondern sich nur »drehen«, d.h. funktionieren kann.

Diese Fremdbestimmung wird teils bewußt wahrgenommen, teils auch resignierend hingenommen, obwohl zerstörerische Folgen für das Individuum und die Gesellschaft nicht zu übersehen sind, beispielsweise im Bereich des ständig gesteigerten Konsums.

Die Erfahrung, daß Strukturen und Institutionen weitgehend verfestigt und gegen Veränderungen nahezu immun sind, erzeugt ein Gefühl der Ohnmacht. »Als einzelner kann man da gar nichts machen ...« ist ein Satz, den viele Lehrer aus Gesprächen mit ihren Schülern kennen und den sie sich wohl auch selbst oft schon zu eigen gemacht haben.

In diesen Erfahrungen wurzelt das Bedürfnis nach Freiheit und Unabhängigkeit. Aber die Erfahrung der Ohnmacht ruft auch dumpfe Wut hervor oder die Versuchung, der Schwäche wenigstens partiell zu entkommen, indem man die noch Schwächeren drangsaliert, in der Gruppe Stärke demonstriert, etwas zerstört.

3.3 Anonymität

Diese Erfahrung hängt eng mit der »Räderwelt« zusammen; wo nur noch Funktionieren gefragt ist, gibt es kein Interesse an Gesichtern und Namen, an den persönlichen Schicksalen, Hoffnungen und Erwartungen des einzelnen. Und weil viele traditionelle Lebensformen und Sozialordnungen ausgehöhlt wurden, finden die Heranwachsenden ihren Namen nicht mehr. Mit dieser Anonymisierung verbindet sich die Unfähigkeit, andere in ihren Lebensverhältnissen und Bedürfnissen wahrzunehmen und mit ihnen zu kommunizieren.
Diese Einbußen an Empathie und Bindungsfähigkeit äußern sich in der Schule beispielsweise in Form von egoistischem oder gleichgültigem Verhalten. Die oft von starker Unsicherheit und Verletzlichkeit begleitete Suche nach der eigenen Identität hat hier ihre Wurzeln und auch der Wunsch nach verläßlicher Kommunikation – auch wenn er häufig durch narzißstische Gesten überdeckt ist.

3.4 Bedrohungsgesellschaft

Der einzelne und die Gesellschaft im ganzen sieht sich heute von tödlichen Bedrohungen umstellt: die Vernichtung des Lebens durch Krieg, die Zerstörung der natürlichen Lebensgrundlagen durch gedankenlosen Egoismus, die persönliche Bedrohung (Tod oder lebenslange Behinderung) durch den wuchernden Straßenverkehr. Daß diese tödlichen Risiken nicht erst an Kinder und Jugendliche herangetragen werden müssen, sondern – umgekehrt – ihnen schärfer und radikaler bewußt sind als vielen Erwachsenen, belegt eindrucksvoll eine Studie mit dem Titel »Bäume und Vögel gibt es auch nicht mehr. Kinder schreiben über ihre Zukunft« (Meinerzhagen, 1988).
Viele erleben ihre Welt als Dschungel, in dem es zunehmend darauf ankommt, durch Schlauheit und Ellbogengebrauch das bessere Ende für sich zu gewinnen. Dieser Werteverfall geht sicher nicht von der jungen Generation aus – wie ihr oft vorgehalten wird! –, sondern macht sich in der etablierten Gesellschaft schamlos breit und greift rapide um sich. Die junge Generation, die sich in dieser Bedrohungsgesellschaft vorfindet, sehnt sich nach verläßlicher Geborgenheit und fragt nach Menschen, an die man sich halten kann, weil sie aufrichtig sind.

3.5 Hoffnungslosigkeit

Häufig wird beklagt, die Jugend habe den Veränderungselan verloren, der sie noch vor wenigen Jahren beflügelte – in der Friedensarbeit, dem Engagement für die Umwelt, dem Einsatz für Minderheiten. Jetzt zeigten sie nur noch Interesse für die

neuesten Modetrends oder die aktuellsten Entwicklungen in der Unterhaltungselektronik.
Ich halte solche Vorwürfe für viel zu undifferenziert. Zuerst ist nach den Ursachen solcher Einstellungen zu fragen. Ich denke, hier zeigt sich eine tiefe Frustration über die steinerne Unveränderbarkeit der Verhältnisse: Wer soll sich denn noch für den Frieden einsetzen, wenn schon wieder öffentlich über die Kriegsfähigkeit der Bundeswehr nachgedacht wird – wer soll an der Bewahrung der Schöpfung arbeiten, wenn die großen Verursacher sich weiterhin zu Lasten der Umwelt die Taschen füllen?
Hoffnungslosigkeit und Resignation sind der Nährboden für die »Null-Bock-Einstellung« der Jungen; wer sie beklagt, muß sich zuerst kritisch und aktiv mit den gesellschaftlich-politischen Bedingungen auseinandersetzen.

3.6 Zwang zur Perfektion

Die bis heute propagierte Fortschrittsideologie, aber auch der ständig sich verschärfende gesellschaftliche Verteilungskampf haben dafür gesorgt, daß der Zwang zur Perfektion durch immer höhere Leistung übermächtig geworden ist. Schon Kinder erleben, daß reale Chancen nur die »Siegertypen« haben, diejenigen also, die andere hinter sich lassen oder unter sich bringen. Die Schule beteiligt sich kräftig daran, daß der Leistungszwang aufrechterhalten und verinnerlicht wird – und sie bekommt die Folgen zu spüren: Die »Siegertypen« werden oft von einem rücksichtslosen Selbstbehauptungswillen angetrieben, die »Verlierer« – es ist die Mehrheit! – sind ich-schwache, ängstliche, oft kranke Kinder.
Wo finden sie Zuwendung und Annahme – gerade, wenn sie schwach sind? Wer erkennt sie an, auch wenn sie auf irgendeinem Leistungsfeld »zurückgeblieben« sind?

3.7 Leben in einer hektischen, lauten, künstlichen Welt

Die Unfähigkeit, sich in Ruhe auf irgendeine Sache einzulassen, gehört wohl zu den auffälligsten Verhaltensweisen der jungen Generation. Was geduldiges Zuhören, intensives Denken, genaue Wahrnehmung, die Anstrengung des Begriffs erfordert, wird meist nicht angenommen, sondern abgeblockt. Die Ursachen sind schnell ausgemacht: Die immer hektischer rasenden Aktionen in den Massenmedien, die blitzschnellen Computerspiele, die Dauerberieselung mit lauter Musik machen aus den Kindern hyperaktive, konzentrationsschwache, laute Wesen, sich selbst und nicht zuletzt den Lehrern zur Plage.
In diesem Zusammenhang ist auch die Erkenntnis von Interesse, daß in vielen Lebensbereichen die Unmittelbarkeit der Wahrnehmung und des Ausdrucks verlo-

rengegangen ist: In der Welt der Standardprodukte verlernt man das Schmecken und Riechen, im Discogedröhne das Hören, im Reich der gestanzten Floskeln das ansprechende und zusprechende Wort.

Auch hier ist zuallererst wieder nach den Verursachern zu fragen: Wer läßt diesen Schwall an schädlichen Einflüssen auf die Kinder – und die Erwachsenen! – los?

Das alles sind Probleme, die die Heranwachsenden bedrücken, Fragen, die sie stellen. Nicht immer sind diese ohne weiteres zu erkennen. Oft sind sie den Heranwachsenden selbst nicht bewußt, sondern äußern sich in Erscheinungen wie Unlust, Aggressionen, Konzentrationsschwäche oder in psychosomatischen Erkrankungen.

Eine wesentliche Aufgabe wird darin bestehen, Jugendliche bei der Aufdeckung ihrer Erfahrungen und dem Aufschluß über ihre Situation zu unterstützen.

Zunächst müssen sie instand gesetzt werden, in alltäglichen Erfahrungen und gewohnten Verhaltensmustern zu erkennen, welche Grundfragen im Spiel sind (vgl. dazu Biehl, 1987). Weitere Überlegungen dazu werden in Kapitel II.4 vorgelegt.

Sodann wird zu fragen sein: Kann die Bibel angesichts dieser Situation Orientierungs- und Hoffnungsperspektiven freisetzen, die im biblischen Unterricht zu erschließen sind? Dieser Frage werde ich in Kapitel II.1 nachgehen.

(Die von der aej initiierte Jugendstudie [Barz, 1992] erschien erst nach Abschluß des Manuskripts und konnte nicht mehr eingearbeitet werden.)

Kapitel 3
Zur Funktion biblischer Texte in Lehrplänen

Vorbemerkungen

Zu den Vorgaben, an denen sich der Religionsunterricht zu orientieren hat, gehört die Verwendung von Bibeltexten in Lehrplänen. Ausgangspunkt jeder Analyse ist eine inhaltliche Bestandsaufnahme; wichtiger noch scheint mir allerdings eine Untersuchung der Funktionen, die den Texten in den jeweiligen Lernsituationen zugewiesen werden.
Selbstverständlich kann die Darstellung im Rahmen dieses Kapitels keine auch nur annähernde Vollständigkeit anstreben. Aus dem weiten Feld religionspädagogischer Lehrpläne entnehme ich einige Bodenproben. Da ich aus meiner Arbeitssituation heraus den Religionsunterricht beider Konfessionen in Baden-Württemberg am besten übersehe, konzentriere ich mich auf diesen Bereich (zusätzlich werden die – in Baden-Württemberg nicht benutzten – katholischen Pläne »Zielfelderplan Grundschule« und »Grundlagenplan« in Kapitel II.3.3 besprochen). Ich gehe davon aus, daß sich charakteristische Merkmale zeigen und gewisse Trends sichtbar werden, die tendenziell auch in vielen anderen Lehrplänen zu finden sind.
Ziel kann nicht eine lückenlose und »objektive« Erfassung sein; eher geht es darum, die Unterrichtenden für bestimmte Beobachtungen und Erfahrungen zu sensibilisieren.

1 Beobachtungen

Wichtig ist zunächst einmal die Feststellung, daß biblische Texte in Lehrplänen in drei Arten von Unterrichtsthemen vorkommen:
- *Themenart 1*: Bearbeitung biblischer Themen und Textzusammenhänge (Beispiel: Exodus).
- *Themenart 2*: Einbeziehung von Bibeltexten in thematische Einheiten mit theologischem Schwerpunkt (Beispiel: Die Frage nach Gott).

– *Themenart 3*: Einbeziehung von Bibeltexten in thematische Einheiten mit erfahrungsbezogenem Schwerpunkt (Beispiel: Gehorsam).

Eine weitere Differenzierung ergibt sich durch die unterschiedlichen Funktionen, die die Texte wahrnehmen; ich unterscheide drei Grundfunktionen:

– Erste Funktion: Vermittlung *biblischer Kenntnisse*
  Diese Funktion differenziert sich noch einmal in drei Aufgabenstellungen: Einmal geht es um die Übermittlung inhaltlichen Wissens: Die Schüler sollen die wichtigsten Ereignisse und Zusammenhänge aus dem Alten und Neuen Testament kennen. Die gleichen Inhalte kommen oft mehrfach in den einzelnen Schulstufen vor. Eine zweite Aufgabenstellung ist die Einführung und Einübung in das sachgemäße Verständnis der biblischen Überlieferung. Schließlich soll die biblische Rede als Sprache des Gebets erschlossen werden.
– Zweite Funktion: Vermittlung *grundlegender Einsichten über Glauben und Leben*
  Die Schüler sollen anhand biblischer Texte ein Verständnis für Glaubensinhalte und Glaubensvollzug erlangen, Erkenntnisse über Herkunft und Bestimmung des Menschen in biblisch-theologischer Sicht gewinnen (z.B. »Gottebenbildlichkeit«) und die biblische Deutung von Grunderfahrungen verstehen (z.B. Schuld und Vergebung).
– Dritte Funktion: *Anleitung zu verantwortlichem Leben im christlichen Horizont*
  Hier geht es darum, biblische Impulse und Modelle für gelingendes Leben zu erkennen (z.B. den »Schöpfungsauftrag« oder die Gebote).

Anhand dieser Unterscheidungsmerkmale von Unterrichtsthemen und Grundfunktionen will ich jetzt einige Beobachtungen anstellen; ich untersuche nacheinander die drei genannten Themenbereiche und prüfe, ob und wie die drei Grundfunktionen zu erkennen sind.

(Für die baden-württembergischen Lehrpläne verwende ich folgende Abkürzungen: Ev-GS: Evangelisch – Grundschule; Ev-HS: Evangelisch – Hauptschule; Ev-RS: Evangelisch – Realschule; Kath-GS: Katholisch – Grundschule; Kath-HS: Katholisch – Hauptschule; Kath-RS: Katholisch – Realschule).

1.1 Beobachtungen bei Themenart 1: Bearbeitung biblischer Themen und Textzusammenhänge

Beispiel: »Wagnis und Vertrauen (Abraham)« (Ev-GS)

Die erste Funktion ist – wie eigentlich bei allen Themen aus Themenbereich 1 – die Vermittlung biblischer Kenntnisse. Der Schwerpunkt liegt auf dem inhaltlichen Wissen: Die wichtigsten Erzählungen aus dem Abraham-Sagenkreis werden bear-

beitet. Allerdings wurde die früher in der Grundschule behandelte Erzählung über Isaaks Opferung (Gen 22,1-19) ausgespart, vermutlich aus der Überlegung heraus, daß sie jüngere Kinder überfordert.
Das sachgemäße Verständnis der biblischen Überlieferung als Teilaufgabe der Vermittlung biblischer Kenntnisse kommt ebenfalls zum Zug, vor allem im 1. Lernziel: Die Lebensumstände der Nomaden kennenlernen.
Auch die zweite Funktion (Einsichten über Glauben und Leben) ist in diesem Thema gut zu erkennen, wenn als Ziel formuliert wird: »Am Beispiel Abrahams erkennen, daß Menschen im Vertrauen auf Gottes Verheißung Entscheidungen treffen können, die ihr Leben grundlegend verändern«. Dieser theologische Satz wird dann in Teilziele ausdifferenziert, etwa: »Am Beispiel Abrahams und Saras verstehen, daß ein glaubender Mensch auch zweifeln kann«.
Schließlich wird auch die dritte Grundfunktion (Verantwortliches Leben) angesprochen. Die Kinder sollen anhand der Erzählung Gen 13,1-12 u.a. lernen, »daß Abraham Streit schlichten kann, weil er sich auf Gottes Zusage verläßt«.

Zwei Merkmale fallen auf: Die Gestalt Abrahams erscheint als Identifikationsfigur für heutige Menschen – im Grunde wohl für die Kinder selbst. Und: Die Erkenntnis, die den Schülern vermittelt werden soll, ist auf einer theologisch-abgehobenen Ebene formuliert, ohne daß ein Bezug zur Lebenswirklichkeit der Schüler erkennbar ist.

Weitere Lehrplan-Beispiele zu Themenart 1:

- Zur Funktion »Vermittlung *biblischer Kenntnisse*«:
  »In Bildern reden« (Ev-HS); »Die Bibel – das Buch« (Kath-GS); »Zeit und Umwelt Jesu« (Ev-HS/RS) zur Teilaufgabe: Sachgemäßes Verständnis der biblischen Überlieferung.
  23. Psalm (Ev-GS) zur Teilaufgabe: Erschließung biblischer Sprache als Sprache des Gebets.
  Auffällig ist, daß verhältnismäßig viele Hintergrundinformationen zur Kenntnis der biblischen Welt angeboten werden, aber kaum Themen, die den Vorgang des Verstehens einüben.
- Zur Funktion »Vermittlung grundlegender *Einsichten über Glauben und Leben«:*
  Thema »Abrahams Begegnung mit dem lebendigen Gott« (Kath-HS/RS). Erläuterung: »Abraham steht für den Menschen, der von Gott herausgerufen, ›unterwegs‹, bedrängt ist, aber sein Leben auf Zukunft hin wagt«.
  Thema »Jeremia: Ein Prophet leidet« (Ev-HS/RS). Ziel: Die Lebensgeschichte des Jeremia als Beispiel eines Menschen zwischen Hoffnung und Verzweiflung, Gottvertrauen und Gottverlassenheit kennenlernen.
  Auch hier ist wieder die vorbildhafte Behandlung der biblischen Personen bemerkenswert.

– Zur Funktion »*Anleitung zu verantwortlichem Handeln*«:
Thema »David – König von Israel« (Kath-GS): Deutlich wird Sünde und Buße akzentuiert (anhand der Bathseba-Erzählung in Verbindung mit Ps 51,12), wohl um die zentrale Thematik des katholischen Religionsunterrichts zu unterstreichen.
Thema: »Den Ruf Gottes hören« (Kath-GS). Die Schüler sollen an der Berufung Samuels (1 Sam 3) lernen, »daß Stille und innere Bereitschaft Voraussetzungen sind, den Ruf Gottes zu hören«, und sie sollen »den Ruf Gottes hören und ihm folgen«.

1.2 Beobachtungen bei Themenart 2: Einbeziehung von Bibeltexten in thematische Einheiten mit theologischem Schwerpunkt

Beispiel: »Schuld und Vergebung« (Ev-GS)

Drei Bibeltexte werden im Rahmen dieses Themas bearbeitet: die Erzählung vom Sündenfall (Gen 3), das Gleichnis vom hartherzigen Schuldner (Mt 18,23-35) und die 5. Bitte des Vaterunsers (Mt 6,12).
Die *erste* Grundfunktion (Vermittlung biblischer Kenntnisse) kommt hier vor allem mit der ersten Teilaufgabe zum Zug (Inhaltliches Wissen).
Die *zweite* Grundfunktion (Grundlegende Einsichten über Glauben und Leben) steht im Zentrum der Unterrichtseinheit. Gen 3 sollen die Schüler als »Aussage der Bibel über das Wesen des Menschen« verstehen: »Erfahren, daß nach der Bibel das gestörte Verhältnis zum Mitmenschen mit dem Bruch mit Gott zusammenhängt«.
Die *dritte* Grundfunktion (Anleitung zum verantwortlichen Handeln) wird durch das Teilziel angesprochen: »Aus einem biblischen Beispiel erfahren, daß wir vergeben können, weil Gott uns vergibt«; der biblische Bezug ist Mt 18.

Weitere Beispiele zu Themenart 2:

– Zur Funktion »Vermittlung *biblischer Kenntnisse*«:
Diese Funktion wird immer dann angesprochen, wenn Bibeltexte in Themen einbezogen werden. Allerdings fällt auf, daß die für dieses Themenfeld unabdingbare Aufgabe »Sachgemäßes Verständnis der biblischen Überlieferung« kaum berücksichtigt wird; dabei wäre etwa eine symbolische Auslegung der Sündenfallerzählung die Grundvoraussetzung für einen verstehenden Umgang mit diesem Text.
– Zur Funktion »Vermittlung *grundlegender Einsichten über Glauben und Leben*«:
Thema »Von der Schuld des Menschen und seiner Versöhnung mit Gott« (Kath HS/RS): Im Mittelpunkt stehen Texte über die Würde des Menschen als Maßstab für sittliches Handeln (Gen 1,27; Röm 8,14-17) sowie Erzählungen über das Vergebungshandeln Jesu (Joh 8,2-11; Mk 2,13-17).

- Zur Funktion »*Anleitung zu verantwortlichem Handeln*«:
  Thema »Wie die Bibel die Welt und den Menschen sieht« (Kath-HS/RS): Den biblischen Schöpfungserzählungen folgt ein Durchgang durch die Urgeschichten Gen 3-19 unter dem Aspekt: »Mißbrauch der menschlichen Freiheit – Vergebung als Anfang neuen Lebens«.
  Thema »Menschen bekennen Gott als ihren Schöpfer« (Ev-GS): Der Auftrag zum »Bebauen und Bewahren« wird herausgearbeitet; dieser Bezug kommt in allen Bearbeitungen der Schöpfungsthematik in den Lehrplänen vor.

Insgesamt fällt gerade bei den »theologischen« Themen auf, daß die angestrebten Erkenntnisse und Verhaltensdispositionen sprachlich und inhaltlich so gefaßt sind, daß sie die Lebenswirklichkeit von Schülern wohl weit unter sich lassen; damit aber gerät die Chance aus dem Blick, daß die Kinder und Jugendlichen biblische Einsichten als Deutungs- und Orientierungsangebot für eigene Erfahrungen wahrnehmen können.

1.3 Beobachtungen bei Themenart 3: Einbeziehung von Bibeltexten in thematische Einheiten mit erfahrungsbezogenem Schwerpunkt

Beispiel: »Arbeiten und leben« (Ev-HS/RS)

Zu Funktion 1 (*Vermittlung biblischer Kenntnisse*) gilt das zu Themenart 2 Notierte.
Bei Funktion 2 (*Grundlegende Einsichten über Glauben und Leben*) werden Aussagen über »Freude und Last der Arbeit« anhand von Aussagen der Urgeschichten über Paradies und Sündenfall erarbeitet(z.B. Gen 2,15; Gen 3,17-19).
Funktion 3 (*Anleitung zu verantwortlichem Handeln*) wird vor allem durch biblische Aussagen über die von Gott gegebenen Gaben zum Dienst an anderen wahrgenommen (Lk 19,11-26; 1 Kor 12,4-11).

Weitere Beispiele zu Themenart 3:

- Zur Funktion »Vermittlung *biblischer Kenntnisse*«:
  Neben der Teilaufgabe der Übermittlung inhaltlicher Kenntnisse kommt gelegentlich auch die Aufgabe der Erschließung biblischer Rede als Sprache des Gebets zum Zug. Beispiel: »Angst und Geborgenheit« (Ev-GS): Psalmen als Trost-Gebete.
- Zur Funktion »Vermittlung *grundlegender Einsichten über Glauben und Leben*«:
  Thema »Tod und Leben« (Ev-GS): Hier verdeutlicht Psalm 90 (neben Märchen und Erzählungen), daß »keiner vor dem Tod sicher ist«.

Thema »Auf dem Weg zur Selbstfindung« (Kath-HS/RS): Hier wird vor allem der Dekalog (Ex 20,1 ff.) als »Ermöglichung von Freiheit« angeboten.
Noch einmal: Thema »Angst und Geborgenheit« (Ev-GS): Die Schüler sollen »ein biblisches Zeugnis kennenlernen, in dem das Vertrauen auf Gott die Angst überwindet«; als Beispiele werden genannt: die Erzählung von der Sturmstillung; Daniel; Josef im Brunnen; Paulus und Silas.
Gerade bei diesem Thema ist zu bedenken, ob der vorbildhafte Gebrauch biblischer Personen nicht die Schüler weit verfehlen muß. Wenn sie sich tatsächlich mit den genannten Personen identifizieren, werden sie wahrscheinlich die Erfahrung machen, daß die Überwindung der Angst durch Gottvertrauen und Gebet bei ihnen selbst nur selten gelingt. Daraus werden sie den Schluß ziehen, daß sie wohl zu »kleingläubig« seien – oder sie werden die biblischen Beispiele als für sie nicht zutreffend und damit irrelevant ablehnen.

– Zur Funktion »*Anleitung zu verantwortlichem Handeln*«:
  In diesem Bereich werden häufiger kurze Verse angeführt (vor allem bei den Memoriertexten in den evangelischen Lehrplänen), die eine Handlungsanweisung enthalten. Beispiel: Im Thema »Streiten – sich vertragen« (Ev-GS) wird Ps 133,1 zitiert (Harmonie unter Brüdern).
  Thema »Gehorsam – Ungehorsam« (Ev-GS): Die Schüler sollen an ausgewählten biblischen Beispielen Kriterien erarbeiten (Gen 12: Abraham; Gen 6-9: Noah); Lk 2,41-52: Der zwölfjährige Jesus; Mt 22,37-39: Doppelgebot).
  Thema: »Autorität und Gehorsam« (Kath-HS/RS): Auseinandersetzung u.a. mit dem Elterngebot.
  Thema »Gewissen« (Ev-HS/RS): Es werden biblische Belege für die Orientierung an Gottes Wort (Mi 6,8; Gebote) und den Verzicht auf Vergeltung am Beispiel Jesu (Joh 8,2-11: Die Ehebrecherin; Lk 19,1-10: Zachäus) angeboten.
  Thema »Macht und Ohnmacht« (Ev-RS): Kernaussagen sind: Röm 13, 8-10 (Nächstenliebe), Gal 6,2 (Die Last des Nächsten tragen), Mt 20,20-27 (Rangstreit der Jünger).

Insbesondere bei den Themen mit ethischer Ausrichtung fällt ins Auge, daß die biblischen Bezüge nicht selten zu Exempeln ethisch-moralischer Normen geraten.

2 Auswertung: Vier kritische Punkte

Natürlich ist es kaum möglich, die vielen einleuchtenden, aber auch die problematischen bibeldidaktischen Grundsätze und Methoden zu erfassen, die sich in den Lehrplänen zeigen.
Mir scheint aber, daß sich alles auf einen einzigen Basis-Satz zurückführen läßt, den ich einmal so umschreibe:

In der Sicht der Lehrplan-Produzenten ist die Bibel unbefragte »heilige« Grundlage und Norm des Christseins. In allen Lernprozessen im Religionsunterricht muß daher vor allem die Bibel angeeignet werden.

Daraus erklären sich zahlreiche bibeldidaktische Entscheidungen, die in den Lehrplänen zu erkennen sind.

2.1 Selbstverständlicher Gebrauch der Bibel

Oft hat man den Eindruck, daß die Verfasser von Lehrplänen die Vermittlung von biblischen Inhalten für selbstverständlich halten und keine Notwendigkeit sehen, diese eigens zu begründen oder auch nur an deutlichen Zielen auszurichten.
Dieser Gebrauch der biblischen Überlieferung ist hermeneutisch und didaktisch problematisch, weil ihr die Chance genommen wird, gerade ihre nicht selbstverständlichen, un-vertrauten, ja störenden Ansichten ins Spiel zu bringen und damit (wieder) frag-würdig zu werden.

2.2 Benutzung biblischer Texte aus Gründen der Identitätssicherung

Bei der Einbeziehung biblischer Texte in erfahrungsbezogene Themen sieht es nicht selten so aus, als seien die Autoren in erster Linie daran interessiert, möglichst viele Texte »anzubringen«. Beispiele dafür lassen sich fast beliebig zusammentragen. Beim Thema »Freundschaft« kommt immer wieder die Erzählung von David und Jonathan ins Spiel, ohne daß sie gegenüber den übrigen nichtbiblischen Texten einen eigenen Akzent setzt; nicht anders ist es bei der Einbeziehung von Ps 90 in das Thema »Tod«: Er wiederholt noch einmal, was bereits aus anderen Medien (Berichte der Kinder; Märchen) erarbeitet wurde. Die Erkenntnis, die die Schüler gewinnen können, ist lediglich: Auch die Bibel redet von Freundschaft, vom Tod, von der Angst usw.
Möglicherweise hängt dies Bedürfnis nach dem Einsatz möglichst vieler Bibeltexte im Unterricht mit der »Identitätskrise« zusammen, die manche Religionspädagogen nach dem Aufkommen des problemorientierten Unterrichts wahrnahmen: Nicht wenige mein(t)en, die Identität des Religionsunterrichts sei nur durch viele Bibeltexte zu sichern bzw. wiederherzustellen.
Dieser Gebrauch der Überlieferung ist problematisch, weil er die Bedeutung der Bibel letztlich quantitativ bemißt.

2.3 Unreflektiert normativer Gebrauch der Bibel

Von unreflektiert-normativem Gebrauch der Bibel spreche ich, wenn sie den heutigen Adressaten als selbstverständliche, unbefragte Autorität vorgestellt wird und diese keine Möglichkeit haben, sich kritisch mit ihr auseinanderzusetzen. Dies kann sich in drei Formen zeigen:

- Der Adressat hat keine Möglichkeit, sich mit dem Text im Blick auf dessen ursprünglichen Sinn in seinem Entstehungszusammenhang zu beschäftigen; der Text wird also ohne Erläuterungen oder Hinweise zum Verständnis als geltende Norm gesetzt.
  Das zeigt sich besonders deutlich an der Tendenz, mit zunehmendem Alter der Schüler immer weniger erzählende Texte heranzuziehen, sondern kurze, lehrhafte Stücke zu benutzen, die als »Belege« für bestimmte theologische, anthropologische oder ethische Sätze dienen (z.B. Texte aus Gen 1 und 2 zum »Wesen des Menschen«, zum »Sinn der Arbeit« usw.). Die angezielten Einsichten und Verhaltensweisen werden oft auf einer hochgespannten theologischen Ebene formuliert. Aber: Ist sieben- oder achtjährigen Kindern die Erkenntnis zugänglich, daß »Menschen im Vertrauen auf Gottes Verheißung Entscheidungen treffen, die ihr Leben grundlegend verändern«? (Thema »Wagnis und Vertrauen – Abraham« Ev-GS). Oder begreifen sie, was es für sie bedeuten könnte, »den Ruf Gottes zu hören und ihm zu folgen« (Samuel)?
- Unreflektiert-normativer Gebrauch der Überlieferung liegt auch dann vor, wenn der Adressat keine Möglichkeit hat, sich mit der gegenwärtigen Tragweite, Reichweite und Konsequenz der Bibeltexte kritisch auseinanderzusetzen. Dies ist vor allem immer dann der Fall, wenn in thematischen Unterrichtseinheiten der biblische Aspekt im letzten Lernschritt eingebracht wird, ohne daß er auf das Thema noch einmal rückbezogen wird.
- Unreflektiert-normativer Gebrauch der Bibel kann sich schließlich auch in der Art zeigen, wie Geschichten erzählt werden – insbesondere im Primarbereich. Hier wird die Überlieferung meist so wiedergegeben, als wenn es sich um Tatsachenberichte handelte. Solche »konstatierende Redeweise« wird auch im Blick auf Glaubensaussagen gewählt, z.B.: »An Beispielen die Verläßlichkeit Jahwes erkennen« (Thema »Elia« Ev-HS/RS); oder: »Jahwe verzeiht dem Volk seinen Abfall« (Thema »Elia« Kath-GS). Den Hörern muß die biblische Tradition als fraglos gültige Mitteilung vorkommen. Wie erwähnt, werden kaum Themen angeboten, die die Schüler gezielt zur sachgemäßen und lebensbezogenen Erschließung biblischer Überlieferung anleiten.

Dieser unreflektiert-normative Gebrauch der Bibel ist didaktisch fragwürdig, weil er die selbständige, kritische Auseinandersetzung mit den Inhalten des Lernens blockiert und damit ihre orientierende und hilfreiche Funktion zerstört. Er ist hermeneutisch fragwürdig, weil er die Geschichtlichkeit der Überlieferung nicht ernst nimmt, sie zu einem Konzentrat theologischer und ethischer Sätze eintrocknet und damit ihre Dynamik lahmlegt. Und er ist theologisch fragwürdig, weil er von der Annahme ausgeht, daß wir es sind, die die Autorität der Schrift behaupten und sichern müssen. Damit ist der Bibel die Möglichkeit genommen, ihre Glaubwürdigkeit, Anziehungskraft und Tragfähigkeit selbst zu erweisen und so ihre wahre Autorität zu zeigen.

2.4 Benutzung biblischer Gestalten als Vorbilder für Glauben und Leben

Auffällig ist auch, daß die biblischen Gestalten den Schülern weithin als Identifikationsfiguren – fast möchte man sagen: »Vorbilder« – angeboten werden. Sie sollen den Ruf hören – wie Samuel; sie sollen Maß nehmen am friedensfähigen Abraham; sie könnten ihr Leben im Horizont von Jeremias Schicksal verstehen; sie sollen sich an Josef im Brunnen, an Paulus, an Daniel, an den Jüngern Jesu orientieren, wenn sie nach Möglichkeiten suchen, Angst zu überwinden.
Dieser Gebrauch der Bibel ist didaktisch fragwürdig, weil kein Kind oder Heranwachsender sich an diesen Personen messen kann, die nicht nur exemplarische Gestalten eines Lebens vor Gott sind, sondern mit Sicherheit im Prozeß der Überlieferung immer weiter mit idealisierenden Zügen überhöht worden sind. Wenn Schüler von diesen Identifikationsangeboten Gebrauch machen, muß es fast zwangsläufig zu Enttäuschungen kommen, weil sie nicht die Erfahrungen machen wie die biblischen Vorbilder. Der Gebrauch ist auch hermeneutisch fragwürdig, weil er diese Personen pädagogisch benutzt und sie damit bis zur Unkenntlichkeit verkürzt.

Diese kritischen Beobachtungen geben nun auch den in Kapitel I.2 mitgeteilten Wahrnehmungen zu den Einstellungen der Schüler noch schärfere Konturen:
Wo sie vorwiegend mit theologischen Sätzen und Normen konfrontiert werden, haben sie keine Chance, sich an der Lebendigkeit der biblischen Erzählungen anzustecken und sich vielleicht von ihnen inspirieren zu lassen.
Wo ihnen biblische Texte oft als letztlich unkritisch hinzunehmende Fakten verabreicht werden, haben sie wenig Möglichkeiten, mit ihrem kritischen Denken zum Zug zu kommen und selbst nach Gegenwartsbedeutungen zu fragen.
Wo ihnen idealisierte Personen vorbildhaft vor Augen gerückt werden, kann es kaum zur fruchtbaren Verknüpfung ihrer eigenen Erfahrungen mit der biblischen Welt kommen.

II. Basis

Kapitel 1
Lernchancen

1 Den biblischen Unterricht aufgeben?

Die oft desolate Lage des biblischen Unterrichts könnte den Gedanken anstoßen, ihn deutlich zu reduzieren oder ganz zu streichen. Ich halte es für sinnvoll, ja notwendig, solche Überlegungen nicht zu verdrängen, sondern ganz elementar zu fragen: Warum erteilen wir eigentlich biblischen Unterricht? Das klingt banal – nach schierer Selbstverständlichkeit, aber verantwortliches didaktisches Denken läßt keine »Selbstverständlichkeiten« zu. Das sollte in der Religionspädagogik spätestens seit dem Protest der Schüler gegen den gewohnten Unterricht am Ende der 60er Jahre Konsens sein. Sicher wäre es ganz falsch, mit dem üblichen Bibelunterricht einfach deshalb weiterzumachen, weil die Zeitläufe sich inzwischen geändert hätten und die Schüler eher wieder bereit seien, auch wenig einleuchtende oder wenig verständliche Unterrichtsinhalte hinzunehmen.
Die Frage nach der Berechtigung biblischer Inhalte im Unterricht darf nicht als oberflächliche Anpassung an die allgemeinen Schulziele oder an vordergründige Interessen der Schüler mißverstanden werden, sondern ergibt sich aus der didaktischen Basis, an der sich dies Buch ausrichtet (Kapitel I.1). Biblischer Unterricht kann sich nicht auf das Ziel der Wissensvermittlung an Unwissende begrenzen, sondern muß sich als gemeinsame Suche von Lehrenden und Lernenden nach Hilfe und Orientierung verstehen.
Daraus folgt, daß die didaktische Überlegung als »Frage nach dem Notwendigen« beim Lehrer selbst einsetzen muß. Wer heute die Bibel unterrichten will, soll zuerst klären, was er für sich selbst erwartet.
Ich bin überzeugt, daß die Bibel so viel an heilsamer Erfahrung, kritischer Kraft und verändernder Dynamik aufbewahrt hat, daß eine anspruchsvolle christliche Erziehung sie nicht ohne Not aufgeben darf. Allerdings ist diese Qualität der Überlieferung nicht einfach im Sinne einer dogmatischen Setzung festzustellen, die den Lesern abverlangt, ihre Autorität als »Wort Gottes« unbefragt anzuerkennen.

Die Lebenskraft der Tradition kann sich nur erweisen, wenn sie sich der Lebenspraxis aussetzt. Wie das zugehen kann, hat der französische Strukturalist Paul Ricoeur so beschrieben: Ein Leser tritt einem Text nicht einfach neutral gegenüber. In der Regel wird er davon ausgehen, daß der Text etwas für ihn Wichtiges mitzuteilen hat, daß es also lohnt, sich auf ihn einzulassen. Ricoeur faßt diesen Vorgang im Bild der »Wette«: Der Leser »wettet«, daß er gewinnt, wenn er den Text versteht. Das schließt für einen Text auf, mit dem man ins Gespräch kommt, schließt aber auch das Risiko des Nicht-Verstehens und des Scheiterns ein. Eine Wette kann man auch verlieren.

In dieser Perspektive will ich versuchen zu beschreiben, was die Bibel auch heute an Chancen bereithält. Dies wären auch gleichzeitig »Lernchancen« für den biblischen Unterricht. Dieser Begriff wurde mit Bedacht dem gewohnten Begriff der »Lernziele« vorgezogen. Wer »Lernziele« festsetzt, gibt vor, daß er die »Sache« schon hat und nun ihre Bedeutung für den Lernprozeß bestimmt. Diesem Verständnis entspricht etwa die Festlegung von Inhalten, die die Schüler aus und über die Bibel lernen sollen. »Lernchancen« setzen dagegen voraus, daß der, der einen Lernprozeß anzustoßen hat, zunächst einmal für sich selbst sucht und wahrnimmt, welche Chancen für das Menschsein und Christsein die Bibel bereithält; erst dann kann er versuchen, diese als Lernchancen für die Lernenden zu begreifen. Er kann überlegen, was den Schülern an der Bibel aufgehen könnte und sich vornehmen, die jungen Leute in ein Gespräch mit dem Gegenstand zu bringen, in dem offen bleibt, ob, mit welchem Ergebnis und auf welche Weise genau dieser Prozeß in Gang kommt und verläuft.

2 Neue Erfahrungs- und Lernchancen

2.1 Die erste Lernchance: Die Bibel lehrt Hoffnung und Widerstand im Blick auf scheinbar unabänderliche Verhältnisse

Ingo Baldermann notiert: »Auf die entscheidenden Fragen kann die Didaktik nur in der Sprache der Hoffnung antworten, oder sie verfällt der Resignation; denn all unser Lehren unterliegt den Kriterien einer uns noch unbekannten Zukunft. Jeder Tag läßt uns von neuem begreifen.« (Baldermann, 1983, S. 11 f.)

Der Spur, die Baldermann mit diesem Satz legt, will ich folgen und zuerst fragen, ob die Bibel Hoffnungsperspektiven anbietet.

Die Bibel bezeichnet die Christen als Menschen, die nicht sind »wie die übrigen, die keine Hoffnung haben« (1 Thess 4,13). Und an anderer Stelle heißt es: »Seid aber jederzeit bereit zur Verantwortung jedem gegenüber, der Rechenschaft von euch über die Hoffnung in euch fordert« (1 Petr 3,15).

Aber sind diese Erwartungen einlösbar?

In der Tat zeichnet die biblische Überlieferung Strategien der Hoffnung und des Muts zur Veränderung vor.

a. Beispiel: Deuterojesaja

Die Situation ist bekannt: Israels Oberschicht, im 6. Jahrhundert nach Babylonien deportiert, ist offenbar in tiefe Resignation versunken: Die erfolgreichen fremden Götter werden jetzt verehrt, man arrangiert sich, an die Heimat denkt man nur noch in Trauer und Schmerz zurück.

Da tritt der Prophet auf, den die alttestamentliche Forschung verlegensheitshalber »Deuterojesaja« nennt, da sich hinter den in Jes 40-55 überlieferten Schriften keine geschichtliche Person zeigt.

Er ist der Prophet der Hoffnung und des Widerstands.

Welche Mittel verwendet er?

- Einmal erinnert Deuterojesaja immer wieder an die geschichtlichen Überlieferungen Israels, insbesondere die Exodus-Tradition, aus der seine Zuhörer Mut schöpfen sollen (z.B. Jes 43, 14 ff.; Jes 51,9 ff.).
- Vor allem aber benutzt er das Mittel der Satire, um die Ansprüche der Götter Babylons als völlig unbegründet zu entlarven. Am bekanntesten ist wohl das Spottlied, in dem der Prophet schildert, wie der Schnitzer aus dem gleichen Baumstamm Feuerholz und ein Götterbild herstellt (Jes 44, 9-20). Diese Götter lassen sich dienen, aber sie können nichts bewirken (Jes 46, 6 f.).

So öffnet der Prophet mit Witz und rationaler Argumentation die »verklebten Augen« des Volks (Jes 44,18-20) und befreit sie von blinder Angst und Resignation (vgl. hierzu auch Gottwald, 1986).

b. Beispiel: Wunder Jesu

Häufig werden die neutestamentlichen Wundererzählungen im Zusammenhang des Bekenntnisses zu Jesus, dem messianischen Helfer und Retter, erzählt. Dabei wird meist übersehen, daß das lebensfreundliche, heilende Handeln Jesu zuallererst Protest gegen eine lebensfeindliche Wirklichkeit ist, welche die den Menschen zugedachten Lebensmöglichkeiten und Chancen verdeckt und zerstört hat. Der Leser der Wundererzählungen sollte sich klarmachen: In biblischer Perspektive ist nicht das Wunder das Un-Normale, sondern die Tatsache, daß menschliches Leben beschädigt ist; denn Gott hat es gut und ganz geschaffen. Der tätige Protest Jesu überschreitet die Grenzen der Erfahrung und der geltenden Normen: »Eher wird aller menschlichen Erfahrung ihr Recht abgesprochen als menschlicher Not der Anspruch, überwunden zu werden«, notiert Gerd Theißen im Blick auf die Wundererzählungen (Theißen, 1974, S. 281).

Neutestamentliche Wundergeschichten sind Hoffnungsgeschichten. Sie legen aber nicht auf ein »von oben« erwartetes göttliches Eingreifen fest, sondern inspirieren zu tätiger Hoffnung. Von Anfang an hat die grenzenüberschreitende Praxis Jesu ein adäquates Handeln der Jünger angestoßen; das verdeutlicht besonders eindrucksvoll die enge Verklammerung von Aussendung der Jünger (Mt 10) und messianisch-befreiender Tat Jesu (Mt 11, 1-6). Jesus selbst proklamiert angesichts der Not eines Vaters mit einem epileptischen Kind: »Alles ist möglich dem, der glaubt!« (Mk 9, 23).

»An Wunder glauben« heißt also nicht für wahr halten, daß jemand einst bestimmte Naturgesetze außer Kraft setzte, sondern: Nicht akzeptieren, daß schon alles festgelegt ist, daran arbeiten, daß lebensfeindliche Verhältnisse, in denen wir uns vorfinden, verändert werden.

Wer das versucht, wird sich von dem gern benutzten Begriff der »Sachzwänge« freimachen müssen. Der gibt ja vor, daß bestimmte Zustände so sein müssen, wie sie sind: Die wahnhaft in die Höhe getriebenen Rüstungsausgaben, die Aufteilung der Welt in Besitzende und Habenichtse, die bedingungslose Herrschaft des Leistungsprinzips... Dabei wird verschleiert, daß diese Zwänge gemacht sind – vor allem aus Machtinteressen und Habgier.

Biblisch begründeter Glaube protestiert dagegen und entlarvt die Unterwerfung unter die »Sachzwänge« als Götzendienst: »Zwangsläufig – das ist eine atheistische Denkkategorie!«, sagte Gustav Heinemann in einer Bundestagsdebatte über die Aufrüstung.

Christliche Hoffnung wird tätig in Richtung auf eine humane Veränderung der Gesellschaft. Helmut Gollwitzer hat diese Arbeit so charakterisiert: »Die Rückschläge, die Länge des Weges und die Ungewißheit, ob das Ziel erreicht wird, bringen viele, die sich zunächst dafür gewinnen ließen, in die Versuchung, zu resignieren und sich zurückzuziehen. Sie sind in Versuchung, nur noch als Fachleute ohne politische Ziele zu arbeiten, sich auf das ›Glück im Winkel‹ zu beschränken oder auch auf eine nur private Religiosität. Wer mit Christus verbunden ist, bringt in die politische Bewegung Geduld und eine Zuversicht hinein, die unabhängig ist vom Gang der politischen Ereignisse. Denn sein Beweggrund zur Mitarbeit ist die Sendung durch Christus und das Vertrauen in eine Zukunft, die Christus versprochen hat.« (Gollwitzer, 1976, S. 21) Diese Hoffnungsanstöße muß biblischer Unterricht zum Zuge bringen (vgl. zum Ganzen auch: Berg, 1987).

2.2 Die zweite Lernchance: Die Bibel bietet Modelle gelingenden Lebens an

Wer in der biblischen Überlieferung nicht nach historischen Informationen oder tradierten Glaubenslehren sucht, sondern nach Chancen der Befreiung und Veränderung, wird im Alten und Neuen Testament nach Erfahrungen von Menschen Ausschau halten, die ihr Leben im Glauben deuten und deren Leben gelingt, weil sie vom Glauben inspiriert sind.

Allerdings ist ein wichtiger hermeneutischer Grundsatz zu beachten: Die Bibel hält auf Lebensfragen heutiger Menschen nicht einfach Glaubensantworten bereit; oftmals stellt sie Gegenerfahrungen vor Augen, Modelle gelungenen Lebens, die unsere eigenen Erfahrungen kritisch beleuchten. Man wird nach Bibeltexten suchen, denen »die Kraft zum Aufsprengen verfestigter Situationen innewohnt« (Langer, 1987, S. 215). Der Schweizer Bibeltheologe Theophil Vogt hat dafür den prägnanten Begriff der »Gegenwelten« gefunden (Vogt, 1985).
Eine solche Gegenwelt zeigt sich beispielsweise in der grundlegenden Heilstradition Israels, der Erinnerung an den Exodus. Sie durchkreuzt die allgemein anerkannte Erfahrung, daß der Stärkere sich durchsetzt, und erzählt von einem »Gott der kleinen Leute«, der für die Seinen eintritt und ihr Recht durchsetzt. Diese Gegenerfahrung zieht sich wie ein Leitmotiv durch das ganze Alte und Neue Testament; sie wird beispielsweise in der neuen Erfahrung der Befreiung aus dem babylonischen Exil wieder lebendig, und Paulus deutet das ganze Christus-Geschehen als Befreiung von der Sklaverei der Sünde (z.B. Gal 5,1).
Diese Gegenwelt hat Menschen über Jahrtausende getröstet, ermutigt und zu Veränderungen beflügelt. Sie ist wohl darum so mächtig, weil sie an die Lebenschancen, die den Menschen zugedacht sind, erinnert. Ermutigende Erinnerung an die eigene Herkunft und Bestimmung ist die eine Seite der Gegenwelten. Dazu kommt noch eine »Kehrseite«: Gegenerfahrungen schließen immer die radikale Kritik an den Erfahrungen ein, die allgemein als »normal« akzeptiert sind. Gegenwelten beleuchten immer gleichzeitig kritisch Lebensverhältnisse, die die von Gott gegebenen Chancen verfehlen oder egoistisch nur für eine Gruppe beanspruchen.
Am Beispiel des Exodus zeigt sich, daß Israel sich in Zeiten der Bedrängnis nicht nur an das Ur-Datum der Befreiung erinnert hat (z.B. Jes 43,16-19), sondern sich auch die prophetische Mahnung anhören mußte (z.B. Mi 6,2 f.), diese befreiende Erfahrung niemandem vorzuenthalten – bis hin zu der Ankündigung an das Volk, in dem Unterdrückung und Ungerechtigkeit herrschen: »Nur euch habe ich von allen Geschlechtern der Erde erwählt; darum werde ich an euch alle eure Sünden heimsuchen« (Am 3,2)
Wer seine Herkunft verleugnet, bringt sie (und sich!) um ihre befreiende und heilende Dynamik und setzt damit seine eigene Zukunft aufs Spiel. Entsprechend dieser Grundstruktur der Gegenerfahrungen kommen sie in zwei Formen zur Sprache:

a. Gegenwelten als ermutigende Erinnerungen und Utopien

Die Rückschau auf das von Anfang an zugedachte gelingende Leben ist gleichsam die Grundform. Sie schließt, wie gesagt, immer schon die kritische Anfrage ein, ob die akzeptierten Normen und Verhaltensweisen nicht dieses Leben schon längst ausgehöhlt haben. Israel hat sich immer fragen (lassen) müssen: Gilt die Befreiung für alle ohne Ausnahme? Weil diese Frage stets die Wirklichkeit als Dementi des

guten Lebens für alle entlarvt, wird die Rückbesinnung zur »gefährlichen Erinnerung«; sie löst den Ruf zur Umkehr aus und stößt Utopien als Richtpunkte der Umkehr an.
Beispiel: Die Seligpreisung »Selig die Friedensstifter, denn sie werden Gottes Kinder genannt werden« (Mt 5, 9) schaut auf das Reich des Schalom und der Gerechtigkeit zurück, das Jahwe seinem Volk zugeeignet hat; sie stellt die Gegenwart als un-friedliche Zeit bloß und ruft zur Umkehr in das zugesagte Reich Gottes.

b. Gegenwelten als prophetische Kritik

Die Entlarvung der Gegenwart nimmt im Alten und Neuen Testament auch immer die Form radikaler Infragestellung der gültigen Lebensweise an; das zeigt sich besonders deutlich bei den Propheten, aber auch in den anderen Schriften des Alten Testaments. Ein Beispiel:
»Einen Fremden darfst du nicht übervorteilen und nicht bedrücken; ihr wart ja selbst Fremde in Ägypten. Witwen und Waisen sollt ihr nicht bedrücken. Wenn du sie doch bedrückst und sie schreien zu mir, so werde ich ihr Schreien gewiß erhören, und mein Zorn wird entbrennen und ich werde euch mit dem Schwert töten, daß eure Frauen Witwen und eure Kinder Waisen werden« (Ex 22, 20 ff.)
Aber auch in der radikalen Verneinung verbirgt sich die Erinnerung an die heilvolle Herkunft und Bestimmung; sie gibt das Kriterium der Kritik an.
Es ist dem heutigen Leser oder Hörer des Alten und Neuen Testaments allerdings wenig damit gedient, wenn ihm biblische »Gegenwelten« als Ideen oder Forderungen gegenübertreten; es ist wichtig, daß sie als Beispiele oder Anfänge erfahrenen, gelebten neuen Lebens erscheinen, die die gewohnten Perspektiven, die verhärtete Lebenspraxis in Frage stellen und damit erst neue Erfahrungen ermöglichen.
Als Beispiel beziehe ich mich noch einmal auf die Seligpreisungen (Mt 5,3-12). Lange Zeit dominierte die Auffassung, bei diesen Worten Jesu handele es sich um radikale Forderungen, denen sich ein Christ zu unterwerfen habe. Diese Sichtweise hat in der Geschichte der Auslegung und praktischen Verwendung zu teilweise absonderlichen Versuchen geführt, der Radikalität zu entkommen. Am Ende wurde der Text minimalisiert und ruhiggestellt. Werden die Seligpreisungen dagegen als »Gegenwelten« ausgelegt, dann ist die Kritik an unseren Normen unüberhörbar. Es zeigt sich aber auch das »Verlockungsmodell« eines guten Lebens, das in der Praxis Jesu schon angefangen hat und für das es sich zu arbeiten lohnt.

2.3 Die dritte Lernchance: Die Bibel bewahrt heilvolle und heilende Erinnerungen, die auch heute wirksam werden können

Die dritte Lernchance basiert auf der Annahme, daß die Texte des Alten und Neuen Testaments zwei Schichten aufweisen: zunächst einmal die *Oberflächenschicht*, die Ebene der bewußt formulierten und reflektierten Aussagen. Auf diese Schicht konzentrieren sich die ersten beiden Lernchancen; sie wollen zeigen, daß die Bibel in den überlieferten Erzählungen, Reden, Liedern und Diskursen Modelle gelingenden Lebens vor Augen stellt, die dazu verlocken, sich auf sie einzulassen.

Die dritte Lernchance geht davon aus, daß Texten noch eine zweite, tiefere Schicht eigen ist. Diese hat in Bildern und Symbolen grundlegende Erfahrungen und Lebensvollzüge aufbewahrt, die auch heute als Kräfte zur Selbstfindung und zur Heilung von psychischen Defiziten und Beschädigungen entdeckt und freigesetzt werden können. Letztlich geht es um die Grunderfahrung, daß das Leben dem Menschen glückt, wenn er im Gleichgewicht seiner vitalen, geistigen und seelischen Kräfte lebt und alle psychischen Strebungen in seine Person »integriert«, statt sie zu verdrängen. Die Erschließung der *Tiefenstruktur* biblischer Texte versucht vor allem die Tiefenpsychologische Auslegung. Sie weist mit Nachdruck auf die Einseitigkeit einer Auslegungstradition hin, die sich nur auf die Oberflächenschicht der Texte bezieht. Die in dieser Schicht entdeckten Aussagen und Erfahrungen müssen in die »existentiellen Tiefenschichten« der Texte eingebettet werden, wenn sie nicht in tote Begrifflichkeit oder letztlich belanglose Informationen über längst vergangene Ereignisse eintrocknen sollen.

Um es noch einmal an der Exodus-Thematik zu verdeutlichen: »Exodus« wäre im Sinn einer historischen Untersuchung (Lernchance 1) auf die erinnerten geschichtlichen Prozesse hin zu befragen. Im Sinne einer lebensmodell-orientierten Sicht (Lernchance 2) wäre nach den Modellen von Freiheit und Bindung zu suchen, die diese Überlieferungen zeigen. Und bei einer auf die Beachtung der Tiefenstruktur ausgerichteten Betrachtung (Lernchance 3) käme es darauf an zu erkennen, welche existentiellen Grunderfahrungen in der Symbolwelt der Exodus-Überlieferung aufgehoben sind und heute aufgeschlossen werden können.

Hier wäre beispielsweise zu erforschen, wie der »Pharao in mir« die eigenen Ziele und Lebenschancen mit bedrückenden Forderungen erstickt und welche Wege der Befreiung vor mir liegen. Oder es wäre zu erkunden, welche angst machenden Fluten sich zwischen mich und die Freiheit schieben und woher Rettung kommt. »Pharao« und »Schilfmeer« wären in dieser Sicht also keine realen geschichtlichen oder geographischen Größen, sondern Symbole, an denen sich seelische Erfahrungen und Prozesse klären.

Diese Symbole sind nicht beliebig gewählt und austauschbar, sondern sie sind Ur-Bilder, die typische Grunderfahrungen, immer wiederkehrende menschliche Konflikte und verläßliche Wege aus der Gefahr ins Bild setzen und formen: die

Gestalt des übermächtigen Herrschers etwa als Sinnbild dessen, was Menschen klein macht – und den Weg der Freiheit; die bedrohliche Flut als Symbol des Untergangs – und das Hindurchgehen durch den Tod als Ur-Bild des neuen Anfangs. Darum werden sie als archetypische Bilder bezeichnet.
Wie erschließen sich diese Bilder? Sicher ist die rationale Erklärung oder historische Einordnung kaum geeignet, um einen Zugang zu den Grunderfahrungen in den Tiefenschichten biblischer Überlieferung zu finden. Maria Kassel, eine der führenden Vertreterinnen der Tiefenpsychologischen Auslegung, beschreibt den Erschließungsprozeß so: »Dabei geht es nicht darum, biblische Inhalte zur Kenntnis zu nehmen, sondern es wird ein mehrdimensionaler Austausch zwischen Leser/-in und Bibel in Gang gebracht. Die biblischen Urbilder stimulieren dabei unmittelbar die eigenen psychischen Tiefenschichten, so daß die biblisch übermittelte Erfahrung und Botschaft nicht nur bewußt zur Kenntnis genommen, sondern auch unbewußt erlebt, mit dem Denken und Fühlen aufgenommen wird.« (Kassel, 1987, S. 157 f.).
Dieser heilsame Austausch zwischen Tiefenschicht eines Textes und dem Unbewußten des Rezipienten kann nicht nur durch die strengen methodischen Schritte der Tiefenpsychologischen Auslegung angestoßen werden, sondern durch alle Erschließungswege, die die intuitiven und kreativen Wahrnehmungs- und Gestaltungsfähigkeiten ansprechen, beispielsweise der Symboldidaktik – davon wird noch die Rede sein (Kapitel III.2).

2.4 Die vierte Lernchance: Die Bibel vermittelt die Erkenntnis, daß der Mensch ein sündiges Geschöpf ist

Diese Formulierung klingt zunächst weniger nach einer verlockenden Lernchance als nach einer traditionellen dogmatischen Setzung, die die Menschen auf die Rolle des unwürdigen Untertanen vor Gott fixiert. Aber diese Einsicht ist zur heutigen Standortbestimmung und zur Gewinnung von Handlungskompetenz dringend nötig.

a. Zur Geschöpflichkeit des Menschen

Die Rede von der Geschöpflichkeit des Menschen benennt seine Herkunft, seinen Ort in der Welt und seine Aufgabe. Seine Herkunft ist der Erdboden: Adam kommt aus der 'adamah, der Erde, wie alle anderen Geschöpfe auch. Sehr nachdrücklich betont dies der jahwistische Schöpfungstext Gen 2, 4b ff. Wenn man bedenkt, daß der Text in dieser Form vermutlich in der Zeit der ersten Könige entstand, wäre durchaus denkbar, daß er seine Leser in einer Situation aufkommender Großmannssucht und Hybris energisch an ihre Herkunft erinnert, um sie »auf den Boden

zurückzuholen«. Eben jene Funktion könnte dies bodenständige Symbol auch heute wahrnehmen.
Gleichzeitig aber erzählt der jahwistische Text, daß Gott den Menschen formt und ihm den Lebensatem einhaucht. Bilder, die den Menschen wissen lassen, daß Gott sich mit liebender Sorgfalt um ihn kümmert und ihn an seiner Lebenskraft teilhaben läßt.
Mit diesen Gaben verbindet sich die Aufgabe des Menschen: Sein Beruf ist es, den geschenkten Lebensraum zu »bebauen und zu bewahren«.
Einer Einschränkung ist er unterworfen: Er darf nicht vom »Baum der Erkenntnis des Guten und des Bösen« essen, andernfalls muß er sterben. Diese Bestimmung ist oft im Sinn des religionsgeschichtlichen Motivs des »Götterneids« mißverstanden worden, nach dem die Gottheit sich die Menschen als Konkurrenten der Macht fernhalten will. Möglicherweise ist diese Bedeutung einmal in der langen Wachstumsgeschichte des Textes wirksam gewesen; in der jetzigen Form zielt das Verbot in eine ganz andere Richtung. Das wird verständlich, wenn man sich klarmacht, daß »gut« und »böse« im Hebräischen keine abstrakten Begriffe sind, sondern meinen: »Was dem Leben dient – was dem Leben schadet«.
Die ersten Kapitel der Bibel bringen eine Grunderfahrung zur Sprache: Der Mensch, der nach eigenem Gutdünken entscheidet, was dem Leben dient oder schadet, kommt aus der selbstsüchtigen Ichbezogenheit nicht hinaus, die das Recht des anderen nicht wahrnimmt. Darum ist ihm die Tora, die gute Weisung, vorgegeben.
Wo der Mensch sich dieser Weisung entzieht, gerät das Leben aus dem Gleichgewicht; es kommt zu tiefgreifenden Störungen im Verhältnis zu
- Gott; die Folge sind Angst und Mißtrauen (»sie fürchteten sich...«);
- dem Mitmenschen; Mißtrauen, Entfremdung kommen auf (»sie schämten sich...«);
- der Welt; die Harmonie des Menschen mit der Schöpfung ist zerstört (es kommt zur »Vertreibung aus dem Paradies«).

b. Zur Sündhaftigkeit des Menschen

Was die Bibel mit »Sünde« meint, erschließt sich ganz unmittelbar aus dem angesprochenen Textzusammenhang. Die in Gen 3 beschriebenen Grunderfahrungen verschärfen sich in Gen 4: Es ist höchst bemerkenswert, daß der Jahwist nicht, wie in der heutigen Sicht des »Sündenfalls« üblich, im Blick auf Gen 3 von »Sünde« spricht, sondern im Blick auf die in Gen 4 geschilderte tötende Gewalt: Das ist in Wahrheit der Sündenfall! Wo der Mensch auf eigene Faust entscheiden will, was lebenswert ist oder nicht, kommt es zum »Faustrecht«, das Leben des anderen wird den eigenen Bedürfnissen und Antrieben geopfert.
Der Jahwist erzählt drastisch, wie die Sünde als lebensfeindliche Macht ins Spiel kommt; aber der Mensch ist ihr nicht ausgeliefert, sondern kann sie (und sich!)

beherrschen: »Es lauert die Sünde vor der Tür, und auf dich richtet sich ihre Begierde; du aber herrsche über sie!« (Vers 7!)
Auch in Gen 4 ist der Verlust der Lebensqualität die Folge der Sünde: Das Land wird unbewohnbar, der Mensch verliert die Sicherheit der Heimat. Diese biblischen Ortsbestimmungen sind auch heute hilfreich, orientierend und ermutigend.
Die Rede von der Erdhaftigkeit des Menschen weisen ihm seinen Platz als Teil – und nicht als Besitzer! – der Schöpfung zu; sein Leben ist stimmig, wenn er »natürlich«, in Einklang mit der Natur lebt. Damit ist gleichzeitig jeder Versuch, in der Schöpfung als »Herrenmensch« aufzutreten, als Allmachtswahn entlarvt, der die Harmonie der Welt stört und am Ende die Lebensräume zerstört. Vermutlich benötigte der Mensch erst die ökologischen Katastrophen in unserer Gegenwart, um zu lernen, daß »sich die Erde untertan machen« (Gen 1, 28) nicht als Ermächtigung zu schrankenloser Willkür zu verstehen ist, sondern unterstreicht, daß er die Aufgabe der Gestaltung und Bewahrung hat; das kann von bleierner Resignation befreien und zu sachlicher politischer und ökologischer Arbeit motivieren.
Die Rede von der Sünde – später in der kirchlichen Tradition zur Lehre von der »Erbsünde« ausgebaut – legt frei, daß der Mensch sich immer schon im Zugriff destruktiver Strebungen und Kräfte vorfindet, z.B. der von Erich Fromm analysierten tödlichen »Haben-Perspektive«.
Dies alles trägt die biblische Überlieferung nicht als moralisches Urteil oder ethische Forderung vor, sondern als erzählende Entfaltung anthropologischer Basiserkenntnisse über die Herkunft und die Bestimmung des Menschen – und als Beschreibung der vernichtenden Folgen, wenn der Mensch seine Herkunft und Bestimmung vergißt oder verleugnet. Wer diese Einsichten für sich gelten läßt, macht sich nicht klein oder gering, sondern nimmt eine Chance zur Menschwerdung wahr: Wer seine Schattenseiten nicht mehr verdrängen muß, sondern sie annimmt, kann sie bearbeiten; wer vom Zwang zur Perfektion frei geworden ist, kann auch kleine Schritte als Wachstumszeichen erkennen.

2.5 Die fünfte Lernchance: Die Bibel hat eine kommunikative Grundstruktur; dem entsprechen kommunikative Verstehensprozesse

»Die Kirche ist der Ort der Auslegung der Heiligen Schrift« – solche – dann sehr eingeschränkt verstandenen – Sätze signalisierten lange Zeit hindurch den Anspruch der Amtskirche, das Verstehen der biblischen Überlieferung durch dogmatische Vorgaben zu normieren und wurden daher zu Recht als Einschränkungen der Freiheit des theologischen Denkens abgewiesen.
Seit einigen Jahren ist aber die Gemeinde als Subjekt der Bibelarbeit neu ins Bewußtsein getreten. Die wichtigsten Anstöße kamen aus der lateinamerikanischen Relectura und der Interaktionalen Auslegung (vgl. Kapitel II.2.). Der in diesen Konzepten angesprochene Gemeindebezug zielt aber nicht auf eine institutionelle

Bevormundung der Interpretation, sondern auf den kommunikativen Charakter des Verstehensprozesses. Grundzüge sind:
Die Auslegung geschieht in der Gruppe. Sie bringt ihre Lebenserfahrungen in Interaktion mit anderen und mit der biblischen Überlieferung zur Sprache; die Alltagserfahrung ist der Kontext des biblischen Textes.
In der Gruppe dominiert nicht der theologische Experte, sondern alle Mitglieder bringen ihre Sichtweisen und Erkenntnisse ein. Der »Laie« ist nicht der Unwissende. »In der theologischen Sache ..., die heute zu eruieren und zu befragen ist, verfügt er über eine ihm eigene und durch den Theologen nicht zu ersetzende Fachkompetenz.« (Vogt, 1985, S. 23) Diese Kompetenz betrifft die Fähigkeit, das eigene Leben kritisch zu reflektieren und Erfahrungen zu verarbeiten. Vor allem bei der erfahrungsbezogenen Auslegung der Texte und bei der Transformation ihrer Wahrheit in die Gegenwart ist diese Kompetenz unentbehrlich. Die »Schreibtischhermeneutik« ist zu ergänzen durch eine Erfahrungshermeneutik.
Die Gruppe versteht sich nicht nur als unverbindlicher Gesprächskreis; die Teilnehmer erfahren, wie die »Grenzen selbstbezogenen Kreisens« (H. Stock, 1981, S. 27) durchstoßen werden; sie können sich über den Sinn und die Tragweite der biblischen Anrede austauschen und erleben in der Interaktion gegenseitige Unterstützung, Beratung, Ermutigung.
Diese Interaktion in der Gruppe wurde zuerst in den lateinamerikanischen Basisgemeinden als Tätigkeit der Kirche verstanden.

Diese Entdeckung der Gemeinde als Subjekt der Auslegung hat nun auch die Frage nach kommunikativen Strukturen in der Bibel selbst ausgelöst. Vogt notiert: »Die Bibel fordert dialogisches Verstehen (...) Die Gruppe stellt zeitgemäße und adäquate Gefäße zur Verfügung, in denen Erfahrungen des Glaubens, ähnlich jenen in den Texten gemachten und ausgesprochenen, neu formuliert, somit Folgerungen für den Glauben heute neu ausgehandelt und am aktuellen Lebenskontext überprüft werden können (...) Die Texte können auch heute und aktuell nicht anders verstanden werden, es sei denn, daß auch sie wiederum Anlaß bieten zum Erzählen, Dichten, Diskutieren und Weiterreichen heutiger Erfahrung.« (Vogt, 1985, S. 23)
Tatsächlich begegnet man im Alten und Neuen Testament der Gemeinde auf Schritt und Tritt. Einige Beispiele: Schon in der vorliterarischen Überlieferung der alttestamentlichen Erzählstoffe ist die Familie oder Sippe als Erzähl- und Hörgemeinschaft der Geschichten von Gott anzunehmen. Spätestens seit der vorexilischen Schriftprophetie ist die Gemeinde Adressat der Botschaft. In den Psalmen ist es die im Gottesdienst versammelte Gemeinde, die klagt, lobt, die Klagen ihrer Mitglieder hört, mit ihnen das Dankopfer-Fest feiert...
Nicht anders sind die Beobachtungen im Neuen Testament: Ganz selten nur redet Jesus einzelne Menschen an, meistens ist es eine Gruppe, die angesprochen wird, Zeuge von Taten Jesu ist, mit ihm ins Gespräch kommt.

Der Gemeindebezug der Bibel wirkt sich auf die Ausgestaltung der Überlieferung in doppelter Hinsicht aus:

a. Die biblische Sprache ist dialogische, be-treffende Anrede

Die Bibel selbst versteht sich als be-treffende Rede. Immer ist sie darauf aus, den Hörer/Leser in seiner jeweiligen Zeit und Lebenssituation anzusprechen. Die Erzählungen verwickeln den Leser/Hörer in das Geschehen, die Psalmen geben ihm Sprache zum Bedenken von Leben und Glauben vor Gott. Für das sachgemäße Verstehen der Bibel ist die Unterscheidung von »konstatierender« und »performativer« Sprache unabdingbar, die der englische Philosoph John L. Austin vorgeschlagen hat: *Konstatierende Sprache* stellt Sachverhalte fest (Beispiel: »Das Alte Testament ist vor Christi Geburt entstanden.«). *Performative Sprache* schafft Wirklichkeit, spricht sie zu (Beispiel: »Ich liebe dich ...«). In diesem Sprachgebrauch ist die Bibel als Ganze »performative Rede« (vgl. Bayer, 1973, S. 24 ff.).
Gelegentlich wird der Anredecharakter der Überlieferung explizit zur Sprache gebracht: »Heute« schließt Jahwe mit Israel den Sinai-Bund – erklärt das Deuteronomium, das im 7. Jahrhundert entstand (Dtn 26,16 ff.) – oder Jesus bezeugt, daß »heute« die Schrift erfüllt sei (Lk 4, 21).

b. Die Bibel bringt ihre Sache geschichtlich-konkret zur Sprache

Die Überlieferungen des Alten und Neuen Testaments künden keine übergeschichtlichen Wahrheiten in abstrakten Sätzen, sondern sprechen immer in konkrete Situationen. Das führt einerseits zu einer historischen Bedingtheit der Texte: Sie sind aus dem Kontext ihrer jeweiligen Geschichte heraus zu verstehen. Es kommt zu unterschiedlichen, ja widersprüchlichen Sichtweisen auf die gleichen Gegenstände, wie Texte aus dem Pentateuch oder den synoptischen Evangelien aufs deutlichste belegen. Sie sperren sich gegen eine Harmonisierung oder Systematisierung, was bei Bibellesern immer wieder Verunsicherung und Abwehr auslöst. Andererseits bewirkt die Geschichtlichkeit der Überlieferung eine starke Lebensbeziehung und Verbindlichkeit. Das gilt nicht nur für die historische Situation der Textproduktion, sondern auch für die heutige Rezeption. Erst geschichtlich situierte, »konkrete Wahrheit« macht betroffen, kann heute wieder verbindlich zur Sprache kommen.

Diese Hinweise bestätigen, daß das Gruppengeschehen in der heutigen Rezeption biblischer Texte einen Zugang zur Bibel öffnet, der ihren eigenen Strukturen gemäß ist und den von ihr gelegten Spuren nachgeht.
Wird diese Lernchance wahrgenommen, müßte dies weitreichende Konsequenzen auslösen, zumindest:

- Diejenigen, die sich um das Verstehen biblischer Texte bemühen, würden sich als Hör- und Gesprächsgruppe verstehen, in der die Erfahrungen und Sichtweisen aller gleichberechtigt zu Wort kommen.
- In der Auslegung müßte darauf verzichtet werden, ein einziges Verständnis als richtig oder maßgebend festzustellen; die Suche nach der Botschaft eines Textes bleibt prinzipiell unabschließbar.

Beide Aspekte würden die bisherige Praxis des Bibelunterrichts grundlegend verändern; das werde ich später noch genauer ausführen (Kapitel III.2).

2.6 Die sechste Lernchance: Die Bibel spricht ihre Leser und Hörer ganzheitlich an und bricht damit die Monokultur kognitiver Prozesse auf

Was die Bibel ihren Lesern und Hörern zu sagen hat, wendet sich in aller Regel nicht bloß an die kognitive Aufnahmefähigkeit, sondern bezieht alle Sinne ein. Das sollen einige Beispiele belegen:

- Eine Grundform biblischer Rede ist das Erzählen; es spricht die Hörer stark emotional an. Es verwickelt sie in das Geschehen, erzeugt Spannung, bezieht meistens die Körpersprache ein, zumindest im Sinne der Stimmführung.
- Biblische Sprache ist durch und durch symbolgesättigt: Die Erschaffung des Menschen aus Erde, der Baum des Lebens, die reißenden Tiere (Ps 22), der gute Hirt (Ps 23; Lk 15; Joh 10), das Brot, das Wasser des Lebens – diese Bilder müssen in ihrer Tiefenstruktur aufgenommen werden, in die nicht-kognitiven Schichten der Person einsickern, sagen, was rational nicht zu fassen ist.
- Besonders hervorzuheben sind die symbolischen Handlungen. Jeremia kauft einen Krug und zerschlägt ihn öffentlich: So wird Jahwe Israel zerschlagen (Jer 19); oder er läuft mit einem Ochsenjoch auf dem Nacken herum, damit jeder sehen kann: So kommt Israel unter das Joch der Babylonier (Jer 28). Oder Hosea heiratet eine Prostituierte, damit öffentlich wird: Israel hat sich von fremden Herren kaufen lassen und ist Jahwe untreu geworden (Hos 1). Auch die Gastmähler Jesu mit den Deklassierten sind als Symbolhandlungen zu sehen: So werden die Übersehenen und Ausgegrenzten am eschatologischen Freudenmahl des Messias teilnehmen.
- Vor allem die Psalmen sind ja nichts anderes als Inszenierungen sinnenhaften Glaubens: Der Beter klagt, schreit, liegt am Boden. Er feiert das Dankopfer mit seinen Freunden, es wird gegessen, getrunken, gesungen, getanzt.

Diese ganzheitliche Struktur der biblischen Sprache kann einen wichtigen Beitrag zur Überwindung der Eindimensionalität der Wahrnehmung leisten, die heute das Leben vieler verarmen läßt. Diese »Verdünnung und Verdürftigung des Lebensgefühls« (Betz, 1977, S. 21) kann nur wieder angereichert werden durch ganzheitli-

ches Empfinden; dazu ist die Sprache der Bibel ein eindrucksvolles Lern- und Erfahrungsfeld.
Ingo Baldermann hat in seinen Untersuchungen über die Psalmen im Unterricht noch auf eine andere Funktion der biblischen Sprache aufmerksam gemacht: Sie bietet Bilder und Worte an, um unnennbare Ängste, Sorgen, Hoffnungen zur Sprache zu bringen; das ist eine grundlegende Voraussetzung, um mit solchen Erfahrungen umgehen zu können (Baldermann, 1986; 1990 b). Diese »stellvertretende Sprachgebung« der Bibel ist bisher kaum erkannt worden.
Die Sprache der Bibel wird ihre Qualitäten allerdings nur entfalten können, wenn sie adäquat aufgenommen wird. Dafür sind die Voraussetzungen im Religionsunterricht bisher nicht besonders gut. Meistens wird die biblische Sprache als unverwechselbares mehrdimensionales Geschehen nicht ernstgenommen; sie wird weithin nur als Informations- und Bedeutungsträger verwendet, dessen Form beliebig ausgetauscht werden kann. Oft geht in der Vermittlung der biblischen Überlieferung in Unterricht, Predigt usw. ihre unvergleichbare Sprachgestalt verloren; dann wird die »gute Nachricht« zum Lehr-Text, das Wort Gottes zum Zitat. Wenn es aber richtig ist, daß die Bibel An-rede ist, daß sie den Glauben bekennend, lobend, klagend ins Wort setzt, dann muß ihre »Sprachbewegung« soweit wie möglich auch im Unterricht zum Zug kommen. Biblische Sprache ist selbst schon »Geschehen«, das ganzheitlich anspricht.
Auch diese Beobachtung werde ich unter mehr didaktischen Gesichtspunkten in Kapitel III.2 noch weiter entfalten.

3 Lernchancen und Lernbedürfnisse

Im Rückblick zeigen sich interessante Verbindungen und Konvergenzen zwischen den Erfahrungs- und Lernchancen, die die Bibel bereithält, und den in Kapitel I.2 skizzierten und reflektierten Erfahrungen und Bedürfnissen der Heranwachsenden.

Die erste Lernchance (»Hoffnung«) betrifft die Erfahrungen der Bedrohung und das Gefühl der Hoffnungslosigkeit.
Die zweite Lernchance (»Lebensmodelle«) könnte den bedrückenden und lähmenden Erscheinungen der Bedrohung in der »Dschungelwelt« die Gegenwelten des Schalom für alle befreiend entgegenhalten.
Die dritte Lernchance (»Heilvolle und heilende Erinnerungen an ein integriertes Leben«) kann die Sehnsucht nach Einfachheit, Ganzheit ansprechen und Wege zur Selbstfindung zeigen.
Die vierte Lernchance (»Erkenntnis der Geschöpflichkeit und Sündhaftigkeit«) könnte helfen, sich – gegen alle Perfektionszwänge – auch als begrenzten, fehlerhaften Menschen zu bejahen und kleine Wachstumsschritte zu wagen.

Die fünfte Lernchance (»Kommunikation«) kann von denen aufgegriffen werden, die unter Anonymität und Beziehungsarmut leiden.
Die sechste Lernchance (»Ganzheitlichkeit«) wendet sich an diejenigen, die von der Hektik und Künstlichkeit der Lebenswelt entnervt sind.

Einen ähnlichen Versuch, grundlegende Motive der Bibel zu beschreiben, die gleichzeitig auch das Lernen strukturieren könnten, hat Gerd Theißen vorgelegt (Theißen, 1992). Aus seiner knappen Zusammenstellung von 15 Motiven oder »Axiomen« leuchten mir besonders ein:
- das Schöpfungsmotiv;
- das Wundermotiv (nichts ist endgültig determiniert);
- das Hoffnungsmotiv;
- das Umkehrmotiv (jeder Mensch hat die Chance zur radikalen Veränderung);
- das Positionswechselmotiv (Der Erste wird der Letzte sein … als Grundzug der Gemeinschaft).

In alledem kann es nicht darum gehen, die Situation der Heranwachsenden durch Schwarzmalerei zu dramatisieren, um ihnen die »Lösung« aus dem Glauben schmackhaft zu machen, sondern um die gemeinsame ehrliche Suche nach Klärung und das offene Fragen nach den Angeboten, die die biblische Überlieferung in sich schließt.
Es versteht sich von selbst, daß die Welt der Bibel und die heutige Lebenswelt nicht unvermittelt zusammengebracht werden können. Die Fragen ihrer wechselseitigen Beziehungen und Erschließungen sollen in Kapitel II.4 geklärt werden.

Kapitel 2
Die Bibel verstehen

1 Neue Wege

1.1 Herkömmliche Verstehenswege reichen nicht mehr aus

Wie können die Lernchancen, die die biblische Überlieferung bereithält, genutzt werden? Zunächst einmal scheint man vor einer Sackgasse zu stehen, denn die Praxis läßt wenig Hoffnung auf Veränderung aufscheinen.

Zur beklagten Sterilität des biblischen Unterrichts trägt sicher nicht nur seine Anwendungspraxis bei, wie sie in Kapitel I.3 beschrieben und analysiert wurde, sondern auch ebenso seine Auslegungspraxis. Sie ist weithin durch einen hermeneutischen Ansatz bestimmt, der als Historisch-Kritische Methode bezeichnet wird (s.u. Abschnitt 2.1). Sie dominiert – in verschiedenen Spielarten und unterschiedlicher Intensität – die Ausbildung von Theologen und Religionspädagogen, sie prägt die exegetische Literatur und die praxisbezogenen Handreichungen. Vermutlich verbindet sich das Gefühl, nicht mehr richtig an die Überlieferung heranzukommen, gerade mit diesem Ansatz.

Um die Geltung und Reichweite der Historisch-Kritischen Methode ist in den letzten Jahren eine teilweise recht lautstarke Debatte geführt worden, vor allem im Zusammenhang mit der von Eugen Drewermann vertretenen Form der *Tiefenpsychologischen Auslegung*.

Es scheint nicht besonders sinnvoll, die Diskussion in ihrer ganzen Breite aufzugreifen; einige Gesichtspunkte sind in diesem Zusammenhang aber besonders gewichtig:

- Die Historisch-Kritische Exegese konzentriert sich darauf, den historischen Textsinn möglichst genau zu ermitteln. Sie stellt den Text auf Distanz zur Gegenwart. Gibt sie sich damit zufrieden (was ja ihrer Zielsetzung entspricht), bringt sie die biblische Überlieferung um ihre Chance, für die Gegenwart relevant zu werden – oder, als »Stimme« vernehmbar zu werden. Aber eben dies macht ja die eigene

Dynamik der Bibel aus: Der Prozeß der Überlieferung innerhalb des Alten und Neuen Testaments ist ja nichts anderes als die Weitererzählung von Erfahrungen, die in der neuen Rezeptionssituation wieder neue Erfahrungen anstoßen.

- Die Methoden der Historisch-Kritischen Exegese reichen nicht aus, um einen Bezug des untersuchten Textes zu unserer Gegenwart herbeizuführen. Wo dies als letzter Schritt der Interpretation versucht wird, kommen andere Methoden ins Spiel, die nicht mehr den Anspruch historischer und kritischer Prägnanz erheben dürfen. Diese begrenzte Reichweite des Historisch-Kritischen Ansatzes ist hermeneutisch in Rechnung zu stellen.

- Eine so lange gewachsene Methode, die immer wieder reflektiert und ausdifferenziert wurde, unterliegt leicht der Gefahr, sich selbst zu reproduzieren, sich gegen Neu-Entwicklungen abzuschließen und schließlich nur noch im Binnenraum weiterer Methodenverfeinerung zu agieren. Für solche Verengungen wählte Alex Stock den Begriff der »Neophobie« – Furcht vor Erneuerung (A. Stock, 1974, S. 71). Nach seiner Meinung wird Historische Exegese da fragwürdig, »wo aus ihrer analytischen Genauigkeit ein wissenschaftlicher Sauberkeitszwang entsteht«; und Hans-Joachim Kraus warnt nachdrücklich: »Das reine Auslegen kann ja doch – mit all seinen Subtilitäten und Delikatessen – zu einem technischen und feinmechanischen Prozeß entarten.« (Kraus, 1983, S. 40)

- Die Historisch-Kritische Methode als einziger Weg zum Text wird auch darum der Überlieferung nicht gerecht, weil sie die Struktur der biblischen Sprache nicht in die Auslegung einbezieht. Die »Sprachbewegung« der Bibel (Baldermann) läuft in ihrer Grundrichtung gerade nicht auf die Formulierung in Sätzen feststellbarer Erkenntnisse oder Wahrheiten zu, sondern ist im ganzen »zusprechende Rede«: Sie bringt Zusagen der Befreiung zur Sprache, berichtet von Erfahrungen, gibt Anstöße zur Veränderung.
  Diese Struktur muß die Auslegung nicht nur durch sprachliche Analyse feststellen und bewußtmachen, sondern auch in die Interpretation eines Textes selbst einbeziehen. Beispiel: Die Erschließung eines Psalms darf sich nicht damit zufriedengeben, seinen »Sinngehalt« festzustellen und seine sprachliche Struktur zu beschreiben. Die Sprache des Lobens und Klagens, der Verzweiflung und des Mutes will nicht belehren, sondern regt zum Mit-Sprechen an, bietet Sprach- und Gestaltungsformen zur Ausarbeitung eigener Erfahrungen an, lädt vielleicht auch zur ganzheitlich-feiernden Darstellung in Lied und Tanz, Ritual und Spiel ein. Auch das gehört zu einer Auslegung, die dem Selbstverständnis und Anspruch biblischer Texte gerecht werden will.

- Auch mit Rücksicht auf das heutige Wirklichkeitsverständnis ist die Feststellung von Auslegungsergebnissen, die vorwiegend die kognitive Dimension ansprechen, nicht zufriedenstellend. Die Wirklichkeit hat nicht nur die Dimension des empirisch Konstatierbaren und Meßbaren, sondern auch die nicht-gegenständlichen Tiefenschichten der existentiellen Fragen und Erfahrungen, der grundlegenden ethischen Ausrichtung und der religiösen Orientierung. Diese verschließen sich dem rationalen Denken; sie können sich nur einer mehrdimensionalen, symbolbezogenen Interpretation öffnen. Auch dieser Aufgabe ist die dem kritisch-rationalen Denken verpflichtete Historisch-Kritische Auslegung nicht gewachsen.

Vermutlich fördern diese Merkmale der Historisch-Kritischen Auslegung die in Kapitel I.3 beschriebenen Tendenzen des biblischen Unterrichts zur Verfestigung der Überlieferung in fixierte Lehren und Normen.
Insgesamt zeigt sich in der Historisch-Kritischen Exegese, die doch einmal als Befreiung der Schrift von kirchlich-dogmatischer Bevormundung begann, eine Tendenz, Texte als Objekte zu betrachten, die man bearbeiten, festlegen, über die man verfügen kann.
Die differenzierte Methodik der Historisch-Kritischen Auslegung wirkt außerdem einschüchternd: Viele Christen fühlen sich dem Spezialistentum der gelehrten Ausleger unterworfen, ohne deren Wissen ein sachgemäßes Verstehen der Überlieferung scheinbar ausgeschlossen ist. Diese Barrieren türmen sich natürlich in der Schule mit den festgeschriebenen Lehrer-Schüler-Rollen doppelt hoch.
Dennoch ist die Historisch-Kritische Auslegung als Basis des biblischen Unterrichts unentbehrlich, vor allem aus zwei Gründen:

- Sie kann dafür sorgen, daß der Text in seiner Eigenständigkeit respektiert wird. Allzuleicht wird auch eine subjektive Sicht in ihn hineingelesen, wird er zur Projektionswand von Wünschen und Ängsten. Ist er aber um seine Fremdheit, um sein Geheimnis gebracht, kann er dem heutigen Leser nicht mehr befreiend und orientierend gegenübertreten.
- Die Historisch-Kritische Methode arbeitet die geschichtliche und sprachliche Eigenart eines Textes heraus und kann damit einen Zugang zu seiner eigentlichen Bedeutung und Intention öffnen.
  So wird beispielsweise der 23. Psalm völlig mißverstanden, wenn er nicht als ein wunderbares Bild von der Fürsorge Gottes für die Menschen aufgefaßt wird. Oder: Wer die jahwistische Erzählung von der Erschaffung des Menschen und der Welt (Gen 2, 4b ff.) als Tatsachenbericht liest, wird die Bibel ablehnen oder mit gespaltenem Bewußtsein leben. Er wird an der Frage hängenbleiben, ob es denn möglich sei, daß Gott den Menschen aus Ton getöpfert habe, ob die Sache mit der Rippe stimmt. Die Schönheit und die Glaubenswahrheit des Textes wird er erst dann erkennen, wenn er ihn so liest, wie er gelesen werden will: Als symbolische Dichtung, die dem Menschen zusagt, daß Gott sich in liebevoller Sorgfalt mit ihm beschäftigt und die dem Leser die Gemeinschaft zwischen Männern und Frauen sinnhaft zur Erfahrung bringt.

In den letzten Jahren ist eine pauschale Ablehnung der Historisch-Kritischen Auslegung in Mode gekommen. Das erscheint mir wenig sinnvoll, wenngleich das Konzept in seiner begrenzten Funktion und Reichweite erkannt und durch andere Sichtweisen und Arbeitsgänge ergänzt werden muß.

1.2 Erfahrungsbezogene Lektüre als Alternative

Die entmutigenden Erfahrungen mit der Bedeutung der Bibel heute sind nicht das letzte Wort – es gibt auch andere Entwicklungen. Drei sind besonders interessant:

Am deutlichsten sind Ansätze und Praxis des neuen Bibelgebrauchs wohl in den lateinamerikanischen Basisgemeinden zu beobachten. *Relectura* – neue Lektüre – nennen sie den Umgang mit der Schrift. Was ist besonderes daran?
Zunächst fällt auf, daß der Bibeltext nie für sich allein steht, sondern immer im Kontext heutiger Lebenserfahrung. Diese Erfahrung ist das Leiden der unterdrückten Campesinos. Sie erzählen ihr alltägliches Leben in der Gemeinde. Wie von selbst rufen diese Kontexte biblische Texte herbei: Erinnerung an die Sklaverei in Ägypten, an das Leiden der Gerechten, an den Tod Jesu, aber auch Erzählungen von der Befreiung, vom neuen Leben, von der Auferstehung. So entdecken die Unterdrückten sich selbst in den biblischen »Armen«, denen die Zusage der Befreiung und Erlösung gilt, sie erkennen ihre Erfahrungen, aber auch ihre Hoffnungen in den Überlieferungen und finden in ihr Ermutigung und Impulse zur Veränderung.

Auch in der »Alten Welt« gibt es neue Aufbrüche zur Bibel hin. Das zeigt sich besonders deutlich in der *Tiefenpsychologischen Auslegung*. Sie zieht viele an, die den traditionellen Sichtweisen auf die Bibel nichts mehr abgewinnen können. Die Anziehungskraft dieses neuen Weges hängt wohl nur zu einem geringen Teil mit der öffentlichen Diskussion um die Person und die theologischen Ansichten Eugen Drewermanns zusammen.
Was sorgt für die Faszination der Tiefenpsychologischen Auslegung? Auch hier fällt der starke Erfahrungsbezug ins Auge. Die Texte werden ja nicht in erster Linie als Nachrichten von vergangenen Ereignissen aufgenommen, sondern als Schilderung von orientierenden und heilenden personalen Erfahrungen, die auch in der Gegenwart aus den Texten erschlossen werden können. Die heutigen Leser können sich mit ihren Ängsten und Beschädigungen in der Überlieferung erkennen und nach Chancen der Erneuerung fragen.

Als drittes Beispiel nenne ich die *Feministische Auslegung*. Sie tritt nicht so spektakulär hervor wie der Tiefenpsychologische Ansatz, wirkt aber gerade in Frauengruppen stark. Auch hier ist der Ausgangspunkt der Arbeit an biblischen

Texten die bewußt wahrgenommene Erfahrung eigener Unterprivilegierung und der Unterdrückung von Frauen. Auch sie erkennen in der Überlieferung des Alten und Neuen Testaments ihre eigene Geschichte wieder und suchen nach befreienden Impulsen.

Alle drei Ansätze lassen gemeinsame Merkmale erkennen:
- Die Auslegung wird von Menschen praktiziert, die ihre Situation als bedrohlich oder gefährdet erfahren und die in der biblischen Tradition nach Chancen der Befreiung oder Heilung suchen.
- Sie identifizieren sich mit biblischen Menschen in ähnlichen Situationen und greifen auf deren gute Erfahrungen zurück.
- Das Interesse an der Auslegung ist also kein historisches oder lehrhaftes, sondern ein eminent praktisches; es zielt auf eine Veränderung inhumaner Lebensverhältnisse; es sind solche Zustände und Entwicklungen, die den vom Evangelium gezeigten und ausgerufenen Lebensmöglichkeiten widersprechen.
- Vor allem in der Relectura und der Feministischen Auslegung ist die Gruppe als Hör-, Lern- und Solidaritätsgemeinschaft konstitutiv für die Interpretation der Bibel. Sie unterwirft sich nicht dem Monopol-Anspruch der Historisch-Kritischen Exegese, sondern beharrt auf der Eigenständigkeit ihrer erfahrungs- und lebensbezogenen Erschließung der Überlieferung.

Am besten läßt sich die Eigenart der drei Ansätze mit dem von Carlos Mesters gefundenen »Gleichnis von der Tür« (vgl. Brandt, 1981, S. 9 ff.) charakterisieren. Er schildert, daß es in alter Zeit ein »Haus des Volkes« gab, einen schönen Bau, in dem viele Menschen sich heimisch fühlten, in dem sie gemeinsam lebten, lachten, tanzten. Eines Tages kamen zwei Gelehrte, die die Bedeutung des Hauses wissenschaftlich beschrieben und begründeten. Das Haus verwandelte sich in ein Museum, das nur noch durch einen Seiteneingang betreten werden konnte. Nach langer Zeit entdeckte zufällig ein Bettler die vergessene Haupttür und die verlassenen Teile des schönen Hauses. Es dauerte nicht lange, bis die Menschen ihr Haus wieder belebten und bewohnten wie in alter Zeit. Sogar einer der Gelehrten wurde einer der Ihren und lebte und arbeitete mit ihnen zusammen.
Natürlich können die drei Ansätze neuer Bibellektüre nicht unbedacht auf andere Lebensverhältnisse oder Gruppen übertragen werden; aber die erkannten Merkmale geben doch die Richtung an, in die man gehen muß, um neue, gute Erfahrungen mit der Bibel zu machen.

2 Hermeneutische Konzepte als Erschließung von Erfahrung

Erfahrung ist also das Stichwort, das die neuen Verstehenswege kennzeichnet. Nun ist es wenig sinnvoll, hier und da mit neuen Methoden an den Texten herumzuprobieren; es kommt auf einen methodisch sicheren Umgang an.

Dafür stehen unterschiedliche Interpretationsmethoden zur Verfügung, die sich jeweils auf bestimmte Grundannahmen über die Bibel und über den Verstehensprozeß stützen. Dreizehn solcher hermeneutischen Konzepte habe ich im ersten Band dieses Handbuchs (Ein Wort wie Feuer) ausführlich untersucht und dargestellt.
Im folgenden Abschnitt biete ich eine sehr knappe Zusammenfassung an. Teilweise wurden Formulierungen aus Band 1 übernommen. (Kürzere Zitate aus der benutzten Literatur wurden nicht alle nochmals nachgewiesen.) Leitende Fragestellung soll dabei der Erfahrungsbezug der hermeneutischen Konzepte sein, denn »Erfahrung« zeigte sich als Grundzug der bisherigen Überlegungen: Erfahrungsdefizite wurden in der Untersuchung der bisherigen Lerngeschichte vieler Schüler sichtbar (Kapitel I.2) und neue Erfahrungen mit der Bibel haben das Interesse wieder belebt, wie sich an den oben mitgeteilten Beispielen zeigt.

2.1 Zur Hermeneutik der Historisch-Kritischen Auslegung

Die Historisch-Kritische Auslegung geht in ihren Anfängen bis in die Zeit der Aufklärung zurück und wurde in ihren Methoden immer stärker differenziert und verfeinert. Trotz der oben formulierten Vorbehalte ist sie nach wie vor als Basis jeder wissenschaftlichen Interpretation biblischer Texte anzuerkennen.
Ihr Ziel ist es, die Entstehung eines Textes als historischen Prozeß aufzuhellen und seine Bedeutung zur Zeit seiner Entstehung zu klären (»Historische Sinnbestimmung«).
Wichtige Methoden sind:

- *Textkritik:* Sie versucht, eine möglichst genaue Fassung des (hebräischen bzw. griechischen) Urtextes festzustellen.
- *Literarkritik:* Sie ist darauf aus, sprachliche und sachliche Unstimmigkeiten im Text zu erkennen, die auf verschiedene Entwicklungsstufen (Bearbeiter) schließen lassen.
- *Überlieferungskritik:* Hier geht es um die Frage, ob ein vorschriftliches Stadium des Textes wahrscheinlich ist, und um den Versuch einer Rekonstruktion desselben.
- *Quellen-* und *Redaktionskritik*: Sie erforscht, ob sich eine Entwicklung des Textes nach seiner Verschriftlichung erkennen läßt. Sie achtet auf die Komposition des Zusammenhangs, in dem er steht.
- Untersuchung des formalen und inhaltlichen *Vorgaben-Repertoires* des Textes. Dieser Arbeitsgang differenziert sich in Form- und Gattungskritik (formale Vorgaben) und Traditionskritik (inhaltliche Vorgaben).
- Bestimmung des *historischen Orts*: Es wird erkundet, ob sich die Entstehung des Textes bzw. einzelner Wachstums-Stufen einer bestimmten historischen Situation zuordnen lassen.
- Klärung von *Einzelaspekten* (Begriffe, Sachfragen).

Den Abschluß der Auslegung bildet die

- *Historische Sinnbestimmung*, differenziert nach: Bestimmung der grundlegenden inhaltlichen Aussagen – Bestimmung der Intention des Textes zur Zeit seiner Entstehung.

  Die Historisch-Kritische Auslegung ist nicht direkt auf Erfahrung ausgerichtet, aber sie sorgt dafür, daß der Ausleger seine subjektiven Erfahrungen nicht unreflektiert in die Interpretation einträgt. Dies hat nicht nur die Funktion, die Wissenschaftlichkeit der Textinterpretation und die Feststellung des historischen Textsinns zu sichern, sondern kann auch die Eigenständigkeit des Texts schützen.

2.2 Zur Hermeneutik der Existentialen Auslegung

Die Existentiale Auslegung verfolgt das Interesse, biblische Überlieferung so zu erschließen, daß sie den heutigen Leser in seiner Existenz betrifft. Sie basiert auf der Annahme, daß die Texte des Alten und Neuen Testaments die gleichen menschlichen Grund-Fragen thematisieren, die auch den heutigen Leser bewegen: Glück – Sorge – Angst...

Bultmann, einer der Hauptvertreter dieses Konzepts, bezeichnet solche Grund-Fragen als Existentialien. Diese sind in der biblischen Überlieferung in religiösen Vorstellungen und Sprachformen verschlüsselt (Bultmann: »Mythen«). Damit ihr Existenzsinn sichtbar wird, ist die biblische Tradition zu »entmythologisieren«, d.h. die Texte werden nicht nach objektiv feststellbaren Vorgängen befragt, sondern nach ihrem Existenzverständnis und damit letztlich nach den Erfahrungen, die zur Entstehung dieser Texte führten.

Wichtige Methoden der Existentialen Auslegung sind:

- Die historische Differenz wahrnehmen. Im Zuge der Existentialen Auslegung ist es wichtig, die Grund-Fragen nicht vorschnell an die Texte heranzutragen. Darum ist zu klären: Wie können biblische Texte mit Hilfe der Historisch-Kritischen Auslegung so interpretiert werden, daß ihr geschichtliches Profil nicht verwischt wird?
- Die »mythischen« Elemente des Textes identifizieren: Welche inhaltlichen und sprachlichen Elemente des Textes sind »mythisch«? Sind sie bestimmten religionsgeschichtlichen Mythen zuzuordnen?
- Existential verstehen: Welches Existenzverständnis liegt den Mythen zugrunde? (Z.B. steht im Zentrum der kanaanäischen Fruchtbarkeitsreligion mit dem Hauptgott Baal die Kraft und Stärke der Gottheit; hier ist als Existenzverständnis »Anbetung der Macht« vorauszusetzen.)
- Fragen und gefragt werden: Welche Lebenseinstellungen des heutigen Lesers stellt der Text in Frage? Welche Entscheidungen stößt er an? Welche Veränderungen in den Einstellungen oder im Verhalten wären die Konsequenz?

Die Existentiale Auslegung ist deutlich auf Erfahrung hin angelegt. Allerdings ist die Begrifflichkeit der Existentialien so allgemein, daß es schwierig ist, konkrete Erfahrungen darin zu fassen.

2.3 Zur Hermeneutik der Linguistischen Auslegung (Strukturale Analyse)

Die Linguistische Auslegung greift literaturwissenschaftliche Verfahren auf und wendet sie auf die Interpretation biblischer Texte an. Sie fragt nicht nach der Entstehung oder dem historischen Ort eines Textes, sondern betrachtet ihn als in sich abgeschlossenen sprachlichen Organismus (»Textwelt«), der in sich verständlich ist. Sie faßt einen Text als ein System von Beziehungen zwischen verschiedenen sprachlichen Elementen auf, die sich in immer wiederkehrenden Strukturen erfassen und beschreiben lassen.

Der Leser ist eingeladen, sich in diese Textwelt einzuleben, eigene Erfahrungen in ihr zu entdecken und neue Sichtweisen wahrzunehmen.

Zwei methodische Ansätze eignen sich besonders gut dafür:

Die *Analyse der Raum- oder Zeitcharakteristik* soll den Leser anregen, sich gleichsam in die Geschichte hineinzubegeben, die Orte aufzusuchen, an denen die Akteure sich aufhalten, ihre Wege mitzugehen, ihr Schicksal mitzuleben; die Untersuchung der Personen im Blick auf ihre Emotionen (Analyseaspekt: Psychologie) und ihre Normen (Analyseaspekt: Werte) lädt ein, sich mit *ihnen* zu identifizieren und die im Text aufscheinenden Erfahrungen mit ihnen zu teilen.

Die Analyse der Akteure nach dem *Aktantenmodell* leitet zur genauen Beachtung aller am erzählten Geschehen Beteiligten an – ein Vorgang, der sich als recht produktiv herausstellt; denn in aller Regel berücksichtigt die übliche Auslegung nur die »Hauptpersonen« der biblischen Geschichten, während sich Lebensbezug und Erfahrungsgehalt oft erst aus der Beobachtung der »Randfiguren« erschließen. Im Rahmen des Aktantenmodells wird auch die Untersuchung der Beziehungen wichtig, die die Personen verbinden; dabei ist auf die unausgesprochenen, verdeckten Beziehungen sorgfältig zu achten. Die Strukturale Analyse baut also im Text gleichsam unter Laborbedingungen eine Erfahrungswelt auf, die auf konstanten, immer wiederkehrenden Verhaltensweisen und Beziehungskonstellationen basiert. Hierbei ist es sinnvoll, zwischen Tiefenstruktur und Oberflächenstruktur zu unterscheiden. »Tiefenstruktur« meint das abstrakte Konstrukt aus Handlungsträgern und Ereignissen einer vorgestellten Welt in Raum und Zeit. Die »Oberflächenstruktur« bezieht sich auf die spezifische Ausarbeitung und Zuordnung jener Elemente in einem Text. Ein anderes Verständnis der Begriffe vertritt die Tiefenpsychologische Auslegung: s.o. S. 43 f.

Insgesamt stellt die Strukturale Analyse ein Instrumentarium bereit, das die methodische Beobachtung von Erfahrungsmaterial in Texten anregt und damit auch eine wesentliche Voraussetzung für ein erfahrungsbezogenes Verstehen schafft.

2.4 Zur Hermeneutik der Tiefenpsychologischen Auslegung

Die Tiefenpsychologische Auslegung setzt sich das Ziel, einen lebensbezogenen Dialog zwischen Überlieferung und heutigem Leser anzubahnen. Sie stützt sich dabei auf die Tiefenpsychologie, vor allem auf die Grundsätze und Methoden von Carl Gustav Jung.

Das Konzept geht davon aus, daß die Menschheit in ihrer Frühgeschichte gute, heilvolle Erfahrungen mit ganzheitlichem, integriertem Leben machte. Diese Erfahrungen haben sich im »kollektiven Unbewußten« versammelt. Sie formieren sich in »Archetypen«, symbolischen Bildern, Mythen und auch biblischen Texten. Diese Erfahrungen können mit Hilfe geeigneter Methoden erschlossen werden und orientierend und heilend zu einem gelingenden Leben beitragen.

Die Methoden basieren letztlich auf der folgenden hermeneutischen Differenzierung: Texte geben nicht nur äußere Ereignisse (»Objektstufe«) wieder, sondern spiegeln auch Vorgänge innerhalb der Psyche; sie sind auf der »Subjektstufe« zu beschreiben (Beispiel: Kain und Abel sind auf der Subjektstufe nicht zwei Personen, sondern widerstrebende Persönlichkeits-Aspekte innerhalb einer Person).

2.5 Zur Hermeneutik der Interaktionalen Auslegung

Interaktion hat in diesem Konzept eine doppelte Bedeutung: Der Text gilt nicht als »Untersuchungsgegenstand«; es wird ein Dialog des Lesers mit ihm angestrebt. Und zweitens: Die Interpretation ist nicht Sache des einzelnen, sondern sie geschieht in der Gruppe, wobei das Interaktionsgeschehen der Gruppe in den Verstehensprozeß einbezogen ist. Der einzelne Teilnehmer kann seine Fragen vorbringen, seine Vorbehalte formulieren, seine Einsichten im Gespräch auf die Probe stellen. Erfahrung kommt in diesem Konzept auf drei Ebenen ins Spiel:

Ebene 1: Die Vor-Erfahrung der Teilnehmer

Eine wesentliche Bedingung für das Gelingen des Auslegungsvorgangs ist, daß die Vor-Erfahrungen der Teilnehmer offen in die Interaktion der Gruppe eingebracht und akzeptiert werden, gerade wenn sie Aggressionen, Widerspruch oder Unverständnis gegenüber dem biblischen Text zur Sprache bringen. Möglichst sollte keine Lebensäußerung ausgegrenzt oder tabuisiert werden, damit die erfahrungsbezogene Interaktion in der Gruppe und mit dem Text in Gang kommt.

Ebene 2: Die textimplizite Erfahrung

Dies ist die zweite Ebene, auf der nach Erfahrung gefragt wird: Welche Erfahrungen könnten zur Entstehung des Textes geführt haben? Welche Spuren sind in der

Erzählung erkennbar? Die methodischen Anstrengungen richten sich darauf, diesen Erfahrungen nachzuspüren. Dabei kommt alles darauf an, daß diese neue Dimensionen erschließen und nicht einfach die bisherigen Erfahrungen des Lesers/Hörers bestätigen oder überhöhen. (Ein typisches Beispiel dafür ist die in Kapitel I.3 genannte Unterrichtseinheit »Tod« im Evangelischen Lehrplan für die Grundschule, in der der Bibeltext Ps 90 keine andere Erkenntnis vermittelt als andere, nicht-biblische Texte.) Die erneuernde, heilende Botschaft eines Textes kommt erst zur Geltung, wenn sie dem Leser/Hörer als »fremd« gegenübertritt. In diesem Zusammenhang ist noch einmal an den von Theophil Vogt geprägten Begriff der »Gegenwelten« zu erinnern. Es ist dem Leser oder Hörer allerdings wenig damit gedient, wenn ihm diese Gegenwelt als Idee oder Forderung gegenübertritt; es ist wichtig, daß sie als Beispiel oder Anfang erfahrenen, gelebten neuen Lebens erscheint, das die gewohnten Perspektiven, die verfestigte Lebenspraxis in Frage stellt und damit erst neue Erfahrungen ermöglicht.
Dieser Vorgang gelingt nur, wenn der Text auf Distanz gebracht wird. Ansonsten würde er dem Leser/Hörer ja nur bestätigen, was er auch ohne den Text schon weiß. Das geschieht mit Hilfe einer Historisch-Kritischen Befragung. Im Gegensatz zur schulmäßigen Historischen Exegese ist das Methodeninstrumentarium aber so angelegt, daß die Gesprächsteilnehmer die Auslegung mit Hilfe sachlicher und methodischer Vorgaben (»Fragenkataloge«) selbst vornehmen können; sie sind ausdrücklich als Subjekte des Verstehens angesprochen.

Ebene 3: Die erfahrungsbezogene Aneignung

Die dritte Ebene, auf der Erfahrung ins Spiel kommt, ist die Aneignung der heilenden Dynamik des Textes in der Gruppe. Sie erfolgt durch Aktivierung der kreativen Kräfte und damit im ganzheitlichen Erleben, aber auch durch ein erfahrungs-intensives Gespräch über die neuen Lebensperspektiven.

Das Konzept der Interaktionalen Hermeneutik weist manche Parallelen zur Tiefenpsychologischen Exegese auf, zeichnet sich aber durch die konsequente Einbeziehung der Gruppe als »Erfahrungsraum« und auch durch die deutlicher akzentuierte methodische Arbeit aus.

2.6 Zur Hermeneutik der Ursprungsgeschichtlichen Auslegung

Dieser hermeneutische Ansatz verfolgt das Ziel, die geschichtlichen Verhältnisse zu klären, unter denen ein Bibeltext entstanden ist. Dabei soll nicht in erster Linie nach der Geschichte der religiösen Anschauungen oder der Glaubensauffassungen, sondern nach den realen Lebensverhältnissen gefragt werden. Darum werden solche Ursprungsgeschichtlichen Interpretationen auch als Sozialgeschichtliche Bibelauslegungen bezeichnet.

Das Interesse ist, die Erfahrungen, die in einer historischen »Sprechsituation« wichtig waren und zu einer Auseinandersetzung drängten, zu rekonstruieren und die dann entstandenen Texte als Antworten auf diese Erfahrungen, Probleme und Konflikte hin zu interpretieren. Dieses Konzept untersucht also die mögliche Funktion eines Textes in einer geschichtlichen Situation; der Text wird als Dialog zwischen dem Produzenten (Sender) und den Adressaten (Empfängern) aufgefaßt. Die Frage nach der Erfahrung wird in der Ursprungsgeschichtlichen Hermeneutik deutlich vom heutigen Hörer/Leser weg in den Text bzw. seine Umwelt verlagert. Der Verstehensprozeß lebt von der Grundannahme, daß die Erfahrungen in der Ursprungssituation des Textes und in der heutigen Rezeptionssituation gleiche Strukturen aufweisen und damit auch vergleichbar sind.

2.7 Zur Hermeneutik der Materialistischen Auslegung

Die Materialistische Auslegung ist eine Variante der Ursprungsgeschichtlichen. Auch sie versucht, die Produktion eines Textes aus seiner Entstehungssituation heraus verständlich zu machen. Das Interesse ist, die Überlieferung als den Bericht von einer befreienden Praxis zu verstehen, die zu neuen Handlungsperspektiven anstiften will.

Die Befreiung ist in theologischer Sicht eine Befreiung von »Götzen« wie Machtstreben, Gewinnsucht usw. Diese »Götzen« werden in ihrem lebensfeindlichen Totalitätsanspruch und ihrer zerstörerischen Dynamik entlarvt. Damit kann es zur Befreiung von politisch-ökonomischen Verhältnissen kommen, die von solchem Götzendienst hervorgebracht und ideologisch unterstützt werden.

Zwei Arbeitslinien lassen sich unterscheiden:

Die deutschsprachige Linie knüpft an die Historisch-kritische Exegese an, geht von deren Methodenrepertoire aus und verbindet sie mit Analysemethoden des Historischen Materialismus.

Die französischsprachige Linie verbindet Methoden des Strukturalismus mit Verfahren des Historischen Materialismus.

2.8 Zur Hermeneutik der Feministischen Auslegung

Dieses hermeneutische Konzept ist vielleicht dasjenige, in dem die Erfahrung am intensivsten in den Auslegungsvorgang einbezogen ist. Es geht vom Grund-Satz aus: »Der Ausgangspunkt des theologischen Denkens und Handelns ist die Erfahrung gesellschaftlicher Unterdrückung.« (Moltmann-Wendel, 1985, S. 77) Die subjektive Erfahrung einzelner Frauen bündelt sich in der Gruppenerfahrung sexistischer Unterprivilegierung. Diese Erfahrung gerät in enge Beziehung zu zentralen biblischen Texten: Auch in den Erzählungen vom Exodus und von der babylonischen Gefangenschaft, vom Wanderprediger aus Galiläa und seinen armen Freundinnen und Freunden geht es in der Sicht Feministischer Auslegung um erfahrene Ungerechtigkeit und Unterdrückung, aber auch um die Zusage, daß Gott diesen Armen rettend nahekommt. So fragen sich Frauen – ausgehend von ihrer Erfahrung – mit ihren eigenständigen Sichtweisen und Methoden zu befreiender biblischer Erfahrung durch.

Besondere Bedeutung gewinnen dabei biblische Frauengestalten: An der Selbst- und Glaubenserfahrung von Sara und Mirjam, Maria aus Magdala und Martha von Betanien können Frauen ihr eigenes Verständnis klären und Bilder starker Identität aufgreifen. Der Weg zu diesen »Müttern« ist allerdings nicht leicht, weil er von der dreifachen Hürde patriachaler Redaktion, Rezeption und Auslegung der Überlieferung verstellt ist.

Hier kommt wiederum Erfahrung ins Spiel, und zwar im Sinne der ideologiekritisch orientierten, wirkungsgeschichtlichen Analyse; erst wenn diese Barrieren schlechter Erfahrung abgeräumt sind, gelingt der Zugang zu befreiender biblischer Geschichte.

Erfahrungsorientiert geht die Feministische Exegese auf drei Ebenen vor:

- Im Blick auf die Gegenwart als Erkenntnis erfahrener Unterdrückung, aber auch als Offenheit für die heute befreiende Dynamik vergangener Erfahrung.
- Im Blick auf die Praxis-Geschichte der biblischen Überlieferung als kritische Auseinandersetzung mit der Erfahrung sexistisch motivierten Mißbrauchs.
- Im Blick auf die Rezeption der biblischen Texte als Möglichkeit der Identifikation mit der geschichtlichen Erfahrung selbstbewußter, integrierter Frauen, die sich als Identifikationsgestalten anbieten.

2.9 Zur Hermeneutik der Relectura

Auch dieser Ansatz geht, wie die Feministische Auslegung, von der Unterdrükkungserfahrung Leidender und ihrem Befreiungskampf aus: Hier sind es die Campesinos, die armen Bauern in den lateinamerikanischen Ländern.

In den südamerikanischen Gemeinden ist in den letzten Jahren eine Art der Bibellektüre entstanden, die neue Zugänge zur Tradition erschlossen hat.

Drei Merkmale sind charakteristisch:

- Der *Standort*, von dem aus die Bibel gelesen wird, ist die eigene Praxis.
- Das *Interesse*, aus dem heraus die Bibel gelesen wird, ist die Befreiung von Ausbeutung und Unterdrückung.
- Der *Ort*, an dem die Bibel gelesen wird, ist die Solidargemeinschaft der Leidenden und Kämpfenden.

Sie lesen die Bibel als ihre Geschichte, in der von Unterdrückung, aber auch von Befreiung berichtet wird und die zu neuem Leben inspiriert. Dies Verständnis findet seinen Niederschlag in der Auslegungspraxis; stets ist das Gespräch über den

Bibeltext in eine Textur aus Erfahrungsberichten von Leiden und Kampf, von Kontemplation und Aktion einbezogen; die Relectura ist eine stark kontextorientierte Auslegung.
Für Leser aus der »Ersten Welt« wird sie allerdings nur dann fruchtbar, wenn diese bereit sind, ihre eigene Lebenspraxis mit der in den biblischen Geschichten erzählten Praxis in Beziehung zu setzen. Dann zeigt sich, daß sie nicht die »Armen« sind, denen der Ruf der Freiheit gilt, sondern die »Reichen«, die den Ruf zur Umkehr zu hören bekommen. Erst wenn sie diesen akzeptieren und in eine neu ausgerichtete Lebenspraxis umsetzen, können sie den Erfahrungsschatz, den die Relectura bereithält, für sich annehmen.

2.10 Zur Hermeneutik der Intertextuellen Auslegung

Die Intertextuelle Auslegung geht den Beziehungen zwischen Texten nach und untersucht, welche neuen Aspekte sich daraus für das Verständnis von Texten ergeben.
Solche Intertextuellen Beziehungen lassen dreifach differenzieren:
- Viele Bibeltexte setzen sich aus mehreren *Schichten* zusammen, die in ganz unterschiedlichen Zeiten entstanden sind; diese Schichten lassen sich als »Texte im Text« verstehen, deren Beziehung zueinander interessante Aufschlüsse geben.
- Viele Bibeltexte haben eine *Nachgeschichte* innerhalb der Bibel; sie werden in späterer Zeit wieder aufgegriffen und weitergeführt; aber auch bestimmte Themen, Motive oder Personenbeschreibungen werden in der Geschichte weitergeführt.

  Diese innerbiblischen Entwicklungen werden unter ganz verschiedenen Aspekten gedeutet, z.B. traditionell nach dem Denkmodell »Heilsgeschichte« oder dem Denkmodell »Verheißung und Erfüllung«. Besonders fruchtbar ist die Interpretation nach dem *Wachstumsmodell*: Biblische Texte, Themen oder Personen wachsen in immer neuen Schüben, nehmen neue Erfahrungen in sich auf; damit wächst ihre Bedeutungsfülle.
- Als Intertextuelle Auslegung wird auch das Lesen in *freier Assoziation* bezeichnet (Barthes: »Sternförmige Auflösung« eines Textes): Der heutige Leser assoziiert Einfälle, Eindrücke, andere Kenntnisse mit dem biblischen Text und kann dadurch neue Sichtweisen gewinnen.

Die Frage nach Erfahrung richtet sich in allen drei Arten der Intertextuellen Auslegung nicht in erster Linie auf den Ursprungstext oder auf den heutigen Rezipienten. Der Interpret spürt mehr den Texten nach, die im Umfeld der biblischen Quelle auftauchen. Teilweise wuchsen die Texte aus der biblischen Vorlage heraus (»Wachsende Überlieferung), teilweise wurden sie nachträglich mit ihr verbunden («Heilsgeschichte»), teilweise ergibt sich die Verknüpfung durch freies

Assoziieren des Auslegers. Er versucht herauszufinden, welche Aspekte von Erfahrung sich mit den neuen Texten verbinden und was sie zum Verständnis der biblischen Quelle beitragen.
Es zeigt sich, daß Bibeltexte verlieren, wenn sie als isolierte Gebilde gelesen werden, und gewinnen, wenn sie – nach einer Formulierung von W. Schapp – »in einem Meer von Geschichten schwimmen«; sie zeigen sich dann als Ergebnis immer neuer Erfahrungen. Wie von selbst wird der Leser/Hörer in dies faszinierende Spiel hineingezogen, wird eingeladen, die Erfahrungswelt der biblischen Erzähler in sich aufzunehmen und weiterzuführen. Das wird besonders deutlich im dritten Ansatz: Bei der sternförmigen Auflösung wird der Leser »zum aktiven Zentrum eines Netzwerks von unausschöpfbaren Beziehungen« (U. Eco), zum Mit-Produzenten seines Textes.

2.11 Zur Hermeneutik der Wirkungsgeschichtlichen Auslegung

Die Wirkungsgeschichtliche Auslegung verfolgt die Spur eines Textes durch die nach-biblische Geschichte bis in die Gegenwart. Dabei soll nicht in erster Linie die theologisch-reflektierende Auseinandersetzung mit dem Text in Kommentaren usw. (»Auslegungsgeschichte«) verfolgt werden, sondern eher seine »Praxisgeschichte«. Leitfrage ist: Wer hat den Text in welcher Situation mit welcher Absicht verwendet? Diese Ermittlung hat auch immer einen *ideologiekritischen* Aspekt; dann spitzt sich die Frage zu: Wozu wurden Bibeltexte benutzt bzw. mißbraucht?
Die Frage nach der Erfahrung ist in diesem Konzept im Zeitraum zwischen dem Abschluß der biblischen Textgeschichte und der heutigen Rezeption angesiedelt. Das bedeutet aber nicht, daß sie für die heutige Auslegung irrelevant sei. Gerade die Beschäftigung mit vergangener Erfahrung, die eine bestimmte Rezeption des Textes auslöste, kann auf heute vergessene oder übersehene Ansichten aufmerksam machen oder auch vor offensichtlichen Fehldeutungen warnen. Weiterhin zeigt die Wirkungsgeschichtliche Analyse auf, daß »außertheologische« Faktoren oft die Interpretation eines Textes nachhaltig beeinflußt haben; diese Einsicht lädt zu einer stärkeren kritischen Berücksichtigung der Erfahrung im eigenen Auslegungsvorgang ein.

2.12 Zur Hermeneutik der Verfremdung

Die Verfremdung geht von der Beobachtung aus, daß die biblische Überlieferung für viele Menschen die Fähigkeit verloren hat, sie als eine Nachricht anzusprechen, die sie betrifft. Als Ursachen können Gewöhnung an die Bibel, Ausgrenzung aus der Wirklichkeit und die Einordnung in festgelegte Wahrnehmungsmuster gelten. Durch Verfremdungen soll erreicht werden, daß Bibeltexte in neuer Sicht aufscheinen, wieder frag-würdig werden.

Da Verfremdungen verhärtete Perspektiven aufbrechen wollen, wirken sie häufig stark provokativ; dies muß als produktiv erkannt und akzeptiert werden, wenn die Dynamik der biblischen Überlieferung wieder freikommen soll.
Auch die Arbeit mit Verfremdungen ist nicht nur eine Vermittlungsmethode, sondern ein hermeneutisches Konzept, weil sie neue oder vergessene Aspekte des Textes zum Vorschein bringt und zu neuen Verstehensweisen anregt.
Die Hermeneutik der Verfremdung strengt sich an, durch geeignete Maßnahmen verfestigte Sichtweisen biblischer Überlieferung aufzubrechen und neue Möglichkeiten des Lebens- und Erfahrungsbezugs aufzubauen.
Der erste Schritt ist meist eine bewußt schockierende Konfrontation mit einem verfremdenden Text oder Bild. Sie soll den Leser zur Rückfrage an die biblische Überlieferung selbst motivieren und die Entdeckung auslösen, daß die eigene Wahrnehmung schon längst nicht mehr für neue Erfahrungen mit der Bibel offen, sondern zur Gewohnheit erstarrt ist.
In einem zweiten Schritt erfolgt die eingehendere Auseinandersetzung mit der Verfremdung. Sie bietet die Möglichkeit, mit dem Text neue Erfahrungen zu machen; das erreicht sie beispielsweise durch Perspektivenwechsel, durch Aufdecken des revolutionären Gehalts der Überlieferung oder durch verstärkten Realitätsbezug.

2.13 Zur Jüdischen Hermeneutik

Die Jüdische Auslegung ist in langer Tradition gewachsen; ihre wichtigsten Grundsätze und Regeln hat sie bis zur Zeit des Mittelalters ausgebildet. Grundsätzlich ist zwischen Halacha und Haggada zu unterscheiden:
Halacha meint die verbindliche Interpretation der Überlieferung im Sinne der Religionsgesetzgebung; sie hat in der Tradition ihren Niederschlag in den großen Werken der Mischna und des babylonischen bzw. des palästinensischen Talmud gefunden.
Haggada betrifft die mehr erzählend-vergegenwärtigende Auslegung; sie soll zum rechten Tun anleiten, ist aber nicht verbindlich wie die Halacha.
Jüdische Schriftauslegung bewegt sich im Rahmen einer ausgesprochen kommunikativen Hermeneutik. Die Väter der Tradition versammeln sich am »gedeckten Tisch« des Wortes und treten durch immer neue Interpretation der Tradition und Auseinandersetzung mit den überlieferten Kommentaren in ein Gespräch ein. Oft sind sie durch große Entfernungen in Raum und Zeit voneinander getrennt, aber sie reden, streiten, verhandeln in der gemeinsamen Überzeugung, daß niemand die Wahrheit des biblischen Wortes für sich fassen kann, daß aber das Gespräch eine Annäherung an die je größere Wahrheit ermöglicht.
Wer sich auf dieses Gespräch einläßt, erlebt, daß er wie von selbst in diese Erzähl- und Erfahrungsgemeinschaft einbezogen wird, daß er teilhat an dem Prozeß wachsender Erfahrung.

2.14 Zusammenfassung

Der Durchgang durch die Konzepte hat gezeigt, daß im Auslegungsvorgang Erfahrung in dreifacher Hinsicht zu beobachten ist: Im Blick auf die Ursprungssituationen, im Blick auf die Wirkungsgeschichte und im Blick auf die Gegenwart.
Das ist noch näher zu entfalten.

a. Erfahrung im Blick auf die Ursprungssituationen

Erfahrungsbezogene Lektüre läßt den Lebensbezug eines Textes erkennen. Wird ein Text daraufhin befragt, welche Probleme und Konflikte, Zweifel oder Glaubenserkenntnisse seine Produktion angeregt haben könnten, dann erscheint er nicht länger als »heilig« und realitätsfern, sondern gibt zu erkennen, daß er aus dem Leben entstanden ist und auf Erneuerung des Lebens zielt. In diesem Zusammenhang ist noch einmal an die Forderung Luthers zu erinnern, die biblische Überlieferung müsse von einem Lese-Wort wieder zu einem Lebens-Wort werden.
Das bedeutet im einzelnen:

- Erfahrungsbezogene Lektüre legt die realen historischen Verhältnisse bei der Abfassung eines Textes frei.
  Die Bedeutung dieses Interpretationsansatzes liegt zunächst einmal in der neuen Fragerichtung: Der Text wird nicht, wie in der klassischen Exegese, in erster Linie unter theologischem oder glaubensgeschichtlichem Aspekt ausgelegt, sondern als Antwort auf eine konkrete historische Situation verstanden, insbesondere in Rücksicht auf politische und soziale Verhältnisse. Dies führt nicht nur zu einem deutlicheren Verständnis des Textes, sondern löst auch die Frage nach seiner Funktion im Blick auf reale Veränderungen in der Gegenwart aus; diesen Aufgaben gehen vor allem die Ursprungsgeschichtliche Auslegung und die Materialistische Hermeneutik nach.
- Erfahrungsbezogene Lektüre deckt die in einem Text eingeschlossenen existentiellen Fragen auf.
  Hier geht es nicht um die konkreten historischen Verhältnisse bei der Produktion des Textes, sondern um die Grund-Erfahrungen, die bei seiner Entstehung wohl im Spiel waren. Diese Aufgabe wird in verschiedenen hermeneutischen Konzepten unterschiedlich akzentuiert: Die Existentiale Auslegung untersucht den Text auf die in ihn eingegangenen Fragen nach der Möglichkeit authentischen Existierens. Die Tiefenpsychologische Hermeneutik bemüht sich, heilsame Ur-Erfahrungen zu erschließen, die in einem Text zur Sprache kommen. Die Linguistische Auslegung entdeckt in der Tiefenstruktur eines Textes Grundkonstellationen menschlichen Verhaltens und interpersonaler Beziehungen.

b. Erfahrung im Blick auf die nach-biblische Rezeptionsgeschichte

- Wirkungsgeschichtliche Lektüre untersucht die bei der Tradierung eines Textes wichtigen Erfahrungen.
  Dieser Arbeitsgang zeigt, daß sowohl bei der Entstehung eines Textes als auch bei seinem Weg durch die Geschichte nicht nur immanent theologische, sondern vor allem auch lebens- und erfahrungsbezogene Aspekte im Spiel waren. Hierbei ist insbesondere ein ideologiekritischer Zugriff wichtig: Wo haben sich Erfahrungen zur nicht mehr hinterfragbaren Ideologie verfestigt? Wo hat diese das Verständnis eines Textes einseitig festgeschrieben oder entstellt?
- Wirkungsgeschichtliche Lektüre bietet die Chance, im Gespräch mit den Erfahrungen der Tradition zu lernen. Dieser Aspekt erschloß sich vor allem aus der Jüdischen Hermeneutik.
- Wirkungsgeschichtliche Lektüre fordert zur kritischen Einschätzung des eigenen hermeneutischen Standorts heraus.
  Der Wirkungsgeschichtliche Analyse- und Lernprozeß läßt die Bedingtheit des jeweils eingenommenen Standorts erkennen. Dies gilt natürlich auch für die eigene Position; der Ausleger lernt, nach den ihn bestimmenden Einflüssen zu fragen, seine leitenden Interessen offenzulegen und kritisch mit ihnen umzugehen. Das dürfte nicht nur die Abgewogenheit des eigenen exegetischen Urteils fördern, sondern auch die Gesprächsfähigkeit deutlich verbessern.

c. Erfahrung im Blick auf die heutige Rezeptionssituation

- Rezeptionsbezogene Lektüre erkennt die eigene Erfahrung als wichtigen Moment im Verstehensprozeß an.
  Ohne Frage ist bis heute die Forderung Bultmanns in Kraft, daß Beliebigkeit, Willkür oder dogmatisches Vorurteil in der Auslegung eines (Bibel-) Textes keinen Platz haben. Aber die Bedeutung der eigenen, konkreten Lebens-Erfahrung des um Verstehen Bemühten für die Erschließung von Überlieferung ist doch mit großem Gewinn von einigen hermeneutischen Konzepten neu entdeckt und akzentuiert worden. Vor allem seien noch einmal die Interaktionale Auslegung genannt sowie alle Ansätze, die sich befreiungstheologisch verstehen.
- Eher traditionell orientierte Auslegungswege fragen biblische Texte nach ihrer »Botschaft«, verstanden als lehrhafte Aussage, Denk- oder Handlungsimpuls. Neuere hermeneutische Konzeptionen gehen eher vom Begriff der »Gegenwelt« aus, die sie in Texten der Heiligen Schrift erkennen. Der Begriff sagt aus, daß die Texte als Modelle geheilten, gelungenen Lebens zu fassen sind, die unsere Erfahrungswelt kritisch beleuchten, aber auch Impulse und Kräfte der Erneuerung aus sich heraus setzen. Konzepte wie die Interaktionale Auslegung, die Feministische Hermeneutik oder auch die Relectura gehen auf diese Weise mit der Überlieferung um.

– Traditionelle Hermeneutik geht im Grunde von der Vorstellung des Auslegers als einzelnem aus, der sich um das Verständnis des Textes bemüht. Einige neuere hermeneutische Modelle haben dagegen das Gespräch und gemeinsame Handeln in der Gruppe als wichtiges Element des Auslegungsprozesses erkannt und konsequent einbezogen; hier ist vor allem wieder an die Interaktionale Auslegung und die Relectura zu denken.

Alle vorgestellten hermeneutischen Ansätze richten ihr Augenmerk darauf, biblische Texte nicht als Quelle für Informationen über die Geschichte des Glaubens zu verstehen, auch nicht als Vorlagen für die Formulierungen übergeschichtlicher Glaubenswahrheiten, sondern als »Antworttexte«, die in konkreten geschichtlichen Konstellationen Antworten des Glaubens auf die »Provokation der Situation« gesucht und gefunden haben. Die spezifische Botschaft und Intention eines biblischen Textes wird also erst aus dem jeweiligen Kontext heraus verständlich, in dem er entstanden, tradiert, gehört wurde und wird. Der Text der Bibel beginnt erst im Kontext der Erfahrung zu sprechen.
Diese »Kontextorientierung« ist ein wichtiges Merkmal der in Kapitel II.1 formulierten Lernchancen. Sie muß auch das Grundmuster des biblischen Unterrichts vorzeichnen (Kapitel II.3.4).

3 Die Frage nach Grundlinien der biblischen Überlieferung

Die bisherigen Untersuchungen haben gezeigt, daß die neuen hermeneutischen Ansätze und Auslegungsmethoden die erfahrungsbezogene Interpretation biblischer Texte stark fördern können. »Erfahrung« ist aber ein eher formaler Begriff, der mit den unterschiedlichsten Inhalten gefüllt werden kann. Darum muß jetzt die Frage nach den Inhalten und Themen der Bibel intensiver in den Blick genommen werden: Welche Grundthemen des Alten und Neuen Testaments lassen sich benennen? Welche Aussagen sind durchgängig zu beobachten?
Bei dieser Untersuchung kann ich an bereits veröffentlichten Studien anknüpfen, die ich in einem ersten Abschnitt sichten will; in einem zweiten Abschnitt werde ich ein eigenes Konzept (»Grundbescheide«) vorstellen.
Die folgenden Ausführungen greifen auf Kapitel III.1 aus Band 1 zurück.

3.1 Erste Studien

Seit einigen Jahren ist in der Theologie und vor allem in der Religionspädagogik ein lebhaftes Gespräch darüber in Gang gekommen, auf welche Weise Grundlinien der biblischen Überlieferung bestimmt, wie diese inhaltlich gefaßt werden und welche Funktion sie im Verstehens- und Vermittlungsprozeß wahrnehmen könnten. Besonders intensiv hat sich mit diesen Fragen eine Arbeitsgruppe unter Leitung von Hans Stock beschäftigt, die von 1973-1977 im Comenius-Institut arbeitete, einer evangelischen Forschungseinrichtung für Bildungs- und Erziehungsfragen (H. Stock, 1979). Das Untersuchungsprogramm nannte sich »Elementarisierung theologischer Inhalte und Methoden«. Das Stichwort »Elementarisierung« geht aus von der Einsicht, daß die Fülle und Komplexität christlicher Lehre und Theologie die einfachen, eben »elementaren« Grundeinsichten und Bewegungen des Glaubens verdeckt hat, und kennzeichnet den Versuch, solche »Elementaria« wiederzufinden, die die Weite der biblischen Überlieferung konzentrieren und zugleich den heutigen Menschen auf einer elementaren Dimension seiner Existenz ansprechen.

Dies war kein isoliertes Vorhaben. Gleichzeitig arbeiteten andere evangelische und katholische Theologen und Religionspädagogen an dem Problemkreis und legten Studien und Vorschläge zum Thema vor. Mit diesen Arbeitsvorhaben griff die religionspädagogische Reflexion auf Problemstellungen und Denkmodelle zurück, die bereits in den 50er Jahren in der allgemeinen Bildungstheorie als Frage nach »dem Elementaren, dem Fundamentalen und dem Exemplarischen« bearbeitet wurden (vor allem: Klafki, 1959). Diese Untersuchungen waren angeregt worden durch die Beobachtung, daß bereits damals »Bildung« unter der Fülle der Lerninhalte zu verschwinden drohte. Die zunächst eher lehrplan-methodisch ansetzenden Arbeitsgänge vertieften sich bald zur Frage nach dem wirklich Wesentlichen, letztlich zur Frage nach der tragenden Wahrheit, die eine Generation der nächsten weitergeben kann. Die von diesem Denkansatz ausgehende Theorie bezeichnete Klafki als »kategoriale Bildung«. Bereits 1960 hatte der evangelische Religionspädagoge Hugo Gotthard Bloth diese Fragestellung aufgegriffen und im Blick auf die spezifischen Inhalte und Aufgabenstellungen des Religionsunterrichts zugespitzt (Bloth, 1960a und 1960b). Sie kam jedoch in der allgemeinen religionspädagogischen Diskussion zum damaligen Zeitpunkt kaum zum Zuge.

Das Problem war aber nur vertagt; die Krise des Religionsunterrichts, die zehn Jahre später voll einsetzte und die als Reaktion darauf entstehenden Konzepte, die stärker die Situation der Heranwachsenden in die religionspädagogische Reflexion einbezogen, ließen dann die Fragen nach dem eigentlich Wichtigen und Zentralen mit um so größerer Dringlichkeit aufkommen.

Die Lösungsvorschläge, die seither vorgelegt wurden, gehen von ganz unterschiedlichen Voraussetzungen aus und verfolgen auch unterschiedliche Interessen. Im großen und ganzen lassen sich sechs solcher Ansätze beschreiben.

3.2 Zusammenfassung fundamentaler Aspekte der Theologie als Kategorien (Wolf Dieter Marsch und Wenzel Lohff)

Zunächst meldete sich der evangelische Systematische Theologe Wolf Dieter Marsch zu Wort (Marsch, 1973, S. 213 ff.). Er entwickelte Kriterien mit der Funktion, »das Typische, über den Wandel der Zeiten Gültige, Christliches von Außerchristlichem Unterscheidende und auch in einer aufgeklärten Interpretation christlichen Glaubens Unerläßliche zusammenzufassen« (S. 217).
Als Grundkategorien bestimmte er:

- Schöpfung
- Sünde/Gesetz
- Christus/Rechtfertigung
- Kirche
- Eschatologie.

Diese Begriffe sollten Grundlinien der Botschaft des Alten und Neuen Testaments aufnehmen und zentrieren und damit zugleich auch einen Referenzrahmen für die Interpretation von biblischer Überlieferung bilden.
Ein Jahr später erschien die Untersuchung von Wenzel Lohff, die schon deutlicher den Aspekt der Vermittlung betonte (Lohff, 1974). Für ihn war das Interesse leitend, die überlieferte Glaubenslehre, die sich als Zusammenfassung der biblischen Überlieferung zu verstehen hat, daraufhin zu befragen, »was sie für das Selbstverständnis des Menschen in der Gesellschaft geleistet hat und heute zu leisten vermag« (S. 21). Diese anthropologische Interpretation zentraler Symbole ist natürlich auch für christliche Erziehung und den Religionsunterricht höchst interessant. Unter dieser Funktion stellte Lohff nun folgende »pädagogisch relevante Inhalte christlicher Glaubensüberlieferung« zusammen (S. 32 ff.):

- Offenbarungsgedanke;
- christliches Verständnis der Bestimmung des Menschen (Schöpfung); diese wird entfaltet in drei »Anwendungsbereiche«:
  Gestaltung der Triebnatur, Sexualität, Ehe
  Ordnung des Eigentums
  Ordnung der Herrschaft
- christliches Verständnis der Entfremdung (Sünde)
- christliches Verständnis der Überwindung von Entfremdung (Versöhnung)
- Grenzaussagen christlicher Hoffnung (Eschatologie).

Diese Vorschläge gaben wichtige Hinweise für die weitere Arbeit, orientierten sich aber wohl insgesamt noch zu sehr an der immanenten Systematik der Theologie, um für die hermeneutische Arbeit fruchtbar zu werden.

3.3 Existentielle Grundfragen in biblischen Grundworten (Hans Stock)

Hans Stock hat seinen Ansatz vor allem auf der Linie der obengenannten Forschungsarbeiten zum Problem der Elementarisierung entwickelt und an neutestamentlichen Texten ausgeführt (H. Stock, 1981). Stock suchte solche Texte aus, die »den Leser auf seine eigene Frage nach Lebenssinn und ›wahrem Leben‹, nach Glück und Heil, nach ›Gott‹« ansprechen (26). Im Hören und Verstehen dieser Texte ist Jesus »nach dem Geist« präsent. Stock bezeichnete sie daher als »Geist-Jesu-Geschichten«. Die Ausrichtung auf das Kerygma und die Verknüpfung mit heutigen Grundfragen sollten die »biblischen Grundworte« leisten, die Stock als hermeneutischen Schlüssel wählte:

- Glauben und Glauben-Können
- Erwartung und Erfüllung
- Versuchung
- Radikale Gnade
- Verantwortung und Rechenschaft
- Nachfolge Jesu – Christsein heute
- Ewiges Leben.

Stock gelang es in diesen Arbeiten in eindrucksvoller Intensität und Leidenschaft, die Bewegung der Existentialen Interpretation in diesen »Grundworten« zu zentrieren. Allerdings ist der Ansatz so dicht auf die gewählten exemplarischen Texte des Neuen Testaments bezogen und so intensiv aus diesen heraus entfaltet, daß er nicht ohne weiteres auf andere Textzusammenhänge übertragbar und als Methode generalisierbar ist.

3.4 Der Bewegung der biblischen Sprache nachgehen (Ingo Baldermann)

Streng auf die biblische Überlieferung bezog sich Ingo Baldermann bei seinem Versuch, elementare Kategorien zu bestimmen (Baldermann, 1979). Er ging davon aus, daß die »Sprachbewegung« der Bibel selbst »vom Komplexen zum immer Einfacheren, ja am Ende zu ganz einfachen und das heißt grundlegenden, elementaren Kategorien zurückführt« (S.93). Solche Kategorien sind beispielsweise: Rechtfertigung, Gerechtigkeit, Bund, Gottesherrschaft, Schöpfung. Diese Kategorien haben nach seiner Ansicht »gemeinsam, daß in ihnen zugleich theologisch wie anthropologisch Grundlegendes erschlossen wird« (S. 36). Sie sind darum in doppelter Weise zu befragen: nach den biblischen Grunderfahrungen, die sich in ihnen verdichtet haben, und nach den allgemein menschlichen Erfahrungen, die sich in ihnen zeigen. So schließt beispielsweise die alttestamentliche Vorstellung von »rein« und »unrein« die allgemeinmenschliche Erfahrung des Ekels ein; sie erhält aber ihre Tiefendimension dadurch, daß das Kriterium von rein und unrein letztlich die »Heiligkeit Gottes« ist.

Baldermann nannte als grundlegende Kategorie der biblischen Überlieferung die »Rechtfertigung«, die bedingungslose Annahme des Menschen durch Gott; sie kann heute angesichts der »Leistungsgesellschaft« befreien und ermutigen. Weiterhin hob er die Notwendigkeit eines gewandelten Verhältnisses zu unserer bedrohten Umwelt hervor; ebenso forderte er angesichts der wachsenden Anonymität eine neue Sensibilität für die Wirklichkeit des anderen Menschen als Ebenbild Gottes (»Gottesebenbildlichkeit«).

Dies alles ist im Religionsunterricht dem Schüler nicht als »Lehre« zu vermitteln, sondern als Einweisung in eine neue Wirklichkeit. Das leistet nach Baldermann die biblische Sprache. Er erkennt in ihr die Sprache des Glaubens, die auch noch in der Situation der Gefährdung und Bedrohung der Existenz trägt. Er stößt auf die elementaren sprachlichen Strukturen der Bibel, wie Angst und Freude in den Psalmen, das weisende Wort der Tora, die einfachen Sätze der Spruchweisheit, die Verheißung als Sprache der Ermutigung (vgl. vor allem S. 90 ff.).

Baldermanns Vorschläge sind überaus lohnende Versuche, in der Fülle und Komplexität der biblischen Überlieferung das Elementare, das wirklich Tragfähige und Notwendige zu bestimmen. Der Zugang ist nicht allzu leicht. Denn einmal wird – jedenfalls bei den Kategorien bzw. Grundbegriffen – nicht klar, wie sie gewonnen und abgegrenzt werden. Zum anderen bleibt ihre Funktion im Verstehensprozeß unbestimmt, man erfährt nicht genau, welchen Beitrag sie zur Auslegung biblischer Texte leisten. So wird man seine Kategorienbildung als wichtigen Vorschlag zur Klärung und Strukturierung der biblischen Überlieferung verstehen können, der aber zur Ausrichtung der Interpretation noch nicht überzeugend beiträgt.

3.5 Bestimmung von Richtpunkten für befreiendes politisches Handeln in Konsequenz des Evangeliums (Jürgen Moltmann)

Der Systematische Theologe Jürgen Moltmann hat seine Position im Schlußkapitel seines Buchs »Der gekreuzigte Gott« (Moltmann, 1972, S. 293 ff.) entwickelt. Moltmann ging davon aus, daß im Sinne einer »politischen Hermeneutik« die biblische Befreiungsbotschaft nicht einfach durch eine theologische Interpretation zu reflektieren ist; er stellte fest: »Die Freiheit des Glaubens wird in politischen Freiräumen gelebt. Die Freiheit des Glaubens drängt darum zu befreienden Aktionen« (S. 293). Damit diese verbindlich und konkret werden, bestimmte Moltmann »Richtpunkte« in sechs Dimensionen der Wirklichkeit, in denen Freiheit unterdrückt wird (S. 306). Diese Richtpunkte sind für ihn:

- In der ökonomischen Dimension heißt Befreiung soziale Gerechtigkeit.
- In der politischen Dimension geht es um die Anerkennung der Menschenrechte als Grundrechte der Bürger.
- In der kulturellen Dimension bedeutet Befreiung Identität in der Anerkennung anderer.

– Im Verhältnis zur Natur heißt Befreiung Frieden mit der Natur im Sinne des Zusammenspiels mit Rücksichtnahme.
– In bezug auf die Sinn-Dimension schließlich zeigt sich Befreiung als »Mut zum Sein«.
– Analog zur politischen Befreiung entwickelt Moltmann eine »psychologische Hermeneutik der Befreiung« (S. 268 ff.); aus diesem Zusammenhang wäre als weiterer »Richtpunkt« zu ergänzen: Freiheit zur Liebe und zum Mit-Leiden (S. 280).

Da Moltmann diese Richtpunkte in Korrespondenz mit grundlegenden biblischen Befreiungszusagen entwickelt, können sie sehr gut die Stoßrichtungen bestimmen, die die biblischen Texte heute befreiend einschlagen wollen. Es ist jedoch wichtig, daß sich solche »Richtpunkte« noch deutlicher auf die biblische Überlieferung rückkoppeln und sich mit grundlegenden Aussagen und Zusagen der Bibel verknüpfen lassen.

3.6 Kategoriale Grundeinsichten (Peter Biehl)

Auch in der religionspädagogischen Arbeit sind solche Ensembles von Kategorien aufgegriffen oder neu entwickelt worden.

Als einer der ersten hat Peter Biehl diese Aufgabe in Angriff genommen und seine Ideen immer weiter ausdifferenziert (Biehl, 1973; Biehl, 1974; Biehl, 1979; Biehl, 1983).

Peter Biehl erarbeitete seine Kategorien in mehreren Schritten. Zunächst schloß er sich den von Moltmann bestimmten »Richtpunkten« an (Biehl, 1974, S. 117 f.). Diese führte er weiter und formulierte »durch Kategorien vermittelte Grundeinsichten«. Er arbeitete sieben Thesen aus, indem er Moltmanns Kategorien unter theologischen, anthropologischen und gesellschaftlich-politischen Gesichtspunkten reflektierte. Die »Grundeinsichten« sind:
– Freiheit als Wahrnehmung der von Gott ermöglichten Freiheit für sich selbst und andere (»Freiheit zur Liebe«);
– Annahme auch des beschädigten Lebens bei sich und anderen, verbunden mit dem Willen zur Veränderung (»Leiden«);
– tätige Hoffnung auf eine humane Gestaltung des Lebens (»Mut zum Sein: Hoffnung/Glück);
– Neuformulierung des Verhältnisses zur Welt (»Frieden mit der Natur«);
– Suche nach eigener Identität und Eintreten für die Identität anderer (»Identität in Anerkennung«);
– Arbeit an der Befreiung von menschenverachtender Unterdrückung (»demokratisches Menschenrecht«);
– Eintreten für die praktischen Lebensrechte aller im sozialen Kontext (»soziale Gerechtigkeit«).

Als Funktion dieser Kategorien benannte Biehl, daß sie den theologischen Aspekt von Themen profiliert hervortreten und die Richtung einer theologischen Urteilsbildung erkennen lassen (S. 118). Dabei ist wichtig, daß diese Begriffe nicht einfach theologisch oder auch sozialwissenschaftlich gewonnene Einsichten wiedergeben, sondern »hypothetisch-heuristischen Charakter« haben (S. 119). »Sie sollen helfen, unverhoffte und unerwartete Konkretionen verheißener Wahrheit neu zu entdekken, und zwar auch dort, wo keine Beziehung zur biblischen Tradition mehr besteht.« (S. 119)
Allerdings scheint die Formulierung und Anwendung dieser Kategorien mehr zur Analyse der »Situation« beizutragen als zum Verständnis von »Tradition«; das zeigt sich auch daran, daß die Rückverweisungen in die biblische Überlieferung eher sporadisch und unbestimmt bleiben.

3.7 Elementarisierung theologischer Inhalte und Lernprozesse (Karl Ernst Nipkow)

Als letzter Autor sei Karl Ernst Nipkow genannt. Er reflektierte das Problem der Bildung von Kategorien, die grundlegende Aspekte der biblischen Überlieferung konzentrieren, unter dem Stichwort der »Elementarisierung« (Nipkow, 1979; Nipkow, 1982; Nipkow, 1986. Zum Problem der Elementarisierung vgl. zusammenfassend: Schröer, 1986; H. Stock, 1987; Büttner, 1991, S. 167 ff.; Biehl, 1991, S. 124 ff., v.a. S. 190 ff.; Höffken, 1986).
Nipkow arbeitete eine vierfache Bedeutung des Begriffs Elementarisierung im Hinblick auf Glauben und theologisches Denken aus.

- Zunächst fragte er nach den *elementaren Wahrheiten*, nach dem Grundlegenden in Überlieferung und Theologie. Hier stieß er auf theologische Kategorien, wie sie beispielsweise Baldermann formulierte. Diese sind allerdings nicht als begriffliche Fixierungen feststehender Wahrheiten aufzufassen, sondern in ein Gespräch zur »Ermittlung uns betreffender Wahrheit im Überlieferten« einzubeziehen. Ausdrücklich warnte Nipkow davor, solche Kategorien mit zu hohen Erwartungen zu beladen: Sie können keineswegs die positionellen Unterschiede und Kontroversen in der Auslegung der Überlieferung aufheben, sondern nur dazu dienen, den erfahrungsbezogenen Auslegungsprozeß zu strukturieren und zu klären.
- Zweitens ist nach Nipkow Elementarisierung unter inhaltlichem Aspekt zu reflektieren. Man kann in den Erkenntnisgegenständen sowohl elementare (grundlegende) Inhalte wie *Strukturen* erkennen, die die Fülle der Erscheinungen reduzieren und das Wesentliche, Durchgängige bündig zur Sprache bringen. Allerdings haben solche Strukturen die Tendenz zur Verallgemeinerung und können zur begrifflichen Austrocknung der lebendigen Tradition führen. Darum betonte Nipkow unter Bezugnahme auf Baldermann die Notwendigkeit, biblische Sprache nicht nur zu analysieren, sondern mitzuvollziehen.

- Elementarisierung bedeutet drittens, daß die Auslegung von Bibeltexten immer darauf zielt, daß der heutige Leser/Hörer mit ihnen Erfahrungen macht, die für ihn bedeutsam sind; diese nennt Nipkow *elementare Erfahrungen*.
- Schließlich ist Elementarisierung zu verstehen als Ermittlung der lebensgeschichtlichen Anfangsvoraussetzungen für ein produktives Lernen. Jede Lebensphase hat ihre eigenen Chancen und Grenzen des Lernens. Sie sind zu ermitteln und als Ausgangspunkte (»*elementare Anfänge*«) der Lernangebote in der jeweiligen Stufe zu berücksichtigen.

Den bisher skizzierten Vorschlägen ist gemeinsam, daß fast alle versuchen, elementare Einsichten und Erfahrungen in Kategorien zu fassen. Nipkow macht in diesem Zusammenhang darauf aufmerksam (Nipkow, 1982, S. 207 ff.), daß die Bestimmung und Definition von Kategorien immer auf die Erhebung eines »allgemeinen Sinn- und Sachzusammenhangs« zielt. Dieser ist nur in Begriffen zu erfassen. Läßt sich der Versuch, »Grundlinien« der biblischen Überlieferung zu finden, auf dieses Konzept ein, kann sie wohl schnell in ein Konglomerat von Sätzen gerinnen, die als Einsichten oder Lehren verfügbar sind, der Dynamik und Sprache der biblischen Überlieferung aber nicht mehr gerecht werden.
Ich möchte daher versuchen, noch konsequenter von der Bibel selbst auszugehen.

4 Grundbescheide als Verdichtungen biblischer Erfahrungen

4.1 Der Ansatz

Der folgende Vorschlag zielt darauf, aus der Bibel selbst Verdichtungen grundlegender Erfahrungen, Einsichten, Bekenntnisse zu gewinnen. Ich folge dabei der von Ingo Baldermann gelegten Spur mit dem Versuch, »den didaktischen Weg aufzuspüren und zurückzuverfolgen, den die biblischen Text selbst weisen« (Baldermann, 1979, S. 17).
Es kommt also darauf an, die Sprachformen zu identifizieren, die Altes und Neues Testament selbst für die elementare Verdichtung von Glaubenserfahrungen und -traditionen verwenden.
Dies läßt sich an einem interessanten Text aus dem Buch Deuterojesaja zeigen, der die typische Struktur solcher verdichtenden Sprachformen zeigt:

> »So spricht Jahwe, dein Erlöser,
> der dich vom Mutterschoß an gebildet:
> Ich bin Jahwe, der alles gemacht,
> der die Himmel ausgespannt hat ganz allein,
> der die Erde gegründet –
> wer war bei mir?«
>
> (Jes 44,24)

Dieser kurze Text spricht den Themenkomplex »Schöpfung« an. Der Spruch läßt einige charakteristische Merkmale solcher biblischen Sprachformen erkennen:

- Er faßt mit ganz wenigen Anspielungen ein weites Spektrum heilsgeschichtlicher Erinnerungen zusammen. Jeder Hörer versteht: Es geht um »Schöpfung«. Man könnte diese verdichtende Sprachform daher als *»heilsgeschichtliche Abbreviatur«* bezeichnen.
- Diese Abbreviatur übt offenbar einen »assoziativen Sog« aus: Der Hörer oder Leser wird angeregt, all das zu aktivieren, was der Zusammenhang »Schöpfung« bei ihm an Kenntnissen, Einstellungen und Emotionen auslöst.
- Die Abbreviatur nimmt in diesem Abschnitt eine bestimmte Funktion wahr, die sich aus der Ursprungssituation des Textes im babylonischen Exil ergibt: Gegen den übermächtigen Herrschaftsanspruch der babylonischen Götter, mit dem Israel konfrontiert ist, setzt Jahwe sein Wort als Trost und Ermutigung: Nicht Marduk ist Schöpfer und Herr, sondern Jahwe, er tritt für die Seinen ein – dies geht aus dem Kontext des Spruchs deutlich hervor.
  Die Abbreviatur hat also keinen informativen oder lehrhaften Charakter, sondern die Wendung »Jahwe, der alles gemacht hat« läßt als konzentrierte Erinnerung heilvolle Geschichte so präsent werden, daß sie tröstet und ermutigt. Überhaupt ist charakteristisch für solche Formeln, daß sie nie abstrakt von Eigenschaften Gottes sprechen, sondern sein Verhalten im Interesse seiner Menschen erinnern und aufs Neue zusprechen; sie haben eine personale Qualität.

Ist man einmal auf diese heilsgeschichtlichen Formeln aufmerksam geworden, so entdeckt man sie auf Schritt und Tritt im Alten und Neuen Testament. In aller Regel sind sie in einen umfangreicheren Text eingebaut, in den sie einen bestimmten Erinnerungszusammenhang einbringen. Dabei nehmen sie unterschiedliche Funktionen wahr – man könnte auch sagen: Die Produzenten biblischer Texte – Geschichtsschreiber, Prediger, Psalmisten, Propheten, Weisheitslehrer – verwendeten solche Abbreviaturen, um ihre Texte in eine bestimmte Richtung zuzuspitzen oder bestimmte Absichten zu realisieren.

So wurden diese Formeln von Generation zu Generation weitergegeben, aber nicht wie verschnürte Pakete, die niemand öffnete, sondern als »gefährliche Erinnerungen«, die etwas verändern, in Gang setzen wollten. Bei jedem Gebrauch haben sie sich mit neuen Erfahrungen und Erkenntnissen weiter angereichert, vertieft, schärfer profiliert.

Um diese Qualität solcher Abbreviaturen kenntlich zu machen, bezeichne ich sie als Grundbescheide und fasse die verschiedenen sprachlichen Ausprägungen in einem knappen charakteristischen Aussage-Satz zusammen. Der besprochene Text aus Deuterojesaja bringt nach diesem Verständnis einen Grundbescheid zur Sprache, den ich mit dem Satz »Gott schafft Leben« umschreibe.

Auf diesen Beobachtungen baut der Versuch auf, Grundbescheide zu bestimmen.

4.2 Ein Ensemble von Grundbescheiden

Nun kommt es darauf an, eine größere Zahl von Grundbescheiden zu identifizieren, die zentrale Zusammenhänge der Überlieferung des Alten und Neuen Testaments erfassen. Natürlich ist das Verhältnis von Grundbescheid und Einzeltext durchaus ambivalent. Einerseits erwachsen die Grundbescheide, die die Auslegung von biblischen Überlieferungsstücken ausrichten, ja erst aus der Beobachtung vieler einzelner Texte. Gleichzeitig sollen die Grundbescheide die Interpretation der Einzeltexte an Grundlinien ausrichten. Dabei ist von vornherein zu berücksichtigen, daß nach meinem Ansatz in einem Grundbescheid Texte aus dem Alten und aus dem Neuen Testament gebündelt sein sollen.

Die folgende Zusammenstellung (die auch den bereits angesprochenen Komplex »Gott schafft Leben« – Schöpfung – noch einmal aufgreift und weiterführt) berücksichtigt die im vorigen Abschnitt erarbeiteten Merkmale des Grundbescheids. Die Bezeichnungen in kurzen Sätzen versuchen, dem personalen Charakter und der geschichtlichen Dynamik der Grundbescheide Rechnung zu tragen. Die hinzugefügten Begriffe (Schöpfung ...) sind eher als Kürzel gedacht, die die rasche Verständigung erleichtern sollen.

Um das vorgeschlagene Ensemble von Grundbescheiden nicht mit zu hohen Erwartungen zu befrachten, sind ein paar Vorbemerkungen nötig:

- Die Identifikation und Abgrenzung der Grundbescheide versucht, die wichtigsten Linien des alt- und neutestamentlichen Kerygmas aufzunehmen; es wären sicher aber auch andere Formulierungen und Zuordnungen möglich. Die Zusammenstellung ist keine systematisch ordnende Liste, sondern eher ein hermeneutischer Schlüssel, der Einzeltexte in einen sinnvollen biblischen Gesamtzusammenhang bringt und damit Beliebigkeit und Willkür bei der Auslegung begrenzen will.
- Die Hinweise zu den biblischen Erfahrungen, Lebenszusammenhängen und Bekenntnissen, die sich in den einzelnen Grundbescheiden versammeln, erheben natürlich nicht entfernt den Anspruch auf Vollständigkeit oder Abgeschlossenheit, sondern verstehen sich als Assoziationen, die wichtigen Konkretionen und Ausformungen der Grundbescheide nachspüren; sie sind offen für andere Assoziationen und Ausarbeitungen.
- Auch die Zuordnung der biblischen Texte oder Erfahrungszusammenhänge zu den Grundbescheiden ist nicht zwingend; Texte sprechen oft mehrere Dimensionen an, so daß sich in einem Schriftabschnitt die Linien mehrerer Grundbescheide kreuzen können; darauf wird von Fall zu Fall aufmerksam gemacht.

  Dennoch werde ich zu jedem der sechs Grundbescheide eine exemplarische Auswahl von alt- und neutestamentlichen Texten zusammenstellen.

a. Gott schenkt Leben (Schöpfung)

Die Rede von Gott, der das Leben gibt, gehört zum Grundbestand der Überlieferung des Alten und Neuen Testaments. Gleich auf den ersten Seiten der Bibel entfalten der Jahwist und die Priesterschrift ihre Bekenntnisse. Trotz aller Unterschiede, die sich aus den jeweiligen Ursprungssituationen erklären, weisen die beiden Texte aus dem 10. und 6. vorchristlichen Jahrhundert einige charakteristische Gemeinsamkeiten auf:

- Schöpfung bedeutet, daß Gott den Menschen inmitten einer bedrohlichen Umwelt einen Raum bereitstellt, in dem sie in Heil und Glück (Schalom) leben können.
- Der gute Lebensraum ist für alle da – das ist der Sinn der universalen Perspektive, die beide Schöpfungstexte in Gen 1 und Gen 2 kennzeichnet.
- Die Schöpfung bedarf weiterer Bearbeitung, damit sie als Lebensraum erhalten bleibt; dies bezeichnet der Jahwist als »Bebauen und Bewahren«, die Priesterschrift spricht vom Herrschen als »Ebenbild Gottes« (Gottesebenbildlichkeit), d.h. mit der Fürsorge, die der Schöpfer selbst anwendet.
- Die Psalmen nähern sich dem Gott, der Leben schafft, in der Haltung des Lobens und Dankens; sie gewinnen daraus die Zuversicht, daß der Schöpfer auch ihr Leben erhalten werde, und sie unterstreichen, daß Israel daraus die Verpflichtung erwächst, sein Leben an der Weisung des Schöpfers auszurichten.
- Schon sehr früh hat Israel die Erfahrung gemacht, daß der geschenkte Lebensraum mißbraucht und der Schöpfer mißachtet wird; das führt zur Entfremdung zwischen Mensch und Kreatur (vgl. Gen 9,1 ff.) und zur Sünde. Sie zeigt sich darin, daß der Mensch sich einer Macht unterwirft, die zwanghaftes Handeln auslöst. Letztlich setzt er sich an die Stelle des Schöpfers und maßt sich selbstherrlich die Verfügungsgewalt über Leben und Tod an (Gen 4!). Darum ist das geschenkte Leben immer von der Zerstörung bedroht, die der Mensch selbst auslöst: Der Lebensraum wird zu einer Zone, in der der Tod die Herrschaft ergreift; das bezeugt schon die Erzählung von der Vertreibung aus dem Paradies (Gen 3) und vor allem die Sintflut-Geschichte (Gen 6-9). Immer haben die biblischen Propheten und Mahner diese Perspektive der Vernichtung offengehalten. Gerade diese Seite der Erinnerung an die Schöpfung ist in unserer Gegenwart, in der der Mensch seinen eigenen Untergang vorbereitet, besonders erfahrungsnah.
- Spätestens seit der Heilsbotschaft des exilischen Propheten Deuterojesaja bekannte Israel, daß Jahwe auch da, wo das Leben zur Wüste geworden ist, seine Schöpfermacht wunderbar zum Zuge bringt, damit die Menschen leben (vgl. z.B. Jes 49, 10 ff.). Diese Zusagen sind offen für weitere größere Erfüllungen. Sie werden eingelöst in den Wundern der Gottesherrschaft, die Jesus – unter ausdrücklicher Berufung auf Jes 35, 6 ff! – als Zeichen des Neuen Lebens deutet (Mt 11, 1-6). Die Rede vom kämpferischen Eintreten Gottes für das Leben findet

seinen Höhepunkt in der Auferweckung Jesu, die Christus und die Menschen der Herrschaft des Todes entreißt; folgerichtig nennt Paulus dann auch die Nachfolger Jesu »eine neue Schöpfung« (2 Kor 5,17). Aber auch das Neue Leben bleibt noch offen für die Vollendung durch den, der von sich sagt: »Siehe, ich mache alles neu.« (Apk 21,5)

Exemplarische Texte:

Gen 1
Gen 2
Ps 8; Ps 104; Ps 148 (Beispiele für das Lob des Schöpfers)
Jes 49,8 ff. (Beispiel für das Bekenntnis zur rettenden Schöpfermacht Gottes)
Mt 6,19 ff. (Beispiel für das Vertrauen zum Schöpfer)
Mt 11,1-6; Mk 2,1-12 (Beispiele für die Wundererzählungen als Geschichten von der Erneuerung des Lebens)
Joh 8,2-11 (Beispiel für Vergebung als Eröffnung neuen Lebens)
Mk 16,1-8 (Beispiel für die Auferweckungsüberlieferung)
2 Kor 5,17; Apk 21,5 (Beispiele für das »in Christus« erneuerte Leben)

b. Gott stiftet Gemeinschaft (Liebe, Partnerschaft, Bund, Ökumene)

Von Anfang an sind Glauben und Leben in der Bibel kommunikativ bestimmt, partnerschaftlich angelegt. Mann und Frau werden erst in ihrer ganzheitlichen Zuwendung zu ganzen Menschen, und die Würde der Gottesebenbildlichkeit wird den Menschen zugesprochen, die ihr Leben in der Beziehung zu Gott entwerfen. »Dialogische Existenz« nennt Martin Buber diesen Grundzug der biblischen Anthropologie.
Diese von Gott gestiftete Gemeinschaft hat in der hebräischen Bibel ihre geschichtliche Erscheinungsform in der Beziehung Jahwes zu seinem Volk gefunden: »Ich will euer Gott sein und ihr sollt mein Volk sein« (Lev 26,12) – dies ist vielleicht die konzentrierteste Formulierung, die eine solche Beziehung ausdrückt. Sie wird stets in zwei Dimensionen wirksam:
- in der Gemeinschaft Gottes mit seinem Volk;
- in der Kommunikation der Menschen untereinander, die dieser befreienden Gemeinschaft Gottes mit seinem Volk entsprechen muß.

Als Begriff für die Gemeinschaft Gottes mit seinem Volk bietet sich »Bund« an – so vor allem in der deuteronomisch-deuteronomistischen Literatur.
Aber das Alte Testament hat eigentlich viel dichtere sprachliche Möglichkeiten gefunden, allen voran das Bild von der Liebesbeziehung zwischen Gott und Israel. Vor allem der in der Mitte des 8. Jahrhunderts v.Chr. lebende Prophet Hosea hat diese Bilder kräftig ausgearbeitet (s.u. zu Grundbescheid 3).
Die Linien laufen vom Alten ins Neue Testament: Das Werk Jesu, die kommende Gottesherrschaft auszurufen, ist unlösbar verbunden mit der Kommunität von

Jüngerinnen und Jüngern, mit denen er lebte, feierte und arbeitete. Vor allem der Verfasser des Johannesevangeliums hat die Liebe in der Gemeinschaft ins Zentrum gerückt. An ihr zeigt sich die Erlösung, lebt sich der Glaube aus. Die Liebe führt zur ökumenischen Einheit, die ihre Basis in der Einheit mit Gott hat (Joh 17, 20 ff.).

Auch die Grundlagen der Gemeinschaft sind im Alten und Neuen Testament nicht in abstrakten Normen fixiert, sondern auf die gelingende oder mißlingende Kommunikation bezogen. Das zeigt sich vielleicht am deutlichsten am Begriff der Gerechtigkeit. Er wird am besten mit »Gemeinschaftstreue« übersetzt und nimmt Maß daran, ob ein Handeln der Gemeinschaft gerecht wird (vor allem: Rad, 1987a, S. 382 ff).

Wo die Gemeinschaftstreue verweigert und die Gemeinschaft zerstört wird, spricht die Bibel von »Sünde«. Sünde ist im biblischen Sprachgebrauch nicht in erster Linie das Versagen eines einzelnen, sondern letztlich nichts anderes als die Verweigerung und Zerstörung der Gemeinschaft mit Gott und Menschen. Folgerichtig ist Vergebung als Wiederherstellung der Kommunikation aufzufassen. Ein Beispiel für viele: Jesus sagt Zachäus die Vergebung an, indem er ihn zu den »Söhnen Abrahams«, also zum Gottesvolk zählt (Lk 19,9).

Exemplarische Texte:

Gen 1,27 f.
Gen 2, 21-25
Lev 26,12; Ps 100,3 (Beispiel für die Erwählung Israels als Gottesvolk)
Dtn 26,16-19 (Beispiel für die Bundes-Erwählung)
Hosea (vgl. den Grundbescheid 3!)
Lk 19,9 (Beispiel für die vergebende Zusage der Gemeinschaft)
Apg 2,42-47 (Beispiel für das neue Leben im Volk Gottes)
Joh 17,20 ff. (Beispiel für die in der Liebe wurzelnde ökumenische Gemeinschaft)
1 Joh 4,16-21 (Beispiel für die zentrale Bedeutung der Liebe für das Christsein)
1 Kor 12 (Beispiel für den Gemeinschaftsbezug der Fähigkeiten)
Gen 4, 7.16 (Beispiel für die gemeinschaftszerstörende Funktion der Sünde)
Gal 3,28 (Beispiel für die Aufhebung der Trennungen im neuen Gottesvolk)

c. Gott leidet mit und an seinem Volk (Leiden und Leidenschaft)

Aus dem antiken griechischen Denken hat die christliche Theologie in der Alten Kirche das Bild des Gottes übernommen, der in ewiger Ruhe über der Welt und den Menschen thront: unendlich – unsterblich – nicht leidensfähig. Demgegenüber entdeckte eine biblisch orientierte Theologie wieder den Gott, der leidet und leidenschaftlich für seine Leute eintritt; dies hat insbesondere Jürgen Moltmann zur Geltung gebracht (Moltmann, 1972).

Das Leiden Gottes gehört von Anfang an in die Beziehung zu seinem Volk: »Gott sieht« das Elend seines Volks, »Gott hört« ihr Schreien, er »kennt ihr Leiden«, so heißt es in der Erzählung über die Stimme Gottes aus dem Dornbusch bei Moses Berufung (Ex 3,7). Dies löst bei Gott den leidenschaftlichen Willen zur Rettung aus, er kämpft für die Seinen, um sie zu befreien.
Dies tatkräftige Mit-Leiden schließt ein, daß Menschen, die anderen Leiden zufügen, damit rechnen müssen, daß sie selbst zu Schaden kommen. Das kann sich auch gegen das Gottesvolk selbst kehren:
»Witwen und Waisen sollt ihr nicht bedrücken: Wenn du sie doch bedrückst und sie schreien zu mir, so werde ich ihr Schreien gewiß erhören, und mein Zorn wird entbrennen und ich werde euch mit dem Schwert töten, daß eure Frauen Witwen und eure Kinder Waisen werden.« (Ex 20,20 ff.)
Im Kontext des leidenden Gottes ist auch noch einmal an die schon im vorigen Abschnitt angesprochene Braut-Metaphorik zu erinnern: »Als Israel jung war, gewann ich es lieb« (Hos 11,1) ... »Ich verlobe mich mit dir auf ewig.« (Hos 3,19) Das ist die Sprache der Liebe, in die der Prophet die Zuwendung Jahwes zu seinem Volk kleidet. Aber mit gleicher Intensität und Glut weiß Hosea von Israels Untreue zu berichten (als Symbolhandlung heiratet er eine Prostituierte! Hos 1): Israel läuft anderen »Herren« nach (Baal = Herr) und vergißt Jahwe. Sein glühender Zorn trifft das Volk: »Ich mache sie zur Wüste ... ich lasse sie in der Wüste sterben vor Durst.« (Hos 2, 3) Aber dies ist nicht der Zorn des Despoten, dem die Untertanen davongelaufen sind, sondern die Trauer des enttäuschten Liebenden. Hosea will sagen: Jahwe thront nicht in ewiger Ruhe und Bewegungslosigkeit hoch über den Menschen – in seiner Liebe hat er sich klein und verletzlich gemacht.
Auch dieser Grundbescheid kommt in der Hebräischen Bibel nicht zur Ruhe; die Geschichte Jesu – von der Menschwerdung bis zum Kreuz (Passion) – ist ja nichts anderes als die Geschichte der leidenschaftlichen Liebe Gottes zu seinen Menschen.

Exemplarische Texte:

Ex 3,7; Ex 20,20 ff.; Ex 22,22; Ps 35,22 (Beispiele für die leidenschaftliche Anteilnahme am Schicksal der Unterdrückten)
Hos 2,3; Hos 3,9 (Beispiele für die Symbolik des leidenschaftlichen Liebhabers)
Jes 52,13-53,12 (Beispiel für den stellvertretend Leidenden)
Ijob
Mk 14-15 (Die Passion)
Mk 10,45; Phil 2,5-11 (Beispiele für die Deutung der Passion)

d. Gott befreit die Unterdrückten (Befreiung)

Das Ur-Datum dieses Grundbescheids ist der Exodus, die Herausführung der Israel-Leute aus der ägyptischen Sklaverei. Im Grunde ist das ganze Alte Testament nichts anderes als eine lobende Entfaltung dieses Grundbescheids; vor allem die Psalmen bringen die Befreiung immer wieder in Erinnerung: als Anlaß zum Lob, aber auch als Zeichen der Ermutigung und Impuls zur Hoffnung. Dieser Aspekt ist dann vor allem bei Deuterojesaja von großer Bedeutung; er kann sich die versprochene Befreiung aus der babylonischen Knechtschaft nur als einen zweiten Exodus vorstellen, der allerdings viel gewaltiger sein wird als der erste (vor allem: Jes 52, 11 f.).

Israel hat dies Befreiungshandeln auch in der Schöpfung erkannt. Sie ist ja in den alttestamentlichen Texten nicht die von der späteren Dogmatik postulierte creatio ex nihilo; Israel erzählt vielmehr, daß sein Gott den behüteten Raum für seine Menschen den zerstörenden Mächten abgerungen habe.

Zu den befreienden Taten Jahwes für sein Volk gehört auch die Verleihung der Tora; nicht zufällig wird der Dekalog mit der »Selbstvorstellungsformel« eingeleitet: »Ich bin Jahwe, dein Gott, der dich aus dem Land Ägypten, aus dem Sklavenhaus, herausgeführt hat.« (Ex 20,2) Diese »Befreiungsformel« bestimmt nun auch das Verständnis der Gebote; sie sind keineswegs als Forderung des Gehorsams aufzufassen, den Israel gleichsam als Dank für die empfangene Wohltat abzuleisten habe, sondern sie sind insgesamt als »Ruf der Freiheit« zu verstehen. Sie konjugieren im Blick auf konkrete Lebenssituationen die »Befreiungsformel« als ermutigende Aufforderung: »Bleibe bei deinem Befreier!« Das Alte und das Neue Testament bringen immer wieder zur Sprache, daß das Volk Gottes von neuem unter fremde Herrschaft kommt und in die Sklaverei gerät, wenn es Gott die Gemeinschaft aufkündigt – der Hinweis auf Hosea und die fremden »Baalim« soll hier genügen! Auch im Zusammenleben kann Israel die Freiheit verspielen: Wer anderen die Freiheit verweigert und sie unterdrückt, grenzt sich selbst aus der Freiheitsgeschichte aus!

Ebenso verspielt der die Freiheit, der der befreienden Macht Jahwes nicht vertraut (Ps 78,12 ff.).

Befreiung ist auch das Thema des Neuen Testaments:

> »Der Geist des Herrn ruht auf mir, weil er mich gesalbt hat; er hat mich gesandt, den Armen frohe Botschaft zu bringen, den Gefangenen Befreiung zu verkünden…«,

läßt Lukas Jesus programmatisch am Anfang seines Wirkens ausrufen (Lk 4,18). Die Evangelien sind voll von Hinweisen, daß das Wirken Jesu befreiendes Handeln ist, vor allem auch die Wunder. Immer wieder wird berichtet, daß Jesus kämpft, um Kranke und »Besessene« zu erlösen. Denn Verkürzungen der menschlichen Lebensmöglichkeiten durch Unterdrückung, Krankheit, Ausgrenzung und Obsessionen sind in biblischer Sicht Verkürzungen der von Gott gewollten Freiheit. Darum

sagt Jesus selbst: »Wenn ich mit dem Finger Gottes Dämonen austreibe, so hat die Herrschaft Gottes bei euch angefangen.« (Lk 11,20)
Schließlich wird die Auferweckung Jesu als Befreiung von der Macht der Sünde und als Sieg über die Todes-Herrschaft beschrieben (z.B. 1 Kor 15,55 ff.; Gal 5,1). Auch in neutestamentlicher Sicht kann der Mensch die Freiheit verspielen, indem er dem Befreier nicht vertraut, sondern auf andere Sicherheiten setzt, beispielsweise das »Gesetz« (Gal 5,1-5).

Exemplarische Texte:

Ex 1-15
Ps 74,10-13; Jes 42,10-17; Jes 51,9-10; Jes 52,11 f. (Beispiele für die Ermutigung aus der Erinnerung an den Exodus)
Ex 20,20 ff.; Dtn 23,17 f. (Beispiele für die Verpflichtung aus der Erinnerung an den Exodus)
Ps 78; Ez 20 (Beispiele für den Verlust der Freiheit wegen mangelnden Vertrauens auf den Befreier)
Lk 4,18; Joh 8,31-36; Mt 11,2-6 unter Berufung auf den Befreiungstext Jes 35 (Beispiele für die Deutung der Christusgeschichte als Freiheitsgeschichte)
Lk 11,20 (Beispiel für die Deutung der Wunder als Befreiungstaten)
Röm 8,2; Gal 5,1; Gal 3,28 (Beispiele für die paulinische Deutung der Christusgeschichte als Befreiung)
Gal 3,1 ff.; Gal 5,1 f. (Beispiele für die Gefährdung der Freiheit)

e. Gott gibt seinen Geist (Heiliger Geist und Begeisterung)

Es ist ein eigentümlich unbestimmter Begriff, der in diesem Zusammenhang zu besprechen ist (vgl. vor allem: Wolff, 1977, S. 57 ff.; Lohff, 1974, S. 34 ff.). Der hebräische Begriff, den das Alte Testament verwendet, lautet: *ruach* (fem.). Er schließt ganz unterschiedliche Sachverhalte und Erfahrungen ein. Seine Grundbedeutung ist: Wind, meist als kraftvolle Bewegung verstanden, also eher als »Sturm« (z.B. Ez 3,12.14). Der »Geist Jahwes« (von vielen feministischen Theologinnen recht zutreffend auch als »Heilige Geistin« wiedergegeben) bezeichnet seine schöpferische Kraft, die sich als kraftvolle Dynamik auswirkt, beispielsweise in der Schöpfungsarbeit (Ps 33,6). Vor allem aber kommt die *ruach* Gottes im Menschen zur Wirkung. Zunächst einmal bedeutet es nichts anders als den Atem; der hebräische Mensch ist überzeugt, daß sein Atem und damit seine Vitalität Geschenke Gottes sind, über die dieser allein verfügt (Ijob 34,14 f.): Der Geist ist dem Menschen immer schon vorgegeben. Aber das ist nicht alles. Wenn der Geist Gottes die Richter, die Rettergestalten in der Bedrängnis, ergreift, dann erwachsen ihnen nicht geahnte Kräfte, be-geistert sie ein neuer Mut (z.B. 1 Sam 10,6). Diese Be-Geisterung schließt augenscheinlich auch eine Bevollmächtigung ein, im Auf-

trag und im Geist Jahwes zu handeln oder – im Fall des Propheten – zu sprechen (z.B. Jes 42,1). Auch die künstlerische Begabung kann durch den Gottesgeist bewirkt sein (z.B. Ex 31,3-5).
So wirkt »die Geistin« kräftig und ungestüm, ungezügelt und doch sanft belebend und begabend: Leben und Geist, sprachliche und künstlerische Fähigkeiten, Vitalität und Kreativität, Mut zum Sein und Hoffnung gegen den Druck der Realität, Kraft zum aufrechten Stehen und der Wille, vorwärtszugehen, kommen von ihr.
Dabei ist wichtig, daß die besonderen Geistes-Gaben immer Dienst-Gaben sind, bestimmt dazu, die Gemeinschaft zu erfreuen, hilfreich anzusprechen, zu retten.
So wird man durchaus auch den Prozeß der Überlieferung als einen vom Geist inspirierten Vorgang betrachten können, darauf weist insbesondere Lohff (a.a.O.) hin. Dazu gehört aber nicht nur die Weitergabe der Tradition, sondern auch die produktive Kritik, wie sie sich immer wieder bei den Propheten zeigt.
Auch dieser Grundbescheid weist über die Geschichte Israels hinaus, wenn der Prophet Joel im Namen Jahwes ankündigt, daß der Gottesgeist dereinst alle erfüllen soll (Joel 3,1).
Das Neue Testament knüpft an die überlieferten Geist-Erfahrungen an, vor allem durch die Überlieferung von der Bevollmächtigung Jesu in der Taufe durch die Geist-Verleihung (Mt 3,16 f.) und die paulinische Charismen-Lehre (1 Kor 12).
Auch das Neue Testament bezeugt die eschatologische Dimension des Geistes, wenn es vom Geist der Auferstehung der Toten spricht (1 Kor 15,44), der schon jetzt die Traurigen mit Hoffnung belebt (vgl. das »Geist-Kapitel« Röm 8 und die johanneischen Gedanken zum Geist als »Beistand« Joh 16,5 ff.).
Der Geist wird eingeengt und verdrängt, wenn der »Buchstabe« trockener Lehre und Gesetzlichkeit dominiert (2 Kor 3,6) oder wenn er egoistisch nur für die eigenen Bedürfnisse beansprucht wird (1 Kor 12; 1 Kor 14,1-5).

Exemplarische Texte:

Gen 2,7; Ijob 34,14 f.; Ps 33,6 (Beispiele für die lebenspendende Macht)
Ri 6,34; 1 Sam 10,16; Jes 11,2; Jes 42,1 (Beispiele für die Be-Geisterung der Retter)
Ez 11,24; Mi 3,8 (Beispiele für die Be-Geisterung der Propheten);
Joel 3,1: 1 Kor 15,44 (Beispiele für die eschatologische Dimension des Geistes)
Mt 3,16 f. (Beispiel für die Bevollmächtigung Jesu)
1 Kor 12 (Beispiele für die Geistesgaben, die allen zugute kommen sollen)
Joh 16,5-15; Röm 8,1-17 (Beispiele für die tröstende und ermutigende Bedeutung des Geistes)

f. Gott herrscht in Ewigkeit (Gottesherrschaft, Schalom)

Daß Gott der Herr ist und Macht ausübt, hat Israel schon in seiner Ur-Kunde bezeugt, dem »Heilsgeschichtlichen Credo«. Dort heißt es:

»Und Jahwe führte uns heraus aus Ägypten mit starker Hand und ausgerecktem Arm, unter großen Schrecknissen, unter Zeichen und Wundern, und brachte uns an diesen Ort und gab uns dieses Land, ein Land, das von Milch und Honig fließt.« (Dtn 26,8 f.)

Dies kurze Textstück läßt drei wichtige Merkmale des Grundbescheids »Gottesherrschaft« erkennen:

- Die Gottesherrschaft ist nicht um ihrer selbst willen da; sie ist nicht die Gewalt des Potentaten, der nichts als seine Macht und Ehre im Sinn hat, sondern wird im Interesse der Menschen ausgeübt. Gottes Herrschaft hat immer eine fürsorgende und rettende Dimension. Sie ist – um einen von dem jüdischen Gelehrten Rosenstock-Huessy verwendeten Begriff aufzunehmen – »dative« Machtausübung, Herrschaft für andere.
- Sie kommt denen zugute, die unter Bedrückung und Ausbeutung leiden; im Bekenntnis Israels ist es das ganze Volk Gottes, das in der ägyptischen Sklaverei leidet. Später, als es in Israel selbst zur Aufspaltung in eine Klassengesellschaft mit Unterdrückern und Unterdrückten kommt, sind es die »Armen«, denen Jahwes fürsorgendes Herrschen gilt.
- Das Ziel der Gottesherrschaft ist der Schalom, das gute gemeinschaftliche Leben in Frieden, Glück und Gerechtigkeit (Jes 2,1-4; Mi 4,1-5). »Gott die Ehre geben« heißt darum auch nicht, ihn immerfort zu preisen und zu loben; denn wo sich dies Lob nicht mit Gerechtigkeit für alle verbindet, mißrät es zum abscheulichen Geplärr, das Jahwe nicht hören will (Am 5,21 ff.).

Diese Merkmale des Grundbescheids »Gottesherrschaft, Schalom« ziehen sich durch das ganze Alte Testament hindurch; wer einmal aufmerksam geworden ist, findet überall die Zeichen dieser Herrschaft, beispielsweise in den Schöpfungstexten, die erzählen, wie Jahwe den behüteten Raum für seine Menschen den Chaosmächten abringt (Gen 1 und Gen 2; besonders deutlich: Ps 89,11): Die Grundbescheide »Schöpfung« und »Gottesherrschaft« greifen hier ineinander. Auch der Grundbescheid »Gott befreit die Unterdrückten« verschränkt sich dicht mit der Gottesherrschaft, z.B. in den Ermutigungstexten Deuterojesajas (Jes 42,10 ff.; Jes 44,6 ff.; Jes 52,1-11). Gerade hier zeigt sich auch die kritische Bedeutung der Rede von der Gottesherrschaft: Sie entlarvt menschliche Herrschaft, die sich selbst absolut setzt, als »Götzendienst«, der die Menschen unterjocht (Jes 45,20).

Im Neuen Testament gebrauchen die synoptischen Evangelien »Gottesherrschaft« als Schlüsselbegriff, um Wirken, Verkündigung und Geschick Jesu zu umschreiben (z.B. Mk 1,15; Lk 17,20 f.; Mk 10,14). Und Jesus selbst deutet in den Gleichnissen seine Praxis als Wirken der Gottesherrschaft (z.B. Mt 13). Auch hier zeigen sich die drei genannten Merkmale, die bereits in der Hebräischen Bibel die Schalom-Herrschaft prägen – nicht umsonst kommt die Bergpredigt zu ihrem Höhepunkt in der Zusage, daß den Armen das Reich Gottes zugedacht sei (Mt 5,3).

In Jesus verbindet sich mit der Gottesherrschaft der totale Gewaltverzicht Gottes:

»Der Menschensohn ist nicht gekommen, daß er sich dienen lasse, sondern daß er diene und gebe sein Leben als Lösegeld für viele.«(Mk 10,45)

Hier schließt sich der Kreis zum Grundbescheid »Leiden und Leidenschaft«: Der Schalom kommt in der hingebenden Liebe zur Macht. Sie ist unüberwindlich, sagt Paulus, und »nichts – weder Tod noch Leben ... weder Gegenwärtiges noch Zukünftiges ... weder Hohes noch Tiefes – kann die Christus-Leute von der Liebe losreißen, die in ihm die Herrschaft angetreten hat« (Röm 8,38 f.).

Exemplarische Texte:

Dtn 26,1-11
Jes 2,1-4; Mi 4,1-5 (Beispiele für die Friedensherrschaft)
Gen 1; Gen 2; Ps 89,11 (Beispiele für die lebenspendende Bedeutung der Gottesherrschaft)
Jes 42,10 ff.; Jes 44,6 ff.; Jes 52,1-11 (Beispiele für die befreiende Bedeutung der Gottesherrschaft)
Mk 1,15; Lk 17,20; Mt 5,3; Mt 13 (Beispiele für die Deutung der Praxis Jesu als Kommen und Wirken der Gottesherrschaft)
Mk 10,45 (Beispiel für die Deutung der Gottesherrschaft als Macht der Liebe)
Röm 8,38 f. (Beispiel für die Unüberwindlichkeit der Gottesherrschaft)

4.3 Der Grundbescheid – ein wichtiger Moment im biblischen Überlieferungsprozeß

Beispiel: Der Jahwist

Die Produzenten biblischer Texte – Geschichtsschreiber, Prediger, Psalmisten, Propheten, Weisheitslehrer – haben die beschriebenen Grundbescheide in Form von »heilsgeschichtlichen Abbreviaturen «in ihre Texte eingebaut, um diese in eine bestimmte Richtung zuzuspitzen, um ihre Hörer oder Leser in bestimmter Absicht an die Heilstaten Gottes zu erinnern. Die Beobachtungen legen die Vermutung nahe, daß sie darüber hinaus in ihrer Arbeit als Produzenten von Texten sich selbst maßgeblich an solchen Grundbescheiden orientierten. Diese These soll am Beispiel der jahwistischen Pentateuch-Quelle kurz ausgeführt werden.

Als Grundkonflikte der Zeit des Jahwisten, der Epoche der ersten Könige in Israel, sind erkennbar (aisführlicher: Band 1, S. 210 f.):

- das Aufkommen von Nationalismus und Imperialismus,
- das Aufkommen bürokratischer Herrschaft im Inneren,
- das Aufkommen von Kapitalwirtschaft,
- das Aufkommen »gottgewollter Herrschaft«,
- das Aufkommen kanaanäischer Einflüsse im Glauben.

Wie kann man sich in dieser Situation die Arbeit des Unbekannten vorstellen, der in der alttestamentlichen Wissenschaft unter dem Siglum J (Jahwist) geführt wird? Die folgenden Überlegungen beziehen sich ganz allgemein auf die biblische Textproduktion:

Folgende Faktoren werden vermutlich bei der Abfassung eines Textes zusammengewirkt haben:

- Bei allen »Autoren« biblischer Schriften (ob sie als Tradenten, Redaktoren, Umgestalter oder Verfasser in einem neuzeitlichen Sinn gewirkt haben) ist sicher ein Berufungsbewußtsein anzunehmen; ob dies auf eine explizite Berufungsvision oder -audition zurückzuführen ist, wie es von Propheten berichtet wird, ist weniger wichtig. Jedenfalls ist davon auszugehen, daß der Autor – ich nenne ihn im folgenden Text *Zeuge* – sich mit Gott, seiner Sache und seinem Wort untrennbar verbunden weiß.
- Dies »Wort Gottes« ist nicht als abstrakter Kanon »heiliger Schriften« anzunehmen, sondern als lebendige *Erinnerung* an den rettenden und befreienden Gott gegenwärtig. Als grundlegende Maßstäbe aus diesen Erinnerungen hatten sich Freiheit und Gerechtigkeit gezeigt (s.o. Kapitel II.1!).

  Ich vermute, daß sich diese »Sache Gottes« an »Grundbescheiden« festmachte, die die Leitlinien und Richtpunkte der Verkündigungsarbeit vorzeichneten .
- Die intensive Ausrichtung an der Erinnerung führte dazu, daß der Zeuge es lernte, seine Situation unter einer kritischen Perspektive gleichsam mit den Augen Gottes wahrzunehmen: Er »sieht« – wie es von Gott selbst erzählt wird – das Elend derer, denen die Befreiung vorenthalten wird; er »hört« – wie die Bibel von Gott selbst bezeugt – aus dem Mund der Unterdrückten den Schrei nach Gerechtigkeit. Er erkennt: In der täglichen Lebenspraxis stehen die Lebensgrundlagen der Befreiung und Gerechtigkeit auf dem Spiel.

  Da werden Fragen aufgekommen sein:
  - In welchen Lebenssituationen steht die Botschaft des Grundbescheides auf dem Spiel?
  - Welche Verhältnisse führen eine Verkümmerung oder Entstellung des Grundbescheides herbei?
  - Wer ist jetzt *vordringlich* Adressat des Grundbescheids?
  - Wie ist der Grundbescheid auszugestalten und neu zu akzentuieren, damit in dieser Situation seine Botschaft neu zur Geltung und zur Wirkung kommt?

  Auf dem Schnittpunkt dieser Wirkungsfaktoren kann man sich die Entstehung eines *Textes* (eine Zusammenstellung, Überlieferung, Umgestaltung...) vorstellen.

  Dem »Zeugen« wird klar, daß er jetzt reden muß, damit die Erinnerung an die Freiheits- und Gerechtigkeitstraditionen (Grundbescheide) nicht verkümmern, sondern ihre Sache sagen und zur Geltung bringen muß: Ein Text entsteht.

Geht man mit diesen Beobachtungen und Überlegungen an die Arbeit des Jahwisten heran, dann zeigen sich im Blick auf das gewählte Beispiel des Grundbescheids »Gott schafft Leben« (Schöpfung) drei Punkte, an denen seine Darstellung der Überlieferung in Gen 2 sich als Stellungnahme zu Problemen seiner Zeit verstehen läßt:

- Mit Nachdruck erzählt der Jahwist, daß »Adam« aus Staub gemacht ist; der für die frühe Königszeit typische Versuch verfügender Herrschaft von Menschen über Menschen muß sich in dieser Perspektive als lächerliche Anmaßung entlarven, vor allem, wenn sie sich auch noch als »gottgewollt« gebärdet.
- Mit gleichem Gewicht weist der Text darauf hin, daß der Lebensraum des Menschen als Garten geschaffen sei. Imperialismus und bürokratische Willkür müssen sich an dieser Aussage der Überlieferung messen lassen. Wer Macht mit Hilfe tötender Gewalt erringen und sichern will, muß sich vor dem Schöpfungsauftrag verantworten, der »Adam« die Aufgaben des Bebauens und Bewahrens und nicht der Vernichtung anweist.
- Die Orientierung an der faszinierenden Natur- und Machtreligion des Baalismus erweist sich als Verleugnung Jahwes, des guten Schöpfergottes, dem »Adam« sein Leben verdankt.

Exkurs: »Gefährliche Erinnerungen« bringen Dringlichkeiten zum Vorschein

Den Vorgang der kritischen Analyse will ich noch einmal etwas genauer rekonstruieren.

Die Erinnerung an die Gerechtigkeits- und Freiheitstraditionen zeigt dem »Zeugen«, daß die Traditionen in seiner Zeit entstellt und verdorben werden.

Andere Sichtweisen und Lebensmaßstäbe als die der Freiheit und Gerechtigkeit für alle machen sich breit. Am Beispiel des Jahwisten: Aus dem Geschöpf Gottes droht der »Herrenmensch« zu werden, aus dem Schalom-Garten ein Schlachtfeld; die dankbare Bindung an Jahwe, den Schöpfer, läuft Gefahr, in Baalismus umzuschlagen.

Die unter dieser kritischen Perspektive aufscheinenden Punkte bezeichne ich als Dringlichkeiten. Sie nötigen den Zeugen (»Autor«, Sprecher, Propheten), jetzt *so* zu reden.

Wie geht er vor?

Am Beispiel des Jahwisten zeigen sich charakteristische Grundzüge: Er erzählt vom Paradies und erinnert an die Lebensgaben, Freiheiten und Chancen, die Gott für alle bereithält. Aber diese Erinnerung ist keineswegs eine sentimentale Beschwörung einer versunkenen Idylle, sondern hat zwei kritische Funktionen, ganz im Sinne der »Gegenwelten«, die in Kapitel II.1 besprochen wurden:

- Einmal rückt der Zeuge vor Augen, daß diese Lebensgaben, die für alle bestimmt sind, von egoistischer Beanspruchung bedroht werden. Er muß sie neu zur Geltung bringen. (Eine ähnliche Funktion nehmen übrigens die von Jürgen Moltmann genannten »Richtpunkte« wahr – s.o. S. 73 f.: Es geht ihm um die Identifikation von Zuständen oder Verhaltensweisen in der Gegenwart, die die biblische Zusage der Freiheit gefährden, in denen sie darum vordringlich zur Geltung zu bringen sind.)
- Weiterhin schwingt die Warnung mit, die Lebensgaben nicht zu verspielen. Dies wird oft ausdrücklich formuliert, etwa wenn die Propheten vor der Vertreibung aus dem guten Land warnen (z.B. Am 7,17).
  Wir stoßen hier auf eine Vorstellung, die im Alten Israel verbreitet war: den Zusammenhang von Schuld und Schicksal. »Sünde« ist im Alten Testament nicht als ein quasi juristischer Begriff zu verstehen, einen Tatbestand festmachend, der eine nachträgliche Bestrafung erfordert. Sünde und ihre Folgen, Schuld und Schicksal liegen ineinander. Mit dem Tun des Unrechts gerät der Mensch in eine Zone des Unheils (Rad, 1987 a, S. 278 f. u.ö.). Die hebräische Sprache bringt das Ineinanderliegen des Sachverhalts, den wir durch die beiden Begriffe Sünde und Strafe auseinanderhalten, dadurch zum Ausdruck, daß sie dafür nur einen Begriff ('awon) verwendet.
  Vor allem die vorexilischen Gerichtspropheten haben diesen Zusammenhang immer wieder betont. Amos kündigt an, daß die Reichen in den Häusern, die sie aus den von den Armen erpreßten Geldern gebaut haben, niemals wohnen werden (Am 5,11). Alle vorexilischen Gerichtspropheten haben Israel angekündigt, daß es das gute Land verlassen muß, weil es durch Mißbrauch verdorben ist.

> »Bluttat reiht sich an Bluttat.
> Darum soll das Land verdorren,
> jeder, der darin wohnt, soll verwelken,
> samt den Tieren des Feldes
> und den Vögeln des Himmels;
> auch die Fische im Meer sollen zugrunde gehen«

heißt es bei Hosea im Blick auf das soziale Unrecht seiner Zeit (Hos 4,2 f.).

Später weitet sich diese Schreckensvision ins Kosmische: Der ganze Erdkreis wird unbewohnbar. Es kommt zu Aussagen, die man als »Anti-Schöpfungstexte« bezeichnen könnte (z.B. Jes 24,1-6 oder die Einleitung der priesterschriftlichen Sintflutgeschichte in Gen 6,11).
Auch dies Motiv läuft dann ins Neue Testament hinein, in die Seligpreisung von den Sanften, die das Erdreich besitzen sollen (Mt 5, 5).
Angesichts von Defiziten und Entstellungen der Überlieferung, die der Jahwist in seiner Zeit erlebt, gerät der Rückgriff auf den Grundbescheid der Schöpfung

zur »gefährlichen Erinnerung« (Metz). Sie deckt selbstverständlich gewordene und von vielen akzeptierte Verhaltensweisen und Verhältnisse als Verachtung und Verfehlung der von Gott für alle gedachten und allen zugeeigneten Lebensmöglichkeiten auf.

4.4 Was können die Grundbescheide für das Verständnis des Überlieferungs- und Auslegungsprozesses leisten?

Ich versuche noch einmal, die wichtigsten Merkmale und Funktionen zusammenzufassen.

a. Die Grundbescheide im biblischen Überlieferungsprozeß

- Grundbescheide sind konzentrierte Verdichtungen von geschichtlichen Erfahrungen mit dem Handeln Gottes; sie schließen eine Vielzahl von Erinnerungen und Geschichten ein.
- Sie sind keine Lehrsätze, sondern machen die heilvolle Geschichte präsent, sprechen Mut zu, fordern zum Engagement heraus. Darum stehen sie nicht für sich, sondern sind in konkrete historische Kontexte eingebettet und werden in ihnen wirksam; sie sind kontextorientiert.

Diesen Merkmalen wollen die Bezeichnungen »heilsgeschichtliche Abbreviaturen« oder eben »Grundbescheide« Rechnung tragen, die ich für diese Kurzformeln benutze.

Ich versuchte, am Beispiel der mutmaßlichen ursprungsgeschichtlichen Verhältnisse bei der Entstehung der jahwistischen Quellenschrift zu rekonstruieren, welche Funktion und Wirkung solche Grundbescheide in der Geschichte Israels gehabt haben könnten.

Sechs solcher Funktionen liegen nahe:

- Grundbescheide erinnern an heilvolle Tätigkeiten Jahwes zugunsten seines Volks und stellen die geschenkten Lebensmöglichkeiten vor Augen; damit fordern sie zur dankbaren Vergewisserung heraus.
- Sie zeigen damit praktische Lebensmodelle auf, die diesen Gaben entsprechen (z.B. das Paradies; das gute Leben der Befreiten in brüderlicher und schwesterlicher Gemeinschaft).
- Diese in den Grundbescheiden verschlossenen Modelle des von Gott geschenkten und gewollten Lebens sind oftmals den jeweils herrschenden tatsächlichen Verhältnissen entgegengesetzt; sie wirken daher kritisch und befreiend.
- Damit ist die Dynamik der Grundbescheide aber noch nicht erschöpft! Sie geben gleichzeitig Anstöße zu praktischen Veränderungen, die nicht in einem ethischen Appell aufgehen, sondern sich auf von Gott angefangene Prozesse, auf Zusagen und Verheißungen stützen können.

- Grundbescheide machen auf die universale Geltung der von Gott geschenkten Lebensmöglichkeiten aufmerksam. Schon in der frühen Königszeit war zu beobachten, daß aus der Freiheit *aller* die Freiheiten der privilegierten Klasse wurden. Dem stellen sich bevollmächtigte Sprecher wie der Jahwist oder auch der Prophet Nathan (vgl. 2 Sam 12, 1-14) entschieden entgegen: Freiheit ist für alle da!
- Diese zunächst innerhalb des Gottesvolks ausgerufene Universalität des Heils (die Lebensgaben sind für alle Mitglieder des Gottesvolkes da!) weitete sich dann in einen Welt-Horizont: Die Schöpfer-Gabe des Lebens im guten Lebensraum gilt allen Menschen.

b. Die Grundbescheide in der heutigen Rezeption

Im hermeneutischen Prozeß können sie fünf Funktionen wahrnehmen:

- Grundbescheide können nicht die Konsensfragen der Theologie lösen, aber sie können die Auslegung der Schrift auf elementare Glaubenserfahrungen konzentrieren.

  Karl Ernst Nipkow hat darauf aufmerksam gemacht, daß die Versuche, elementare Kategorien zu identifizieren, oft mit allzu hohen Erwartungen beladen wurden, insbesondere mit der Hoffnung, gleichsam die Basisformel der Theologie zu finden, der alle vernünftig Denkenden zustimmen müßten. Aber: »Das Elementarisierungsprogramm wird überfordert, wenn man meint, damit die Konsensfrage lösen zu können.« (Nipkow, 1982, S.198) Darauf deuteten bereits die Unterschiede hin, die sich hinsichtlich der Ausgangslage und der Zielvorstellungen bei den referierten Entwürfen (s.o. Kapitel II.3.2) zeigten. Und auch die »Grundbescheide« dürfen nicht den Anspruch erheben, ein hermeneutisches Passepartout gefunden zu haben. Ich wies schon einleitend darauf hin, daß auch andere Bestimmungen, Abgrenzungen und Zuordnungen denkbar sind. Aber man wird davon ausgehen dürfen, daß die Grundbescheide nicht ein nachträglich an die Überlieferung herangetragenes Kategorienschema darstellen, sondern an die Basis herankommen, auf denen die biblischen Texte selbst aufruhen. Sie bringen Grunderfahrungen zur Sprache, die die biblischen Menschen mit Gott gemacht haben, von denen her sie die Überlieferung weitergaben und gestalteten, in deren Licht sie neue Erfahrungen im Glauben deuteten. Damit können sie auch heute im Prozeß der verstehenden Aneignung von Tradition die Auslegung auf diese Grunderfahrungen hin zentrieren. Dabei geht es nicht einfach um die Verbindung von Texten und Grundbescheiden im Interesse der Einordnung in ein Schema, sondern die Grundbescheide können durchaus die Auslegung deutlich beeinflussen:

  Beispiel 1: Die schlechte Auslegungstradition des »Schöpfungsauftrags« (Gen 1,28) als Ermächtigung zu schrankenloser Ausbeutung wird kritisch korrigiert durch den Grundbescheid »Gott schafft Leben«, der eindeutig einschließt, daß der gute Lebensraum »für alle« da ist und bewahrt werden muß.

Beispiel 2: In der Feministischen Hermeneutik wird das Prinzip der »innerbiblischen Korrektur« vertreten; es besagt, daß patriarchale Traditionen in der Bibel (z.B. das berühmte »Das Weib schweige« Eph 5,21-23) durch andere Texte kritisiert und korrigiert werden. Der Grundbescheid »Gott befreit die Unterdrückten« läßt nach solchen Alternativtexten Ausschau halten, die Befreiung der Frau ansagen, z.B. Gal 3,28.
Bei einer solchen »Zentrierung« von Texten auf einen Grundbescheid hin sollten zwei Gesichtspunkte beachtet werden:

- Grundbescheide haben sich in ihrer Geschichte mit immer neuen Erfahrungen und Erkenntnissen angereichert. Werden sie bei der Auslegung eines Einzeltextes herangezogen, um ihn zu »zentrieren«, können folgerichtig nur die Aspekte des Grundbescheids berücksichtigt werden, die in der Entstehungssituation des Textes bereits entfaltet waren. (Beispiel: Ein alttestamentlicher Text über die Gottesherrschaft, z.B. Dtn 26, 1-11, sollte in der Auslegung nicht mit Gedanken aus den Reich-Gottes-Gleichnissen Jesu interpretiert werden; allerdings kann es sehr interessant und erkenntnisfördernd sein, den weiteren Weg des Grundbescheids durch die Bibel zu verfolgen.)
- Grundbescheide dürfen den Texten nicht normativ vorgegeben werden, sondern müssen offen und aufgrund neuer Erkenntnisse und Erfahrungen erweiterbar und revidierbar bleiben.

– Grundbescheide können die biblische Überlieferung als Nachrichten erschließen, die heute betreffen.
Die sprachliche Ausformung der Grundbescheide als »heilsgeschichtliche Abbreviaturen« zielt auf die Erkenntnis, daß die biblischen Texte nicht Feststellungen und in Sätzen formulierte Wahrheiten enthalten, sondern daß sie geschichtliche Erfahrungen von Menschen in konkreten Lebenszusammenhängen bündeln. »Auslegung« ist also letztlich nicht das Geschäft der Feststellung und Vermittlung von Sätzen über Gott, sondern intendiert den Versuch, mit *den* Menschen in ein Gespräch einzutreten, deren heilsame Erfahrungen die Texte aufbewahren, um dann zu fragen, ob die Grundbescheide auch für uns heute »gute Nachrichten« sein können. Darin ist allerdings die Bereitschaft inbegriffen, auch solche Nachrichten als heilsam entgegenzunehmen, die unser gewohntes (christliches) Selbstverständnis radikal in Frage stellen.
Voraussetzung für ein solches Gespräch mit dem Text ist, daß das Prinzip der »Kontextorientierung« nicht nur die Auslegung des geschichtlichen Ursprungs leitet, sondern auch die heutige Rezeption. Erst wenn die Situation des Auslegers mit den gleichen kritischen Fragen wie die Ursprungssituation des Textes analysiert wird, trifft der Text. Das zeigte sich vor allem in der Auslegung der Relectura; hier werden – nach der treffenden Formulierung von Ingo Baldermann – »politische Erfahrungen ... Schlüssel zu biblischen Texten« (Baldermann, 1984).
– Grundbescheide regen dazu an, die Auslegung biblischer Texte als elementares Gespräch zu entdecken.

Die Orientierung an verdichteter Erfahrung lehrt, die Auslegung als Gespräch zu begreifen: Die heute um Verstehen bemühten Leser kommen mit den Menschen ins Gespräch, die in und hinter den biblischen Texten mit ihren Erfahrungen zur Sprache kommen. Damit gewinnt die Kompetenz des theologischen »Laien« erneut Gewicht; denn er fragt nicht historisch distanzierend, sondern betroffen und gesprächsbereit; diese bereits vor 30 Jahren von H.G.Bloth herausgearbeitete hermeneutische Qualität der »Laienfrage« hat Nipkow wieder ins Gespräch gebracht (Nipkow, 1982, S. 201 ff.). Damit zeigt sich in einem ganz anderen Zusammenhang die konstitutive Bedeutung der betroffenen Interaktion, die bei verschiedenen hermeneutischen Konzepten maßgebend ist.

Diese Feststellung bestreitet nicht die Notwendigkeit wissenschaftlicher Erforschung der biblischen Überlieferung, aber sie weist ihr den gebührenden Platz an: Sie ist eine Hilfswissenschaft für das elementare Auslegungsgespräch, die dafür sorgt, daß der Text nicht vorschnell in Anspruch genommen wird, sondern seine Eigenständigkeit bewahrt.

– Grundbescheide lösen die Frage nach den Erfahrungs- und Konfliktfeldern aus, in denen heute biblische Texte zur Sprache und zur Sache kommen wollen.

  Im biblischen Zusammenhang schließen die Grundbescheide immer die Möglichkeit ein, daß die Menschen die Heilsgaben mißbrauchen und verderben. Dies wirkte sich vermutlich so aus, daß die Tradenten und Gestalter der Überlieferung in ihrer historischen Situation nach den »Dringlichkeiten« fragten, in denen die überkommenen Grundbescheide neu zur Geltung kommen wollen. Damit sind auch die heutigen Leser und Hörer herausgefordert, biblische Texte nicht nur zu interpretieren und in den religiösen Bestand einzuordnen, sondern betroffen nach den »Dringlichkeiten« für uns und unsere Zeit zu fragen; eine ähnliche Funktion nehmen die von Moltmann formulierten »Richtpunkte« wahr (s.o.). Damit gewinnt die Auslegung eine Verbindlichkeit, die dem Leser keine neutrale »Zuschauerhermeneutik« mehr gestattet, sondern ihn herausfordert, »Täter des Wortes« (Jak 1,22) zu werden.

– Die Grundbescheide geben der Erfahrungsdimension im Auslegungsprozeß noch einmal tiefere Qualität, lassen ihr Profil kantiger hervortreten.

  Erfahrungsbezogene Lektüre ist die Erinnerung an die Befreiungserfahrungen von Menschen in biblischer Zeit. Die Besitzlosen und Unterdrückten vernahmen den Ruf der Freiheit, die Besitzenden und Unterdrücker den prophetischen Ruf zur Umkehr.

  Diese Unterscheidung ist auch heute der wichtigste hermeneutische Schlüssel zum Verständnis der Schrift. Die europäischen Bibelleser müssen ihre Situation selbstkritisch in Erfahrung bringen, ihren Standort als Besitzende und Unterdrücker einnehmen und sich in die biblische Geschichte an der Seite der Pharaonen und Philister, der Könige und Besatzer, der Reichen und Selbstgerechten eintragen.

Verweigern sie sich (wir uns!) dem prophetischen Ruf zur Umkehr, verstummt die biblische Stimme, verweigert die Geschichte sich der Erinnerung. Aber erst, wer eine authentische, aufrichtige Erinnerung an seine Geschichte hat, kann neue Erfahrungen machen; »ohne Aufdecken der Gegenwart mit ihren geschichtlichen Wurzeln gibt es kein Entdecken der Zukunft« (G. Lukács).

Die Bedeutung der Grundbescheide im bibel*didaktischen* Zusammenhang werde ich in Kapitel II.3.4 ausführen.

Kapitel 3
Schülern die Bibel erschließen

1 Kurzer historischer Abriß

Vorbemerkungen

Die bibeldidaktischen Überlegungen beginnen mit einem historischen Abriß. Auf den ersten Blick mag dies als ein Umweg erscheinen, der eher die Funktion einer Pflichtübung erfüllt – zumal genügend solide Darstellungen vorliegen (z.B. Langer, 1966; Gloy, 1969; Wegenast, 1973; Dross, 1981; Ott, 1987; Wegenast, 1987). Sollen die bibeldidaktischen Reflexionen aber nicht unter perspektivischer Unschärfe leiden, ist ein Blick auf die Entwicklungen der letzten 40 Jahre unabdingbar. Es sollte verständlich werden, auf welchem Hintergrund didaktische Entscheidungen formuliert wurden, worauf sie sich stützen, woran sie anknüpfen, wovon sie sich abgrenzen.
Die Darstellung geht an den Konzeptionen des Religionsunterrichts entlang, die im Zeitraum von 1945 bis in den Anfang der 70er Jahre entwickelt wurden; sie wird sich auf die Nachzeichnung weniger Grundlinien beschränken müssen, die für das Verständnis des biblischen Unterrichts wichtig sind.

1.1 Religionsunterricht unter dem Anspruch kirchlicher Verkündigung

a. Evangelische Unterweisung und kerygmatischer Religionsunterricht

Das Konzept der Evangelischen Unterweisung entstand im Bereich der *evangelischen Kirchen* nach dem Ende der faschistischen Diktatur und ihres ideologischen Überbaus mit dem Anspruch, den Religionsunterricht und die Schule im ganzen von Überfremdung durch Ideologien zu befreien. Das sollte durch eine konsequente Orientierung am richtenden und vergebenden Wort Gottes geschehen. Aufgabe des Unterrichts war es nach diesem Konzept, dies Wort zu verkündigen und die Schüler im rechten Umgang mit dem Evangelium zu unterweisen.

Wichtige Vertreter dieses Konzepts, das seine Wurzeln in der 30 Jahre zuvor entstandenen Dialektischen Theologie hat, sind: Martin Rang, Oskar Hammelsbeck und vor allem Helmuth Kittel. Kittel grenzte in seiner programmatischen Schrift »Vom Religionsunterricht zur Evangelischen Unterweisung« (1947) das neue Hören auf das Evangelium von einer psychologisierenden und moralisierenden Verzweckung der Bibel ab, wie sie nach seiner Auffassung den »Religionsunterricht« kennzeichnete. Jetzt aber sollte es nicht mehr darum gehen, die Kinder zu unterrichten, sondern sie »unter das Evangelium zu richten«, wie es schon 1939 Hammelsbeck einprägsam formulierte (Hammelsbeck, 1939). Die Bibel, das »Wort Gottes«, galt als Grundlage des schulischen Religionsunterrichts, die als absolute Autorität nicht zu hinterfragen oder kritisch zu verstehen sei.

Die Ausrichtung am Evangelium fand ihren Ausdruck in der personalen Bindung des Lehrers an die Kirche; sie betraute den Unterrichtenden mit dem Amt der Verkündigung. Folgerichtig verstand sich der Lehrer als Bekenner, Zeuge und Missionar. Die Schüler wurden als getaufte Christen angesprochen, die im rechten Umgang mit dem Evangelium unterwiesen und in die Gemeinde eingewiesen werden wollten.

Das Selbstverständnis der Evangelischen Unterweisung normierte die Auswahl der Inhalte. Das belegt der »Lehrplan für die Evangelische Unterweisung an Volksschulen« von Ilse Peters, der der Programmschrift Kittels beigefügt ist. Es waren fast ausschließlich biblische Geschichten vorgesehen; hinzu kamen ausgewählte Abschnitte der Kirchengeschichte und Beispiele kirchlichen Lebens. In der Grundschule folgte die Anordnung der Stoffe dem Kirchenjahr.

Die Jesusüberlieferung bildete das Zentrum der biblischen Unterweisung; alttestamentliche Texte waren vor allem auf die Grundschule konzentriert. Das 1. Schuljahr begann mit der Urgeschichte, wobei besonderer Nachdruck auf den Sündenfall gelegt wurde, um die Erlösungsbedürftigkeit der Menschen zu zeigen. Immer wieder wird als Ziel erkennbar, die Texte der Hebräischen Bibel als Vorbereitung auf das Neue Testament einzuführen.

Im Blick auf die Methodik hatte Kittel postuliert: »Der Mannigfaltigkeit der Unterrichtsmethoden steht der ev. Lehrer in ev. Freiheit gegenüber.« (Kittel, 1947, S. 20 f.) In der Praxis herrschten dann aber doch die Methoden vor, die dem Hören und Einüben des Wortes, der Einstimmung in das christliche Leben und der Einweisung in die Gemeinde dienten. Das läßt sich besonders deutlich an dem weit verbreiteten und in sechs Auflagen erschienenen Grundschul-Religionsbuch »Laßt die Kindlein zu mir kommen« ablesen (Brenne, 1963). Die einzelnen Einheiten enthielten jeweils folgende Elemente:

- Erzählung der biblischen Geschichte, oft verbunden mit einem Bild
- Lieder
- Gebete
- Memorierstoff (»Merke und behalte«).

Die Religionsstunde wurde wie ein Gottesdienst aufgefaßt, der gleichzeitig auch erwünschte Einstellungen und Verhaltensweisen befestigt (»Ein gutes Kind gehorcht geschwind!«).

In der *katholischen Religionspädagogik* ist eine durchaus vergleichbare Entwicklung zu beobachten, aber einzelne Problemstellungen und Akzente unterscheiden sich deutlich von der Evangelischen Unterweisung.
Da ist zunächst eine gänzlich andere Ausgangslage. Während die Evangelische Unterweisung gegen einen inhaltsleer gewordenen und pädagogisch instrumentalisierten Religionsunterricht die neue Orientierung an der Schrift proklamierte, hatte sich die katholische Religionspädagogik mit der erstarrten Theologie und Didaktik neuscholastischer Systematik auseinanderzusetzen. Diese konzentrierte sich darauf, die kirchliche Lehre systematisch zu gliedern und sachlogisch zu ordnen. Ein erster Versuch der stärkeren Ausrichtung an den Verstehensmöglichkeiten des Kindes ist in der »Methodenbewegung« zu erkennen; sie setzte auf die Dauer aber keine wirksamen Impulse zu einer Belebung des Religionsunterrichts frei. Diese gingen vielmehr von der Frage nach der zentralen Mitte des Unterrichts aus (»Materialkerygmatische Frage«).
Die bahnbrechenden Antworten auf diese Frage der katholischen Religionspädagogik formulierte bereits in der Mitte der 30er Jahre Josef Andreas Jungmann (Jungmann, 1936): Predigt und Unterricht hätten nicht eine formalisierte Lehre zu vermitteln, sondern die Frohe Botschaft (das Kerygma) zu verkünden. Damit waren die entscheidenden Stichworte gefallen, die in den nächsten 30 Jahren die katholische wie auch die evangelische Religionspädagogik bestimmten: Die Sache der Unterweisung ist die biblische Botschaft; und: Es geht zentral nicht um Belehrung, sondern um Verkündigung.
Diese Anstöße lösten nachhaltige Bemühungen um die Begründung und Ausarbeitung eines eigenständigen biblischen Unterrichts aus: Die Schrift sollte nicht mehr moralischen oder lehrhaften Zwecken dienstbar gemacht werden, sondern in ihrer Eigenständigkeit als der eigentliche Inhalt der Unterweisung zur Geltung kommen. Wie hängen nun Verkündigung und Unterweisung zusammen? Diese Problemstellung – in der katholischen Religionspädagogik auch als »formalkerygmatische Frage« diskutiert –, bestimmte die Diskussion. Vor allem Theoderich Kampmann (Kampmann, 1960, 1962 und 1965) war um präzise Differenzierung bemüht. Für ihn war die schulische Unterweisung keine »existenzneutrale Information«, aber auch keine Verkündigung im Sinne der kirchlichen Wortverkündigung, sondern als deren »Interpretation, ihre Verdeutlichung und Erklärung« zu verstehen (Kampmann, 1965, S. 24 ff.). Gleichzeitig entwarf Kampmann Grundlinien einer Hermeneutik, die dem kerygmatischen Ansatz adäquat ist. Er nannte zwei Tätigkeiten der Auslegung und Vermittlung:
– Ermittlung des Skopus (Kern; zentrale Aussage) eines Textes, von dem aus der Prozeß der Verkündigung oder Unterweisung in Gang kommt.

- Versuch der Aktualisierung im Sinne der existentiellen Aneignung (Kampmann, 1962, S. 26 ff.).

Wie sieht nun die Umsetzung dieser konzeptionellen Arbeit in die Unterrichtspraxis aus?

Da ist zunächst der »Rahmenplan für die Glaubensunterweisung« (Rahmenplan, 1967) zu nennen. Sein Grundmuster beruhte auf der Zuordnung von biblischen Textblöcken zu den Lehrstücken des Katechismus und zu den Zeiten und Themen des Kirchenjahrs. Dabei ist nicht zu übersehen, daß Einweisung in das Leben mit Kirche und Katechismus noch immer dominierten; oftmals nahmen die biblischen Teile die Funktion des »Anschauungstextes« (S. 21) für die jeweiligen Stoffe wahr.

Weit verbreitet war das »Glaubensbuch« für das 3. und 4. Schuljahr (Glaubensbuch, 1963). Es gliederte sich in drei große Abschnitte: aus den Schriften des Alten Bundes, aus den Schriften des Neuen Bundes, vom christlichen Leben. Die einzelnen Lektionen waren so aufgebaut, daß der Nacherzählung des Bibelabschnitts eine kurze deutende Zusammenfassung folgte. Es schlossen sich Fragen an, die die Wiedergabe des Gelesenen verlangten. Unter dem Stichwort »Merke« wurden knappe Sachinformationen zusammengefaßt. Gelegentlich wurde eine erbauliche oder moralische Anwendung formuliert (»Für mein Leben«). Insgesamt zeigte sich im Rahmen des kerygmatischen Unterrichts eine deutliche Tendenz, das Profil eines eigenständigen biblischen Unterrichts zu gewinnen.

b. Kritische Anfragen – bleibende Bedeutung

Das Konzept der Evangelischen Unterweisung ist energisch kritisiert worden. Hier ist nicht der Ort, diese Kritik im einzelnen zu referieren. Es seien nur wenige, für die Didaktik des biblischen Unterrichts wichtige Aspekte hervorgehoben:

- Die Identifikation des überlieferten Bibeltextes mit dem »Wort Gottes« ist theologisch nicht haltbar und brachte schwerwiegende Mißverständnisse mit sich, vor allem die Abschirmung der Überlieferung gegen kritische Auseinandersetzung und die Ableitung autoritativer Verhaltensnormen aus der Bibel. – Diese autoritäre Sicht stützte sich auf das Bild eines gebieterischen Gottes, dem die Menschen im Bewußtsein ihrer Sünde gehorsam zu dienen haben.
- Der Lehrer war mit der ihm zugedachten Rolle des Verkündigers und Missionars weit überfordert.
- Die Schüler wurden nur als gläubige Glieder der Gemeinde verstanden und damit – wohl auch schon in der Nachkriegszeit! – in ihren realen Lebensverhältnissen und konkreten Problemen nicht ernstgenommen, so daß sie keine Chance hatten, die biblische Überlieferung als Angebot hilfreicher Lebens- und Glaubensorientierung zu erfahren.

An das Konzept des kerygmatischen Unterrichts wird man die gleichen grundsätzlichen kritischen Anfragen richten wie an die Evangelische Unterweisung. Darüber

hinaus ist nicht zu übersehen, daß die biblischen Texte sich oftmals dem Zugriff lehrhafter oder liturgischer Verzweckung kaum entziehen konnten.
Bei aller Berechtigung der kritischen Rückfragen an die beiden Konzepte darf nicht übersehen werden, daß sie grundlegende Zielvorstellungen und Aufgaben des biblischen Unterrichts zur Geltung brachten, die aus meiner Sicht bis heute unaufgebbar sind, vor allem:

- Die »Sache« des Religionsunterrichts ist die biblische Überlieferung.
- Der biblische Unterricht kann sich nicht mit einer distanzierten Information über geschichtliche Sachverhalte begnügen; seine Inhalte fordern zur engagierten Auseinandersetzung und zur persönlichen Stellungnahme heraus.

1.2 Von der Verkündigung zur Auslegung – hermeneutischer Religionsunterricht

Schon ein gutes Jahrzehnt nach Kittels Programmschrift erschienen zwei Bücher, die den Religionsunterricht und damit auch den biblischen Unterricht völlig veränderten: Martin Stallmanns »Christentum und Schule« (Stallmann, 1958) und die »Studien zur Auslegung der synoptischen Evangelien im Unterricht« von Hans Stock (H. Stock, 1959). Jedes steht für einen charakteristischen konzeptionellen Neuansatz: die neue schultheoretische Begründung des Religionsunterrichts und die neue Orientierung des Bibelunterrichts an der exegetischen Forschung.

a. Begründung des Religionsunterrichts im Kontext der Schultheorie

Ein maßgeblicher Anstoß für die Entwicklung der neuen religionspädagogischen Theorie ging von gesellschaftlichen Veränderungen aus: Der Konsens über die Geschlossenheit eines christlichen Gemeinwesens war durch das Verständnis einer demokratisch-pluralistischen Gesellschaft abgelöst worden. Damit aber konnte die kirchliche Grundlage eines konfessionellen Religionsunterrichts in der öffentlichen Schule nicht mehr zufriedenstellen; er mußte sich fortan im Rahmen der allgemeinen Bildungsziele und Aufgabenbestimmungen der Schule legitimieren.
Die schultheoretische Diskussion war durch die geisteswissenschaftliche Pädagogik geprägt (wichtige Vertreter: W. Flitner, O.F. Bollnow, später auch W. Klafki). Ihre Grundthese: In der Auseinandersetzung mit der europäischen geistesgeschichtlichen Tradition, der Überlieferung, vernimmt der Lernende einen Anspruch; er wird herausgefordert, die Frage nach sich selbst zu stellen und seine Antwort zu finden.
Es geht also nicht um ein rückwärtsgewendetes Konzept im Sinne einer Einweisung in die Tradition, sondern um ein dialogisches Verhältnis: Der Lernende befragt die Überlieferung und sieht sich gleichzeitig von ihr in Frage gestellt. Indem die

Überlieferung »an-geht und übernommen wird, wird sie neugeformt, und darin besteht ihre die Gegenwart erhellende Hilfe« (Otto, 1964, S. 39).
In diesem Zusammenhang fand der Religionsunterricht beinahe wie von selbst seinen Ort; denn sein zentrales Thema ist ja die von der geisteswissenschaftlichen Pädagogik ins Zentrum gerückte Überlieferung. Da die europäische geistesgeschichtliche Tradition weitgehend vom Christentum geprägt ist, gehört die Auseinandersetzung mit ihm notwendig in einen Prozeß hinein, in dem der Heranwachsende lernen soll, sich aus seiner Geschichte heraus zu verstehen.
Bei dieser Einmessung des Religionsunterrichts in die Schule nahm Stallmann nun eine bedeutsame Differenzierung vor: In der Schule geht es um das Christentum als geschichtliche Manifestation des Glaubens. Darum zielt der Unterricht nicht auf Verkündigung – sie hat ihren Ort in der Kirche –, sondern auf verstehende Auslegung der Tradition. Hierbei erfährt der junge Mensch sich als ein radikal Gefragter, als ein Mensch, der zur existentiellen Entscheidung herausgefordert ist.
Der Religionsunterricht verstand sich im Rahmen des von Stallmann entwickelten und von Otto weitergeführten Konzepts also nach wie vor zentral als biblischer Unterricht, gegenüber dem seitherigen Verständnis aber mit einer grundlegend veränderten Zielsetzung.
Wie jedoch kann christliche Tradition so ausgelegt werden, daß der in ihr verschlossene Ruf zur Entscheidung vernehmbar wird? Mit diesem Problem hat sich Hans Stock auseinandergesetzt.

b. Die Orientierung des hermeneutischen Religionsunterrichts an der exegetischen Forschung

Hans Stock forderte in seinen »Studien zur Auslegung der synoptischen Evangelien im Unterricht« (H. Stock, 1959) entschlossen die Einbeziehung Historisch-Kritischer Fragestellungen und Methoden in den biblischen Unterricht und löste diese Forderung zugleich überzeugend ein. Diese Orientierung an der exegetischen Wissenschaft zielte jedoch nicht einfach auf eine Verwissenschaftlichung schulischen Lernens, sondern verfolgte das Interesse, »durch geschichtliche Erklärung die sachlichen Grundzüge der Verkündigung in ihrem originalen Anspruch verstehbar zu machen... Die Sachinterpretation im Sinn exemplarischen Verstehens ist soweit voranzutreiben, daß die Schüler von selbst die Bezugnahme der aussagenden Erzählung auf die eigene Existenz heraushören« (H. Stock, 1959, S. 46 f.).
Die Nähe dieses Ansatzes zum Programm der Entmythologisierung oder besser gesagt: zur Existentialen Auslegung, wie sie in Band 1 (Kapitel II.2) skizziert wurde, ist mit Händen zu greifen. Sie geht ja von der Grundannahme aus, daß in heutigen Lebensfragen und biblischen Texten die gleichen Existenzerfahrungen erscheinen und daß die biblische Überlieferung befreiende Lebensperspektiven (das Kerygma) bereithält. Diese kommen aber nur ans Licht, wenn die Texte nicht

nach objektiv feststellbaren Sachverhalten befragt werden, sondern auf ihr Existenzverständnis hin ausgelegt werden. Die Existenzerfahrungen waren meistens in Form sehr allgemeiner »Existentialien« gefaßt wie: Angst, Sorge, Geschichtlichkeit, Glaube.

Das Konzept des hermeneutischen Religionsunterrichts deckte drei wichtige religionspädagogische Zielbereiche ab:

- Es bahnte ein sachgemäßes Verstehen der biblischen Überlieferung an, das ihrer kerygmatischen Stoßrichtung gerecht wird. (Natürlich werden die Begriffe »Kerygma« und »kerygmatisch« hier ganz anders verwendet als im Rahmen des oben beschriebenen »kerygmatischen Religionsunterrichts«: Dort bezeichnet der Terminus »kerygmatisch« die katechetischen Absichten des Unterrichts: Er soll unmittelbar verkündigen. Im hermeneutischen Religionsunterricht geht es darum, das in den biblischen Texten verschlossene Kerygma durch Auslegung freizubekommen und die Schüler mit seinem Anspruch zu konfrontieren.)
- Es trug dem kritischen Denken Rechnung, das als ein wichtiges Ziel schulischen Lernens anerkannt war und in allen Schulfächern gefördert wurde.
- Es stellte sich dem Anspruch wissenschaftlicher Reflexion, der in der modernen Schultheorie für alle Fächer gefordert wurde.

Eine spezifische Ausarbeitung des hermeneutischen Ansatzes hat Ingo Baldermann entwickelt (Baldermann, 1963 und 1969). In Abgrenzung gegen eine nur theologisch inhaltliche Befragung der biblischen Texte einerseits und eine Historisch-Kritische Vorgehensweise andererseits orientierte er sich an der Beobachtung der sprachlichen Form biblischer Überlieferung, die ihm als hermeneutischer und didaktischer Schlüssel diente. Dabei ging es ihm keineswegs um eine formale Analyse, sondern um das Erspüren der »Existenzbewegung der Sprache, die sich in den Texten vollzieht« (Baldermann, 1963, S. 36). Zur Weiterentwicklung dieses Ansatzes bei Baldermann vgl. Kapitel II.3.2.

In der *katholischen Theologie* und *Religionspädagogik* erfolgte die Rezeption und Umsetzung des neuen hermeneutisch-didaktischen Programms verhältnismäßig vorsichtig (vgl. vor allem die Überblicksdarstellungen bei Langer, 1966, und Stachel, 1967/68; knapp zusammenfassend: Ott, 1987, S. 229). Uneingeschränkt wurde die Notwendigkeit einer wissenschaftlich fundierten und Historisch-Kritisch vorgehenden Schriftauslegung anerkannt; dabei sei aber »pseudowissenschaftlicher positivistischer Aberglaube zu vermeiden, der nur das kritisch zu Sichernde für wahr hält«. Unter Beachtung dieser Einsicht »ist dann sowohl beim Alten als – in begrenztem Umfang – beim Neuen Testament eine maßvolle Entmythologisierung möglich« (Stachel, 1967/68, S. 85 f.). Vor allem aber wurde am Grundsatz festgehalten: »Schriftauslegung ist eine in der Kirche zu leistende Aufgabe… Das ›Vorverständnis‹ bei der Auslegung der Schrift ist auch und vor allem ein Vorverständnis der Kirche.« Zwar ist auch dieses immer wieder kritisch zu reflektieren und an der Schrift zu überprüfen; aber letztlich gilt: »Nur wer – in und durch die

Kirche – am Geist des Herrn partizipiert, hat die gehörige ›Freiheit‹ (2 Kor 3,17 f.) zur Schriftauslegung.« (Stachel, 1967/68, S. 86-91)
Eine spezifische Variante des hermeneutischen Religionsunterrichts in der katholischen Religionspädagogik kennzeichnet der Begriff der *»Daseinshermeneutik«* (vgl. Esser, 1973). Die hermeneutische Bemühung richtete sich hier nicht (in erster Linie) auf die Erschließung der Überlieferung, sondern auf das Verstehen des menschlichen Lebens als Frage nach Sinnorientierung.

c. Biblische Texte in der Praxis des hermeneutischen Unterrichts

Das Konzept des hermeneutischen Unterrichts hat kaum einen erkennbaren Niederschlag in Lehrplänen gefunden, zumindest nicht das Konzept der existenzbezogenen Auslegung und Aneignung der Überlieferung. Die von der Evangelischen Unterweisung bzw. dem kerygmatischen Unterricht beeinflußten Richtlinien blieben bis weit in die 70er Jahre maßgebend. (Dieser Verzögerungseffekt zwischen theoretischem Fortschritt und – amtlicher – Praxis des Unterrichts läßt sich übrigens oft genug in der Schulgeschichte beobachten!)
Die unterrichtliche Konkretion läßt sich besonders gut an einem evangelischen Unterrichtswerk ablesen, an dessen Konzeption und Bearbeitung Baldermann maßgeblich beteiligt war (Arbeitsbuch: Religion. 1/2: 1973; 3/4: 1975). Folgende Merkmale sind charakteristisch:

- Es verschränken sich im Gesamtaufbau der Bücher biblische und thematische Unterrichtssequenzen (z.B.: »Gottes Herrschaft«; »Krieg und Frieden«).
- Auch die biblischen Themen setzen häufig bei Erfahrungen der Schüler an; sie erhalten jedoch oft nur die Funktion einer »Hinführung« zum Text; die Gefahr der Manipulation ist nicht ausgeschlossen.
- Die biblischen Texte werden gründlich bearbeitet; die Schüler werden zum eigenständigen Umgang mit Überlieferung angeleitet.

Nach ähnlichen Grundsätzen ist das evangelische Werk »Aufbruch zum Frieden« aufgebaut (1973 ff.).

Exkurs: Alttestamentliche Texte im Konzept des hermeneutischen Religionsunterrichts

Die Orientierung an den Optionen der Existentialen Hermeneutik führte insgesamt eine gewisse Abwertung der Hebräischen Bibel mit sich (vgl. dazu die Ausführungen in Band 1, Kapitel II.2). In der Tat hat Stock sich kaum mit alttestamentlichen Texten befaßt, sondern sich ganz auf das Jesus-Kerygma konzentriert. Und auch bei Stallmann kam es nur gelegentlich zur Auslegung von Abschnitten aus dem Alten Testament – und dann in charakteristischer Perspektive. In seiner religionspädagogischen Auslegung der Josephserzählung notiert er: »In der Josephsgeschichte geschieht eine Verkündigung, die ihren Sinn in der Geschichte des Volkes hat. Sie ist nicht Evangelium für die Sünder aus aller Welt …, die Verlorenheit des Menschen und die Unerkennbarkeit Gottes treten in einer Weise vor den Leser, daß er auf Grund seiner Kenntnis des Neuen Testaments den Appell zum Glauben, das ›Du sollst‹ des Glaubens vernehmen kann.« (Stallmann, 1963, S. 173). Hier wurde also die Hebräische Bibel auf dem Hintergrund des Schemas »Gesetz – Evangelium« als eine vorläufige, gebrochene Äußerung des Glaubens (miß-)verstanden und abgewertet.

d. Kritische Anfragen – bleibende Bedeutung

Auch das Konzept des hermeneutischen Unterrichts ist nachhaltig kritisiert worden; vor allem drei Einwände wurden immer wieder vorgetragen.
Der hermeneutische Unterricht hat ein Übergewicht an exegetischen und historischen Themen; gelegentlich hat es den Anschein, als hätten sich die Verfahren der kritischen Auslegung, die ja dazu dienen sollen, in der Überlieferung das Kerygma freizulegen, sich verselbständigt, als ginge es nun darum, die Schüler zu »Mini-Exegeten« auszubilden.
Er trifft mit seinen sehr allgemeinen Kategorien der Existenzerhellung (Angst, Sorge…) nicht die konkrete Lebens- und Erfahrungswelt der Schüler; diese wäre u.a. durch psychologische und soziale Analysen zu erschließen.
Er entgeht mit seiner Konzentration auf die Selbstfindung des einzelnen Individuums nicht der Gefahr der individualistischen Engführung unter Vernachlässigung gesellschaftlich-politischer Probleme.
Dennoch hat dies Konzept wichtige Grundsätze formuliert, hinter die eine reflektierte Bibeldidaktik m.E. nicht mehr zurückgehen kann:
Die Auseinandersetzung mit Überlieferung muß sich – wie der Religionsunterricht im ganzen – im Rahmen der allgemeinen Bildungsziele ausweisen.
Ziel der Auslegung von biblischen Texten ist das Angebot einer Lebensorientierung für die Schüler, ihre methodische Grundlage ist die theologische Wissenschaft.

1.3 Biblische Didaktik im Rahmen des problemorientierten Religionsunterrichts

a. Kritischer Neueinsatz

Einen deutlichen Einschnitt in der Entwicklung des Religionsunterrichts in den letzten 40 Jahren markiert der 1966 erschienene Aufsatz »Muß die Bibel im Mittelpunkt des Religionsunterrichts stehen?« von Hans Bernhard Kaufmann (Kaufmann, 1966. – Der folgende Text greift teilweise auf meinen 1987 erschienenen Aufsatz zurück, der die Entwicklung und bibeldidaktische Konzeption des problemorientierten Religionsunterrichts darstellt: Berg, 1987). Kaufmann kritisierte in sechs Thesen jene Unterrichtspraxis, die in Folge der Evangelischen

Unterweisung (bzw. des Kerygmatischen Unterrichts in der katholischen Religionspädagogik) biblische Texte in didaktischer Monokultur traktierte. Seine eigene hermeneutische Position erhellt sich aus seiner Erläuterung zur 3. These: »Didaktisches Denken im Religionsunterricht fragt nicht danach, wie ›christliche Stoffe‹ vermittelt werden können, sondern woraufhin ein Gegenstand ausgelegt werden muß, damit junge Menschen seinen Anspruch vernehmen können, und zugleich woraufhin junge Menschen angesprochen werden müssen, damit die Frage nach Gott ihre eigene Frage und Erfahrung werden kann.«

Mit dieser These forderte Kaufmann, das Konzept des hermeneutischen Religionsunterrichts für die Praxis einzulösen; denn dort geht es ja um die wechselseitige Erschließung von heutigem existentiellem Fragen und der Überlieferung.

b. Paradigmenwechsel

Aber die Frage nach der Auswahl und Verbindlichkeit der Inhalte des Unterrichts blieb in dieser These noch ungestellt.

Ansätze einer kritischen Sicht sind in Kaufmanns Erläuterung zur ersten These zu erkennen. Hier setzte er sich mit der »traditionsgeleiteten Orientierung theologischen und kirchlichen Denkens« auseinander, das »die Maßstäbe zur Entscheidung der Gegenwartsprobleme allein aus der Tradition ableitet, die normativen Charakter erhält, anstatt sie als geschichtliche Herkunft und als Material möglicher Selbst- und Weltorientierung angesichts der zu verantwortenden Zukunft zu verstehen.«

Die Frage nach der Bedeutung und Funktion der Lerninhalte war bereits als ein Brennpunkt der allgemein-didaktischen Diskussion ins öffentliche Bewußtsein getreten. Exemplarisch sei die aufsehenerregende Untersuchung von Saul Robinsohn genannt (Robinsohn, 1967), der den traditionellen Vorrang der Inhalte bei der Bestimmung der Bildungsziele radikal in Frage stellte.

Hier bahnte sich ein Paradigmenwechsel in der Erziehungswissenschaft an, der auch in der Religionspädagogik zu einer Änderung der Grundrichtung führte.

Einige Jahre später wurde die Weiterentwicklung dieses Ansatzes unter dem Stichwort »thematisch-problemorientierter Religionsunterricht« vorangetrieben (vor allem Kaufmann, 1970 und 1972). Der Begriff schloß die bereits angesprochenen Abgrenzungen und neuen Aufgabenstellungen ein: Gegen eine einseitig traditionsgeleitete Ausrichtung des Unterrichts wurde eine »Orientierung an den Erfahrungen und Interessen der Lernenden« gefordert, gegen das Übergewicht der Beschäftigung mit vorgegebenen Inhalten eine Orientierung der Themen an den komplexen Konflikten und Herausforderungen, mit denen die Heranwachsenden konfrontiert sind, gegen eine stoff- und lehrerzentrierte Unterrichtsgestaltung eine »Orientierung an optimalen Lernprozessen«, in denen die Jugendlichen sich als Subjekte des Lernens erfahren und bewähren können.

Drei Momente kennzeichnen also den Paradigmenwechsel:

- Von der Traditionsorientierung zur Zukunftsorientierung;
- von der Stofforientierung zur Problemorientierung;
- von der Vermittlungsorientierung zur Schülerorientierung.

Die Anstöße zu dieser Richtungsänderung kamen aber nicht nur aus der bildungstheoretischen Diskussion – ein Umdenken wurde auch durch die Situation des Religionsunterrichts an den Schulen erforderlich. Ende der 60er Jahre schwemmte eine »Abmeldewelle« die Schüler in Scharen fort. Langeweile an immer den gleichen »veralteten« Stoffen wurde als Motiv genannt, aber auch die Abwehr von Indoktrination und Manipulation, denen sich die Schüler besonders in diesem Fach ausgesetzt sahen (vgl. dazu auch Kapitel I.2).

Ein Unterricht, der eklatant die Lebenswelt und die Interessen der Schüler verfehlte, war in eine »Relevanzkrise« geraten und bedurfte dringend der Reform.

Die Entwicklung der mit dem Stichwort »Problemorientierung« verbundenen konzeptionellen Ansätze wird vor allem am Beispiel der Arbeit des Religionspädagogischen Instituts Loccum unter der Leitung von Hans Bernhard Kaufmann dargestellt, in dessen Team ich selbst von 1969 bis 1973 arbeitete.

c. Auf dem Weg zu einer neuen Bibeldidaktik

Wie kam in diesem problemorientierten Ansatz nun die biblische Überlieferung zu stehen?

Auf der konzeptionellen Ebene führte Kaufmann die ersten Hinweise zu einer dreifachen Funktionsbestimmung biblischer Texte im Religionsunterricht fort:

- Sie machen die Gegenwart aus ihrer Herkunft verständlich.
- Sie ermöglichen als geschichtliche Dokumente »Distanz und Kritik der Gegenwart«.
- Sie bieten Kriterien zur Auseinandersetzung mit gegenwärtigen Ausprägungen des Christentums an (Kaufmann, 1972).

Diese einleuchtenden hermeneutisch-didaktischen Bestimmungen waren nun in neue unterrichtspraktische Ideen umzusetzen.

Hierbei sind drei Stufen der Entwicklung zu unterscheiden, wobei sich die jeweils nächste Stufe eher aus den erkannten Fehlern ergab als aus konzeptionell durchdachten Neuansätzen:

- Der Druck der kritischen Situation des Religionsunterrichts löste zunächst einmal den lebhaften Wunsch nach Alternativen zum traditionellen biblischen Unterricht aus, der von den Schülern durch Abmeldung abgelehnt wurde. *Themen statt Texte*, wie es Horst Gloy einmal zugespitzt formulierte, war darum die Devise jener Anfangsphase. Sie führte jedoch nach einer euphorischen Anlaufzeit ziemlich rasch zu einer »Identitätskrise« des Religionsunterrichts: Die meisten Lehrer, Schüler, Eltern und Funktionäre konnten sich die spezifischen Inhalte des Religionsunterrichts eben nur als biblische Stoffe vorstellen.

Eine damals formulierte und seither immer wieder gern kolportierte Unterstellung besagt, daß der problemorientierte Religionsunterricht auf dieser ersten Stufe stehengeblieben sei und sich von allen anderen Konzepten eben durch das Fehlen jeglicher biblischer Bezüge unterscheide. Diese Unterstellung übersieht, daß in der Tat in der Anfangsphase der Entwicklung ein überzeugender bibeldidaktischer Ansatz noch nicht gefunden, daß aber die Arbeit an diesem Problem noch längst nicht abgeschlossen war.

- *Themen und Texte* – mit dieser Formulierung läßt sich der Versuch charakterisieren, die Defizite der Anfangsphase des problemorientierten Religionsunterrichts auszugleichen. Dies geschah übrigens nicht nur auf der praktischen Ebene, sondern auch in der theoretischen Reflexion. Bekannt geworden ist der »Projektideenplan« der Mitarbeiter des Kasseler Religionspädagogischen Instituts (Heinemann, 1970). Gerade hier aber zeigte sich die Schwäche dieses Vorschlags: Er entging kaum der Gefahr einer additiven Zusammenstellung von zwei Ansätzen des Religionsunterrichts, die dadurch ihre immanenten Probleme nicht loswurden: Der biblische Bereich konnte sich nicht vom Odium der weltvergessenden Traditionspflege befreien, und der situationsbezogene Bereich mußte um seine Identität Sorge tragen.

So kam es fast von selbst zur Entwicklung eines dritten Typs:

- *Themen mit Texten.* Jetzt war das Interesse leitend, beide Bereiche miteinander zu verknüpfen. Dabei bildete das zu bearbeitende Problem die Basis der lernenden Auseinandersetzung, die biblische Überlieferung kam als zweites Element ins Spiel.

Im Zuge der praktischen Ausarbeitung dieses Ansatzes trat die zentrale Zielangabe immer deutlicher hervor: Das grundlegende Interesse des Religionsunterrichts ist nicht die Arbeit an der Überlieferung und ihrer Vermittlung, sondern die Frage nach einem heute für alle gelingenden Leben in der biblisch angesagten Freiheit.

d. Grundlegend ist: Hoffen lernen

Bei den Versuchen, die neuen Ansätze in Unterricht umzusetzen, zeigte sich, daß eine biblisch motivierte und inspirierte Praxis sich vielfach nur im Widerspruch gegen bestehende Verhältnisse, herrschende gesellschaftliche Gruppen und wirksame Zwänge äußern kann, weil diese den Freiheitsimpulsen der Bibel zuwiderlaufen. Die kritische Analyse machte bewußt, daß Glaube (und Religion) bisher weitgehend auf die Stabilisierung der bestehenden Verhältnisse ausgerichtet waren – als Einweisung in herrschende Ordnungen und als Sinngebung, die es möglich machte, sich auch mit Erfahrungen von Ungerechtigkeit, menschlich verursachter Not und Leiden abzufinden.

Jetzt wurde klar, daß es im Religionsunterricht darauf ankommt, die Schüler im Blick auf lebenzerstörende Ungerechtigkeit und menschenverachtende Zwänge kritisch zu sensibilisieren. Sie sollten fähig werden, in der »Kraft des Geistes« ihr

Leben und ihre Welt in der Solidargemeinschaft schrittweise in die Richtung zu verändern, die Gott nach dem Zeugnis der Bibel will und verheißen hat; sie sollten lernen, daß sie dabei auf den Beistand Gottes hoffen können.
Damit war die eigentliche Stoßrichtung des problemorientierten Religionsunterrichts erkannt. Von den Funktionen biblischer Texte im Religionsunterricht, die Kaufmann genannt hatte, wurde jetzt »Kritik der Gegenwart« zur entscheidenden Bestimmung. Zur eher analytischen Kategorie der »Kritik« trat jedoch die mehr handlungsorientierte der »Veränderung« hinzu.
Der oben genannte Paradigmenwechsel gewann jetzt seine grundlegende Ausrichtung; es sollte um den Wandel von der Stabilisierungsorientierung zur Veränderungsorientierung gehen.
Auch theologisch kam es zu einer Neu-Ausrichtung: Der problemorientierte Religionsunterricht verband sich mit dem Konzept der Politischen Theologie, wie es vor allem von Helmut Gollwitzer, Jürgen Moltmann und Johann Baptist Metz entwickelt wurde. Die Verbindungen und Konvergenzen zeigte Hinrich Buß sehr einleuchtend in einer Studie (Buß, 1973).

e. Biblische Tradition

Welche Bibeltexte waren geeignet, das gefundene hermeneutisch-didaktische Konzept einzulösen? Zunächst einmal bot sich die neutestamentliche Rede von der Gottesherrschaft an – nicht zuletzt angeregt durch Autoren aus dem Zusammenhang der Politischen Theologie wie Gollwitzer und Moltmann. Eines der ersten Beispiele dafür ist das rp-Modell 1/2 »Entwicklungshilfe« (1970).
Dann jedoch wurde »Exodus« zum grundlegenden Begriff aller Erneuerungstendenzen in der Religionspädagogik: »Laßt uns hinausgehen in ein anderes Land … Es gibt einen Weg, den wir finden können, wenn wir ihn gemeinsam gehn … Im neuen Land leben neue Menschen. Sie denken und fühlen neu. Sie erwarten das Neue nicht von andern. Sie fangen selber bei sich an…« hieß es im Schülerbuch »Exodus« (EXODUS 3. 1974). Deutlicher läßt sich das Programm eines Religionsunterrichts, der tätige Hoffnung auf eine menschlichere Welt lehren will, kaum formulieren.
Bei dem Rückgriff auf die biblische Überlieferung kam es allerdings nicht so sehr auf einzelne Texte an; eher ging es um die Berufung auf grundlegende Aussagen und Impulse der Bibel, wie eben »Exodus«, »Schöpfung« oder »Gottesherrschaft« (vgl. dazu die Ausführungen über die »Grundbescheide« in Kapitel II.2.3 und II.3.4).

f. Probleme der Umsetzung in den Unterricht: Die Gefahr der Funktionalisierung

Der bibeldidaktische Ansatz der Verknüpfung von »Situation« und »Tradition« hat sich zu einem Grund-Typ des Religionsunterrichts entwickelt, der heute aus keinem Lehrplan mehr fortzudenken ist. Die mit ihm verbundenen Chancen und Probleme werde ich in Kapitel III.2 und 3 ausführlich im Zusammenhang darstellen und diskutieren.

Im Rahmen dieses historischen Abrisses sollen nur zwei Fragen angesprochen werden (vgl. auch S. 157):

- Die oft nur punktuelle Einbeziehung einzelner biblischer Texte in thematische Unterrichtsvorhaben löst die Gefahr der Entwurzelung aus ihrem geschichtlichen Zusammenhang aus. Die Texte kommen dann nicht mehr in ihrer eigenen Aussagerichtung zu Wort, sondern werden in bestimmte theologische Thesen oder unterrichtliche Fragestellungen eingepaßt.

  Darum ist ein zweiter Typ des Religionsunterrichts zu entwickeln, der die biblische Überlieferung im Zusammenhang erschließt (vgl. dazu Kapitel II.3.5).
- Mit dieser Überlegung kommt ein Problem in den Blick, das im Zusammenhang des problemorientierten Religionsunterrichts intensiv diskutiert wurde. Es kam 1970 durch die »Mainzer Thesen zum Religionsunterricht in der Grundschule« von Gert Otto und Hans Rauschenberger auf (Otto/Rauschenberger, 1970/72).

  Diskutiert wurde die Einbeziehung biblischer Überlieferung in thematische Unterrichtsvorhaben. Otto/Rauschenbergers These lautete: »Angesichts der Geschichte des biblischen Geschichtsunterrichts in der Grundschule ist es nötig, innerhalb des hier vorgeschlagenen Konzepts im Falle der Einbeziehung biblischer Texte sich stets die Rückfrage zu stellen: Ist der Umweg über den biblischen Text nötig zur Erhellung der Situation des Kindes – oder sprengt er die Möglichkeiten des Geschichtsunterrichts?« (S. 80)

  Hier liegt deutlich eine Funktionalisierung oder Instrumentalisierung der Texte vor: Sie werden nur insoweit im Unterricht zugelassen, wie sie einen erkennbaren Beitrag zum jeweiligen Thema leisten. Ähnlich gingen Religionspädagogen vor, die den »Funktionswert« biblischer Tradition in religiösen Unterrichtsthemen mit dem Stichwort »Problemlösungspotential« kennzeichneten.

  Solche Ansätze sind zu Recht kritisiert worden, denn sie übersehen, daß Bibeltexte sich nicht verrechnen lassen. Zwar können sie grundlegende Impulse zur Klärung gegenwärtiger Lebenssituationen geben, aber sie gehen darin nicht auf. Es bleibt ein Überschuß der bedingungslosen Zusage, der radikalen Kritik des Bestehenden, der Inpflichtnahme zur Arbeit am Reich Gottes, der Hoffnung gegen den Augenschein. Diesen nicht mehr verrechen-

baren Überschuß spricht auch der in anderem Zusammenhang gebrauchte Begriff der »Gegenwelten« an (vgl. v.a. Kapitel II. 1).
Die Gefahr der Funktionalisierung biblischer Überlieferung wurde im Diskussionszusammenhang des problemorientierten Religionsunterrichts relativ früh erkannt und in der bibeldidaktischen Arbeit berücksichtigt (Berg, 1970; Berg 1972; zur Funktionalisierungsdiskussion vgl. Berg/Doedens, 1974, v.a. S. 92 ff.; Nipkow, 1987, v.a. S. 244 ff.).

g. Kritische Anfragen – bleibende Bedeutung

Ein solcher Ansatz wie der des problemorientierten Religionsunterrichts, der – unter dem Druck der »Relevanzkrise« – in intensiver Verschränkung von praktischen Herausforderungen und konzeptionellen Neuentwicklungen entstand, muß fast zwangsläufig Schwächen aufweisen. So ist immer wieder mit einem gewissen Recht auf das Theoriedefizit hingewiesen worden, das insbesondere auch das Verhältnis von Situation und Tradition, von gegenwärtigen Problemen und biblischer Überlieferung betrifft. Auch ist die Gefahr der Verkürzung der Bibel bei unsachgemäßer Verwendung der Vorschläge und Materialien nicht auszuschließen.
Aber es haben doch einige Grundsätze Bestand, die bis heute bibeldidaktische Relevanz beanspruchen können:

- Die konkreten Probleme des Schülers in seiner Welt – und nicht die Probleme der Vermittlung vorgegebener Inhalte! – sind Ausgangspunkt der hermeneutischen und didaktischen Arbeit. Daraus ergibt sich auch die Verknüpfung thematischer und biblischer Themen und Fragestellungen.
- Grundlegend ist das Ziel der Befähigung zu einem heute für alle gelingenden Leben in der biblisch angesagten Freiheit.

1.4 Biblische Didaktik im Zusammenhang des sozialisationsbegleitenden (»therapeutischen«) Religionsunterrichts

a. Der Ansatz

Fast gleichzeitig mit der Entwicklung des problemorientierten Religionsunterrichts begann die Ausarbeitung eines Ansatzes, der unter dem Stichwort »therapeutischer Religionsunterricht« bekanntgeworden ist. Er verbindet sich mit dem Namen von Dieter Stoodt, der mit einer Gruppe hessischer Religionspädagogen zusammenarbeitete (vgl. vor allem Stoodt, 1971; 1973; 1975).
Ebenso wie der problemorientierte Unterricht ging auch Stoodt vom Grundsatz der Lernzielorientierung aus: Nicht ein Kanon vorgegebener Inhalte sollte bestimmen, was im Unterricht geschieht, sondern die Frage nach den Problemen der Schüler und nach den Qualifikationen, die sie zu deren Bewältigung brauchen. Aber der

therapeutische Ansatz ging stärker auf die Lebensgeschichte der einzelnen Schüler ein, versuchte, sozialisationsbedingte Schäden zu erkennen und wenn möglich zu heilen und bot an, die Schüler hilfreich orientierend in ihrer weiteren Sozialisation zu begleiten (vgl. vor allem Stoodt, 1971, S. 3 ff.; 1975, S. 11 ff.). *Analyse* und *Therapie* sind also die Leitbegriffe des Konzepts. Allerdings ersetzte Stoodt dann den anspruchsvollen Begriff der Therapie durch den vorsichtigeren des »sozialisationsbegleitenden Unterrichts mit seelsorgerlichem Akzent« (vor allem: Stoodt, 1973).
Die genannte Zielvorstellung fächerte Stoodt in vier »langfristige Hauptaufgabenstellungen« des Religionsunterrichts aus:
- Hilfe zur Selbstfindung
- Hilfe zur Solidarisierung
- Hilfe zu stellvertretendem Handeln
- Hilfe zu alternativischem Denken.

Diese Ziele unterschieden sich grundsätzlich nicht von den Aufgabenbeschreibungen des problemorientierten Religionsunterrichts, aber in der Realisierung waren durchaus unterschiedliche Wege erkennbar: Während der problemorientierte Unterricht versuchte, den Schülern Ziele, Motivationen und Hoffnungspotential für eine Arbeit am gelingenden Leben zu vermitteln, richtete der sozialisationsbegleitende Religionsunterricht sein Hauptaugenmerk darauf, durch geeignete Arrangements Erfahrungs- und Veränderungsprozesse in der Lerngruppe selbst anzuregen; dies bezeichnete Stoodt als »Interaktion«. Als geeignete Methoden schlug Stoodt u.a. gruppendynamische Verfahren, Interaktionsspiele, Selbstorganisation des Lernens durch die Schüler und musisch-gestaltende Arbeit vor.

b. Bedeutung und Funktion der biblischen Überlieferung

Entsprechend den Grundtätigkeiten »Analyse« und »Therapie« kam die Bibel in doppelter Weise ins Spiel:
- »Die Wirkungen der biblischen Tradition sind zu erkunden und kritisch sich anzueignen.« (Stoodt, 1975, S. 15) Die wirkungsgeschichtliche Analyse schloß ausdrücklich die Untersuchung der »sozial- und geistesgeschichtlichen Voraussetzungen und Auswirkungen« ein. Diese Analyse sollte nicht nur auf die historischen Entwicklungen zielen, sondern auch die konkreten Auswirkungen christlicher Überlieferung auf die Lebensgeschichte der einzelnen Schüler untersuchen und bewußtmachen. Eine solche Traditionskritik destruierte in der Sicht Stoodts nicht die Bibel, sondern wirkte einem fatalen »Musealisierungseffekt« entgegen und kräftigte die Überlieferung, weil sie in unterschiedlichen Situationen nach ihrer Relevanz fragt.
- Biblische Überlieferung kam im sozialisationsbegleitenden Religionsunterricht vor allem auch unter orientierendem und heilendem Aspekt zum Zug: »Christliche Erfahrungen, wie sie bereits die biblische Überlieferung bezeugen, künden

von einer bestimmten Art und Weise, Widerfahrenes zu verarbeiten, und sehen dabei in dem Lebensverhalten Jesu den verheißungsvollen Vorgang für die gesamte Menschheitsgeschichte. Die Lebenspraxis Jesu erweist sich als das Kriterium aller von Menschen zu entwerfenden Lebensstile und Verkehrsformen.« (Stoodt 1975, S. 23) Diese Lebenspraxis sollte in der Interaktion der Klasse nicht einfach kopiert werden, sondern »stiftet zu einer permanenten selbst- und sozialkritischen Erneuerung des Bewußtseins und zu einer entsprechenden Veränderung des Verhaltens an« (ebd.).

c. Biblische Texte in der Praxis des sozialisationsbegleitenden Religionsunterrichts

Die Bedeutung, die Stoodt der christlichen Tradition im Unterricht zuwies, bestimmte deren praktische Verwendung. Zwei Merkmale sind besonders interessant:

– Biblische Überlieferung kam oft nicht in Form einzelner Texte ins Spiel, sondern als Perspektive, als Grundkriterium des Denkens und Handelns.
– Biblische Stücke wurden kaum einmal als Texte erarbeitet, sondern dienten neben anderen Materialien als »Vehikel für bestimmte Fragestellungen«, sie wurden also in der Regel »didaktisch-funktional« eingesetzt (Stoodt, 1975, S. 17).

Die gedachte unterrichtspraktische Verwendung läßt sich gut aus den »Materialien zur Lernplanung« ablesen, die Stoodt und seine Mitarbeiter im zweiten Teil des Buchs von 1975 anboten. Die Materialien wurden in »religiöse Problem- und Handlungsfelder« angeordnet. Beispiele: Abhängigkeit, Gebet, Sexualität, Tod. Einer inhaltlichen Einführung folgte jeweils eine Planungsskizze, die drei Elemente beschrieb: Situative Aspekte – Intentionen – Lernziele.

Insgesamt war die biblische Basis recht schmal, die Kriterien der Auswahl und Einbindung in bestimmte Problem- und Handlungsfelder blieben unklar.

d. Kritische Anfragen – bleibende Bedeutung

Das Konzept des sozialisationsbegleitenden Religionsunterrichts muß sich einer ganzen Reihe kritischer Rückfragen stellen, von denen die wichtigsten genannt seien:

– Der Anspruch, im Unterricht »Therapie« zu praktizieren, muß Lehrer und Schüler überfordern.
– Ein Fach, das sich einer solchen Aufgabenstellung verschreibt, gerät leicht in die Rolle eines Entlastungs- oder gar Alibifachs, das die schädlichen Folgen der Sozialisation nur symptomatisch angeht und damit letztlich verdeckt.
– Im Blick auf die biblische Komponente zeigte sich, daß die Gefahr der Funktionalisierung der Überlieferung besonders groß ist; auch bleibt die Zuordnung von

Texten zu Lernprozessen weithin undurchschaubar und damit für die Schüler wenig plausibel.

Dennoch hat dieser Ansatz wichtige Grundsätze entdeckt, die für eine gute biblische Didaktik konstitutiv bleiben:

- Die Beschäftigung mit biblischer Tradition im Unterricht ist kein Selbstzweck, sondern muß sich im Rahmen der Gesamtaufgaben des Religionsunterrichts ausweisen. Dies gilt zwar auch schon für den Ansatz des problemorientierten Religionsunterrichts, wird bei Stoodt aber klarer herausgestellt. Ins Zentrum dieser Aufgaben gehört die hilfreiche Begleitung der Schüler in ihrer Sozialisation (»Seelsorge«).
- Die Arbeit an biblischen Texten muß daher immer darauf achten, nicht nur ihre Inhaltsaspekte zu erarbeiten, sondern auch ihre erneuernde und heilende Dynamik freizusetzen.

1.5 Zusammenfassung

Überblickt man die gesamte skizzierte bibeldidaktische Entwicklung, so läßt sich das Ergebnis des teilweise kontroversen Arbeits- und Lernprozesses in drei Punkten zusammenfassen:

- Das Zentrum des Religionsunterrichts ist die biblische Überlieferung; Religionsunterricht ist biblischer Unterricht.
- Diese Mittelpunktstellung der Bibel begründet sich nicht aus einem normativ-dogmatischen Anspruch, sondern aus der Einsicht, daß die Überlieferung kritische, befreiende und heilende Kräfte in sich schließt.
- Diese können durch geeignete Verfahren erschlossen werden; dazu bietet sich insbesondere die Verschränkung von biblischer Tradition und heutiger Erfahrung an.

Die damit verbundenen Fragen und Probleme werden in den nächsten Kapiteln weiterentwickelt.

2 Auf dem Weg zu einer erfahrungsnahen Bibeldidaktik

Der in Kapitel II.2.1 dargestellte Erfahrungsansatz in der Hermeneutik korrespondiert mit entsprechenden konzeptionellen Neuentwicklungen in der Religionspädagogik.

Erste Versuche wurden im katholischen Bereich unter den Stichworten »induktive Katechese« oder auch »Vorfeld-Katechese« verhandelt. Doch erst seit den Reformansätzen des Religionsunterrichts Anfang der 70er Jahre kam die Diskussion breit in Gang.

Verbindung heut. Erfahrung – bibl. Tradition

Als Hauptaufgabe kristallisierte sich die Verschränkung heutiger Erfahrung und biblischer Tradition heraus; sie wurde als hermeneutisches und didaktisches Problem in dem Augenblick religionspädagogisch virulent, als es darum ging, erfahrungsbezogene und biblische Themen nicht einfach nebeneinanderzustellen, sondern sie stimmig und einleuchtend miteinander zu verbinden (vgl. dazu noch einmal Kapitel II.3.1).

Meistens wird für diese Arbeit der Begriff der *Korrelation* verwendet. Er ist eines der meistverwendeten Schlüsselwörter der neueren religionspädagogischen Diskussion.

Häufig wird »Korrelation« allerdings eher als unbestimmtes Schlagwort für vielerlei unterrichtliche Aktivitäten benutzt – darum setze ich ganz elementar an und versuche eine schrittweise Klärung.

Der Begriff Korrelation bezeichnet den Versuch, biblische Tradition und heutige Erfahrung so miteinander zu verknüpfen, daß sie sich wechselseitig erschließen.

Wie ist ein solches Programm einzulösen?

Auf den ersten Blick scheint sich nahezulegen, bestimmte *Ereignisse* aus der Überlieferung mit *Ereignissen* der Gegenwart in Beziehung zu setzen.

Beispiel: Der Aufbruch Abrahams aus der Heimat (Gen 12,1 ff.) wird mit einem Umzug heute verglichen.

Graphisch dargestellt:

Es zeigt sich schnell, daß diese »Korrelation« nicht besonders ergiebig ist, weil sie den anspruchsvollen biblischen Inhalt in eine relativ banale Alltagssituation transformiert.

Es scheint notwendig, zunächst einmal den Bibeltext auf die in ihm eingeschlossenen elementaren Erfahrungen hin zu befragen. In Gen 12 geht es offensichtlich um das Grundvertrauen, das Abraham zum Aufbruch in eine ungewisse Zukunft ermutigt. Auf dieser Ebene ist dann auch der Transfer in die Gegenwart zu suchen:

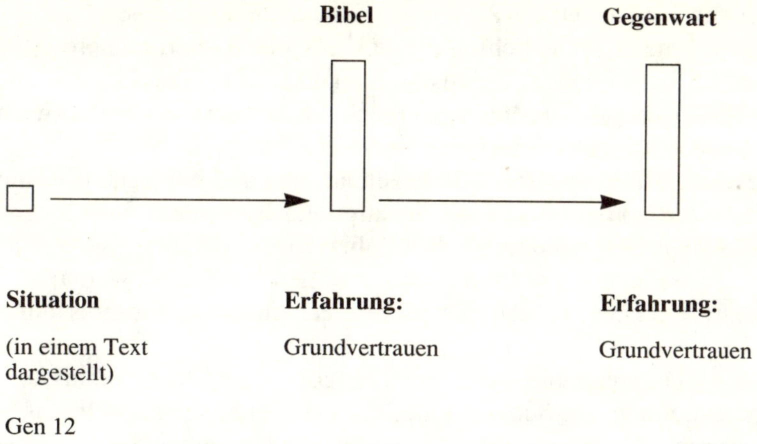

Abschließend ist zu klären, welche heutigen Lebenssituationen die elementare Erfahrung »Grundvertrauen« anspricht. Es ist klar, daß dabei nicht nur eine bestimmte Situation in der Gegenwart in den Blick kommt, sondern eine große Zahl, z.B. die Erfahrung der Geborgenheit bei Eltern, aber auch Verlust des Grundvertrauens durch die Erfahrung, verlassen zu werden, nicht angenommen zu sein, nicht anerkannt zu werden…

Die Grafik sieht dann so aus:

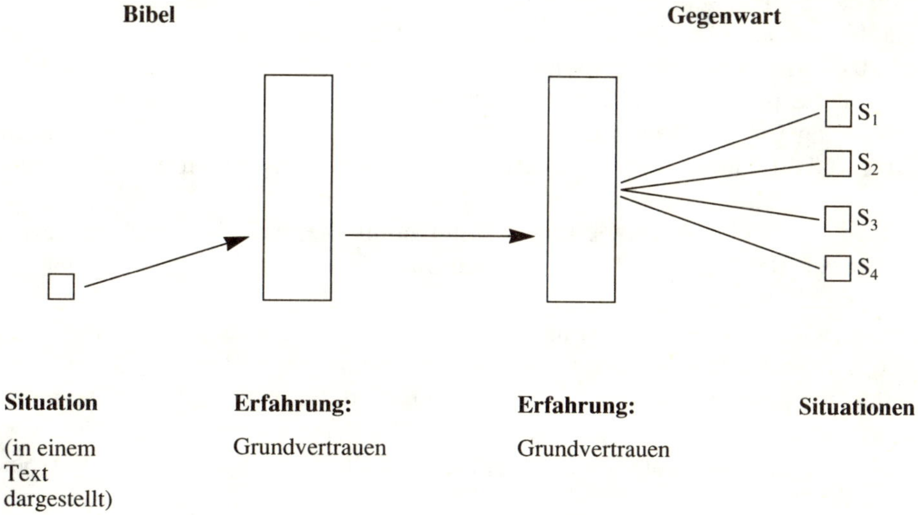

Damit ist die Grundstruktur der Korrelation entwickelt.

Bei den ersten Versuchen im Zuge der religionspädagogischen Neuorientierung gab es häufig ganz typische Fehler, die sich in vielen Unterrichtsprotokollen, aber auch Unterrichtsmodellen, Religionsbüchern und sogar Lehrplänen ablesen lassen – teilweise bis heute (in Auszügen greife ich die im vorigen Kapitel zusammengetragenen Beobachtungen noch einmal auf):

- Gelegentlich wurden heutige Alltagssituationen und biblische Geschichten unvermittelt verbunden (Beispiel: sensationelle Ereignisse der Gegenwart und biblische Wundererzählungen). Bald aber wurde erkannt, daß auf der Ebene der Ereignisse keine stimmigen Beziehungen zu finden waren; man mußte nach übergreifenden, beiden Situationen gemeinsamen Grunderfahrungen suchen.
- Ähnlich ist es, wenn biblische Erzählungen mit Alltagserlebnissen aus dem Erfahrungsbereich der Schüler parallelisiert werden (Beispiel: Das Gleichnis vom verlorenen Sohn, wie es Lk 15 erzählt, wird mit einem Erlebnis zusammengebracht, in dem ein Kind sich verläuft). Hier kommt es zu manchmal peinlichen Banalisierungen der Bibel, die letztlich auch die Schüler nicht erreichen kann – denn welcher Grundschüler kann oder mag sich mit einer solchen biblischen Gestalt vergleichen?
- In die gleiche Richtung zielen meine Bedenken gegen die Verwendung von Erzählungen über große biblische Gestalten als Vorbilder (Beispiel: Die Erzählung über Samuel, der die Stimme Gottes in einem prophetischen Berufungserlebnis vernimmt, ist Anlaß, über ähnliche »Erfahrungen« im Leben der Kinder zu sprechen). Hier verleitet der Gebrauch der biblischen Erzählung Kinder zur Aktivierung des »Religionsstunden-Ich«, eine echte Beziehung zum Text kann sich kaum einstellen.
- Häufig benutzte man Erfahrungen der Schüler, um sie auf biblische Themen einzustimmen (Beispiel: Es wird von einem Kindergeburtstag erzählt, bei dem eine Torte unter zwölf Gäste verteilt wird; eigentliches Thema ist dann die Erzählung von der Verteilung des verheißenen Landes an die zwölf Stämme Israels). Dies zuerst in der »induktiven Katechese« entwickelte Verfahren wird auch gelegentlich als »Sprungbrettmethode« charakterisiert. Es wurde bald klar, daß es sich nach kurzem Gebrauch abnutzen mußte, weil die Schüler merkten, daß ihre Erfahrungen und Interessen im Sinne einer kurzatmigen »Motivation« mißbraucht wurden.
- Immer wieder ließ sich auch eine Verbindung von Gegenwart und Überlieferung beobachten, die ich als Stichwort-Assoziation bezeichne (Beispiel: Beim Unterrichtsthema »Freundschaft« taucht unweigerlich die Erzählung von David und Jonathan auf). Hier wird einfach ein durch das Thema vorgegebenes Stichwort in der Bibel aufgesucht (Konkordanz!), vermutlich, um die »biblische Perspektive« des thematischen Vorhabens und damit die religiöse Qualität des Religionsunterrichts nachzuweisen. Häufig wird zur Rechtfertigung dieses Vorgehens auch erklärt, die Schüler könnten daran sehen, daß die Bibel ein »ganz mensch-

liches Buch« sei. In den meisten Fällen bringt die Bibel dabei keine neue, eigene Perspektive ins Thema ein, sondern wiederholt lediglich bereits besprochene Aspekte (der Schüler erfährt durch die Jonathan-Erzählung nichts Neues über die Freundschaft, sondern weiß jetzt, daß auch die Bibel von Freunden erzählt). So aber kommt es nicht zu einem produktiven Dialog zwischen Gegenwart und Bibel.

- Ein großer Entwicklungsschritt war mit der These gemacht, daß die Bibel »Problemlösungspotential« für Probleme der Gegenwart sein könne. (Beispiel: Bei der Behandlung der Vorurteilsproblematik wurde immer wieder die Zachäus-Erzählung herangezogen.) Allerdings zeigt das Beispiel auch die Grenzen dieses Ansatzes. Wird ein Text nur auf seinen Beitrag zur Lösung eines bestimmten Problems abgefragt, trocknet er zu einer allgemeinen Sentenz ein und unterliegt der Gefahr der Funktionalisierung (vgl. dazu die Ausführungen zur Funktionalisierung von Bibeltexten in Kapitel II.3.1.c).

Diese Fehler wurden nach relativ kurzer Zeit erkannt (wenn auch teilweise bis heute nicht weggeräumt), und es setzte eine differenzierte Arbeit an der Entwicklung qualifizierter Instrumente zur Verbindung von Bibel und Gegenwart ein.

Drei Forderungen an solche Instrumente standen von vornherein fest:

- Es konnten nicht einfach Situationen der Vergangenheit und Gegenwart verknüpft werden. Es mußten grundlegende Erfahrungen, Probleme oder Erkenntnisse identifiziert werden, die Vergangenheit und Gegenwart in gleicher Weise zugrundelegen.
- Diese Erfahrungen, Probleme oder Erkenntnisse sollten gleichzeitig grundlegende Einsichten über Theologie und Anthropologie ansprechen.
- Sie sollten nicht willkürlich gesetzt, sondern soweit wie möglich plausibel abgeleitet und begründet sein.

Unter den Stichworten »Korrelationsdidaktik« und »Kontextdidaktik« will ich den Verlauf der Arbeit, die heutige Diskussionslage sowie meine Vorschläge zu einer Weiterentwicklung darstellen.

3 Korrelationsdidaktik

3.1 Der Ansatz

Ich werde mich zunächst auf die Entwicklungen im Bereich der Lehrpläne konzentrieren, weil sich dort die Erscheinungen und Probleme am deutlichsten zeigen (vgl. zur Korrelationsdidaktik die differenzierte Darstellung bei Zimmermann, 1988, v.a. S. 215 ff.; B. Hofmann, 1991, v.a. S. 398 ff.).

Zuerst nahm der 1973 erschienene katholische *Zielfelderplan* für das 5.-10. Schuljahr die Arbeit der Verschränkung von Situation und Tradition in Angriff. Er gliederte sich in vier Erfahrungsbereiche auf:

- Eigenes Leben
- Leben mit anderen
- Religion und Religionen
- Kirche.

Den Erfahrungsbereichen waren Qualifikationen und »Zielfelder« zugeordnet; diese bildeten die Basis für die nach Erfahrungsbereichen und Schuljahren angeordneten Themenfelder, die sich wieder in einzelne Unterrichtsthemen ausdifferenzierten (vgl. den exemplarischen Ausschnitt auf S. 125). Allerdings war in den einzelnen Unterrichtsthemen die Verschränkung von »Situation« und »Tradition« kaum erkennbar. Sie zeigte sich in den übergeordneten Zielfeldern und wurde im »Didaktischen Strukturgitter« (vgl. das Beispiel auf S. 124) verdeutlicht und differenziert. Das Beispiel geht vom Themenfeld »Begabung und Beruf« aus. Die vier Erfahrungsbereiche und drei »Didaktische Grundfunktionen bzw. Lernstufen« geben den Raster für die korrelative Entfaltung des Themas her. Dabei bleibt allerdings weithin ungeklärt, wie die notierten Teilaspekte und Fragestellungen zustande kamen. Sie sind durchweg auf einer Ebene formuliert, die relativ geringen Realitätsbezug erkennen läßt; damit ist auch die Beziehung von Inhalt und Schüler noch nicht deutlich erfaßt. Auch bleibt offen, aus welchen Gründen gerade die im Schema genannten Begriffe gewählt wurden und nicht beispielsweise »freudvolle Erfahrungen im Umgang mit anderen Menschen«.

Der ein Jahr später verabschiedete Synodenbeschluß »Der Religionsunterricht in der Schule« formulierte als Grundsatz: »Der Glaube soll im Kontext des Lebens vollziehbar und das Leben soll im Licht des Glaubens verstehbar werden.« (S. 140)

Zur Kennzeichnung dieses Grundsatzes griff der *Zielfelderplan für die Grundschule* (1977) den Begriff der Korrelation auf. Er wies darauf hin, daß »die menschliche Existenz und die christliche Botschaft in ständiger Wechselbeziehung (Korrelation)« stehen (S. 16).

Zur Ausarbeitung kam es dann in der revidierten Fassung des Zielfelderplans für die Sekundarstufe I, dem *Grundlagenplan* (1984). Er differenzierte »Korrelation« unter dreifachem Aspekt:

- Christlicher Glaube ist ein »erfahrungsgesättigter Glaube … Die Verschränkung von Glaube und Leben ist somit im Selbstverständnis des christlichen Glaubens selbst begründet: Korrelation als theologisches Prinzip« (S. 241).
- Menschen versuchen, Einzelerfahrungen im Zusammenhang von Religion und christlicher Überlieferung zu deuten: »Korrelation als Weg der Sinnsuche« (S. 242).
- Die religionspädagogische Reflexion ist darauf aus, »eine kritische, produktive Wechselbeziehung herzustellen zwischen dem Geschehen, dem sich der über-

lieferte Glaube verdankt und dem Geschehen, in dem Menschen heute ... ihre Erfahrungen machen: Korrelation als didaktisches Prinzip« (S. 242).

Diese Setzungen haben im Zusammenhang der »Religionspädagogischen Erläuterungen des Grundlagenplans« (S. 239 ff.) nicht so sehr die Funktion, ein didaktisches Instrumentarium zu beschreiben; es geht eher darum, Erfahrung und christlichen Glauben, die oft als unterschiedliche Lebensbereiche aufgefaßt werden, miteinander zu verbinden und kritisch aufeinander zu beziehen. Der Plan konzentriert sich darauf, die Prinzipien und inhaltlichen Elemente eines korrelativen Unterrichts festzuhalten. Die Umsetzung in eine korrelative Praxis wird dann der konkreten Unterrichtsgestaltung des einzelnen Lehrers zugewiesen (S. 243).

Besonders intensiv hat sich Georg Baudler mit den theoretischen und praktischen Fragen der Korrelationsdidaktik auseinandergesetzt (Baudler, 1979; 1984).

In seinen Studien arbeitete er daran, heutige Erfahrungen und biblische Überlieferung jeweils so zu verdichten, daß sie korrespondieren können. Dazu gestaltete er beide Pole des korrelativen Prozesses zu »repräsentativen Symbolen« aus, die jeweils das Fundamentale heutiger Lebenserfahrung und des Glaubens zur Sprache bringen. Die dafür notwendigen methodischen Schritte ordnete Baudler in einem »bibeldidaktischen Viereck« an:

- Analyse der überlieferten Textwelt durch Ermittlung der Sprachstruktur eines Bibeltextes (linguistische Methoden); Konzentration auf eine möglichst allgemeine Textmatrix;
- Analyse der vergangenen Erzählsituation (Historisch-Kritische Methoden);
- assoziative Verknüpfung der heutigen Situation mit der vergangenen Erzählsituation;
- Formulieren eines neuen Textes (»Übertextung«), ein Vorgang, der die Schüler zur reflektierenden Ausgestaltung ihrer Assoziationen herausfordert.

3.2 Theologische Basis

Wie begründete sich die Korrelationsdidaktik nun theologisch? Basis war zunächst der berühmte Satz von Paul Tillich: »Die Methode der Korrelation erklärt die Inhalte des christlichen Glaubens durch existentielles Fragen und theologisches Antworten.« (Tillich, 1956, S. 74)

Diese Aussage weist auf die Grundannahme jeder Korrelation hin: Texte des Alten und Neuen Testaments thematisieren die gleichen menschlichen Grund-Fragen, die auch den heutigen Leser bewegen: Glück – Sorge – Angst – Hoffnung – Leiden.

Schon bald wurde klar, daß der Prozeß mit dem von Tillich formulierten Frage-Antwort-Schema noch zu einlinig beschrieben war: Der heutige Mensch fragt, die Schrift antwortet. Anstöße zur Weiterentwicklung gingen vor allem von Edward Schillebeeckx aus; deutlich formulierte er: »Zeitgenössische Erfahrungen

haben eine hermeneutische, kritische und produktive Kraft gegenüber den Erfahrungs- und Erkenntnisinhalten der christlichen Erfahrungstradition. Aber umgekehrt haben auch christliche Erfahrungen, falls eine Besinnung auf sie erfolgt, eine besondere ursprüngliche, kritische und produktive Erschließungskraft in bezug auf unsere allgemein-menschlichen Erfahrungen in der Welt« (Schillebeeckx, 1980, S. 94)
Beim Korrelationsprozeß muß allerdings bedacht werden, »daß Glaubensüberlieferung nicht unmittelbar eine Antwort auf Lebensfragen des heute lebenden Menschen geben« kann, sondern daß ein eigener Prozeß wechselseitiger Erschließung in Gang gebracht werden muß (Baudler, 1984, S. 19 unter Rückgriff auf Schillebeeckx).

3.3 Realisierungen

Genau an der Frage der »wechselseitigen Erschließung« setzen die Probleme ein: Wie können die beiden »Pole« des Korrelationsprozesses so ausgestaltet werden, daß sie auch tatsächlich zu- und ineinander passen? Zwei Lösungswege sollen exemplarisch vorgestellt werden:

a. Das Didaktische Strukturgitter für den Zielfelderplan Grundschule

Das Strukturgitter (S. 53 ff.) faßt »menschliche Grundgegebenheiten« und »christliche Grundhaltungen« als korrespondierende Bereiche auf, die »Situation« und »Glaube« in Beziehung bringen (vgl. die Wiedergabe auf S.126).
Auf der einen Ebene werden die »menschlichen Grundgegebenheiten« genannt; sie werden in Grundbedürfnisse sowie positive und negative Grunderfahrungen differenziert.
Auf der anderen Ebene des Rasters werden »christliche Glaubenshaltungen« aufgeführt; sie gehen von der »Botschaft des Evangeliums/dem Glauben der Kirche« aus (S. 53).
Die einzelnen Elemente dieses Korrelationsmodells gehen – wie die meisten korrelativen Ansätze – von der Grundannahme einer dreidimensionalen Stufung von Wirklichkeit aus, wie sie für die Religionspädagogik als erster wohl Günter Lange ins Spiel gebracht hat (Lange, 1977). In den Erläuterungen zum Zielfelderplan werden unterschieden (S. 21 ff.):
- die Ebene des empirisch Faßbaren: Alltagserfahrungen (bei Lange: x-Ebene);
- die Ebene der »Grunderfahrungen« wie Angst, Freude, Vertrauen, die im Plan auch als »religiöse Ebene« bezeichnet wird (bei Lange: y-Ebene);
- die Ebene des christlichen Glaubens (bei Lange: z-Ebene).

Alle Einzelthemen des Plans sind in dies Beziehungsgeflecht eingebunden und sollen von daher korrelativ erschlossen werden.

Die Autoren verdeutlichen dies am Beispiel des Themas 116 »Ich lerne so viele interessante Dinge«: »Das Bedenken der Fähigkeiten eines Kindes im siebten Lebensjahr steht nicht als eine Art fachliche Leistungskontrolle im Religionslehrplan, sondern es steht hier, weil das Thema den ›Filter‹ Christliche Botschaft und Glaube der Kirche passiert hat – mit dem Ergebnis: Dieses Thema ist für den Religionsunterricht geprägt durch Überlegungen wie: Talente sind Geschenke, mit denen der Mensch arbeiten kann und soll, sagt die Schrift; vor Gott entscheidet nicht der Erfolg, sagt die Schrift ...« (S. 25).

Es fällt auf, daß die theologische Ebene nicht durch bestimmte Inhalte der biblischen Überlieferung bestimmt wird, sondern durch »christliche Glaubenshaltungen«; Glauben wird hier augenscheinlich als Prozeß aufgefaßt, die inhaltliche Seite bleibt weitgehend ausgeblendet.

Weiter fällt auf, daß das didaktische Strukturgitter den Bezug zu den Alltagserfahrungen der Schüler nicht ausdrücklich herstellt; es spricht die Ebene der »Grunderfahrungen« an, die als Tiefendimension der empirischen Wirklichkeit erst aufgedeckt und bewußtgemacht werden müssen (so wird vielleicht ein alltäglicher Streit von Schülern über die Sitzordnung in der Klasse durch – nicht ausgesprochene – Ängste vor Kommunikationsverlust ausgelöst).

Zweifellos ist mit dem Zielfelderplan Grundschule eine Entwicklungsstufe erreicht, in der Verschränkung von Tradition und Situation am konsequentesten im Hinblick auf die Erfahrungswelt der Schüler durchdacht ist. Allerdings verlagert auch der Zielfelderplan Grundschule die praktische Ausarbeitung der Korrelation in die unterrichtliche Gestaltung der einzelnen Themen, die das Strukturgitter aufführt. Es bleibt zu fragen, ob damit nicht der einzelne Religionslehrer überfordert ist, so daß in der Unterrichtspraxis die angezielte korrelative Qualität nicht immer erreicht wird.

Die bisher vorgestellten korrelativen Instrumente haben bleibende Bedeutung für die Entwicklung der Bibeldidaktik, vor allem im Blick auf die religionspädagogische Lage, in der sie entstanden:

– In einer Situation erheblicher Verwirrung in Praxis und Theorie des Religionsunterrichts boten sie eine theologisch-anthropologische Perspektive als durchgehendes Element aller Themen an.
– Sie verknüpften zum ersten Mal biblische und situative Themen einleuchtend miteinander und brachten damit eine neue Struktur in die curriculare Landschaft.
– Sie stellten Methoden zur Verfügung, die die Lehrer in den Stand versetzten, selbst korrelativ zu arbeiten.

Dennoch blieben schwerwiegende Fragen offen:

– Wie sind die »Erfahrungen, Bedürfnisse, Haltungen« bestimmt worden? Mit welcher Begründung sind beispielsweise Erfahrungen wie »sich egoistisch verhalten« nicht aufgenommen worden?
– Wie kommen die »christlichen Grundhaltungen« zustande? Greifen sie biblische Kategorien auf oder entstammen sie einer Art religiöser Tugendlehre, die an die

Bibel herangetragen wird? Warum fehlt beispielsweise eine so elementare biblische Erfahrung wie »zweifeln«?

- Überhaupt ist zu fragen, ob es ausreicht, ein didaktisches Strukturgitter ausschließlich an bestimmten Einstellungen, Bedürfnissen, Haltungen festzumachen und die inhaltlichen Aspekte des Glaubens auszublenden. Besteht nicht bei einer einseitig prozeßhaften Sicht des Christseins die Gefahr, daß diese »Glaubenshaltungen« dann mit fast beliebigen Inhalten gefüllt werden?
- Vermutlich ist dies auch der Grund für das starke (Über-?) Gewicht der Ebene der »Religion« (im Schema von Lange: y-Ebene) gegenüber der Ebene der christlichen Offenbarung (z-Ebene); damit bleibt die biblische Überlieferung oft genug auf die Funktion der »Antwort« auf die existentiellen Fragen begrenzt und kann ihre eigene Sicht nicht ins Spiel bringen.

b. Die Didaktischen Strukturgitter Georg Baudlers

In seiner »Korrelationsdidaktik« hat Baudler ebenfalls Kategorien zur Verzahnung von Tradition und Situation entwickelt und in zwei Strukturgittern angeordnet (Baudler, 1984, v.a. S. 82 ff.; 113 ff.; 220 ff.).

Das »Strukturgitter I« erfaßt »religiöse Gegenstandssymbole« (Beispiele: Wasser, Wind, Feuer). Diese werden jeweils in fünf Stufen erschlossen; das verdeutlicht das Symbol Wasser:

1. Menschliche Grunderfahrungen: Durst haben, ertrinken;
2. tieferliegende Wirklichkeitsdimensionen: Wasser macht rein, läßt Geborgenheit erfahren…;
3. übertragbare Erfahrungen im alltäglichen Leben: Durst haben, trinken, sich durch Wasser bedroht fühlen…;
4. allgemeine religiöse Ausgestaltungen des Symbols (religionsgeschichtlich): Reinigungsriten, Sintflutsymbolik…;
5. typisch christliche Ausgestaltung des Symbols: Schöpfung, Jona, Taufe…

Menschliche Erfahrungen werden so »religiös-christlich qualifiziert«.

Das »Strukturgitter II« geht von »sakramentalen Handlungssymbolen« aus und reflektiert diese anthropologisch. Auch hier geht Baudler in fünf Schritten vor.Als Beispiel sei die Taufe vorgestellt:

1. Menschliche Grunderfahrung: Aufbruch, Neubeginn …;
2. qualifizierendes Element: Aufbrüche in Richtung auf die Gottesherrschaft…;
3. entsprechende Lebensvollzüge im Alltag: Aufstehen am Morgen, eine neue Einstellung gewinnen…;
4. korrespondierender Aspekt der Lebensgestalt Jesu: seine Art zu leben und zu wirken…;
5. entsprechende biblische Erzählungen: Taufe Jesu, Heilungen am Sabbat…

Baudler folgt ebenfalls dem oben skizzierten Verständnis der Mehrdimensionalität von Realität, differenziert aber stärker von den beiden Polen der Korrelation heraus. Aber auch bei diesem in sich schlüssigen Instrument bleiben die offenen Fragen bestehen, die schon im Blick auf den Zielfelderplan formuliert wurden. Dazu kommt, daß die Korrelation stark auf die existentiellen Fragen und die Sinnfindung des einzelnen konzentriert ist, so daß die sozialen Verflechtungen des Menschen, seine gesellschaftlichen Bedingtheiten und Aufgaben, eher ausgeblendet bleiben.

3.4 Offene Fragen

Trotz der interessanten und in sich auch stimmigen Instrumente, die die Korrelationsdidaktik bereitstellt, ist die Diskussion und Entwicklung in den letzten Jahren deutlich schwächer geworden.
Ich vermute, daß dafür vor allem vier Ursachen namhaft zu machen sind, die sich auch schon in der Darstellung der einzelnen Konzepte zeigten:

- Die Begriffe, welche die Korrelation zwischen Situation und Tradition herstellen sollen, sind meist von so weiter Allgemeinheit, daß die Gefahr aufkommt, die konkreten Probleme und Bedürfnisse auszublenden. Die ständige Suche nach »Sinnfindung« hat oft wenig Bodenhaftung und überläßt es dem Lehrer, die konkreten Lebens- und Erfahrungssituationen korrelativ auszuarbeiten, in und an denen Glauben und Leben zu lernen sind. Die Korrelationsdidaktik stößt hier auf ganz ähnliche Schwierigkeiten wie die Hermeneutik der Existentialen Auslegung, die auch am Ende erlahmte, weil sie unkonkret, erfahrungsfern und damit letztlich weltlos blieb (vgl. Band 1, S. 115 f.).
- Die Korrelationsdidaktik arbeitet mit Begriffen, die das »Allgemein-Menschliche« umreißen wollen. Sie werden vorwiegend in einer anthropologischen Reflexion ausgearbeitet und dann an die biblische Überlieferung herangetragen. Wird damit die Bibel nicht in ein Kategoriennetz eingespannt, das ihre eigene Dynamik und »Sprachbewegung« (Baldermann) überlagert und verdeckt?
  Außerdem ist zu fragen, ob dieses Vorgehen nicht die biblische Überlieferung erst in eine Distanz vergangener Geschichte abdrängt, die dann mit Hilfe methodischer Brücken in die Gegenwart geholt werden muß.
  Weiter ist ernstlich zu bedenken, ob nicht die Konzentration auf Bedürfnisse, Befindlichkeiten und Einstellungen möglicherweise die Inhaltlichkeit des Glaubens ausklammert und ihn damit am Ende um sein kritisch-befreiendes Potential bringt.
- Insgesamt sieht es so aus, als sei die Korrelationsdidaktik sehr stark auf Probleme der »Vermittlung« konzentriert, auf die Frage also, wie die vorgegebenen Inhalte den Schülern nahegebracht werden können. Kommt dabei die eigene Dynamik von Glauben und biblischer Überlieferung noch deutlich genug ins Spiel – oder wird sie didaktisch eingeebnet?

Hubertus Halbfas (1990) hat gegen das herrschende Verständnis von Korrelation sehr prinzipielle Einwände scharf formuliert. In seiner Sicht »wird auf der Alltagsebene Korrelation zu einer methodischen Regel für den Verschnitt von Theologie und Anthropologie umgemünzt, deren Anwendung zu inzwischen grausligen Resultaten führt«. Es kommt zu einer »Gegenüberstellung von theologischen und anthropologischen Akzenten, von denen aber bezweifelt sei, daß sie jeweils eine Korrelation aufzeigen. Es handelt sich wohl eher um Schemata assoziativer Analogien, mal weither geholt, mal enger geknüpft (…) Statt die Korrelation in der Sache zu finden, … wird im Grunde dem theologischen Sachverhalt nichts zugetraut, sofern er nicht über eine ›ähnliche‹ allgemeinmenschliche Erfahrung vermittelt werden kann.«
Auch wenn man so scharf wie Hubertus Halbfas nicht urteilen mag, zeigt sich doch die Notwendigkeit, die wichtigen Grundsätze der Korrelationsdidaktik weiterzuentwickeln. Das soll in den beiden nächsten Abschnitten versucht werden.

BEISPIELE

Job oder Lebensaufgabe

Didaktisches Strukturgitter
Anwendungsbeispiel:
9. Schuljahr
Themenfeld:
Begabung und Beruf

Welche Bedeutung kommt dem Themenfeld in den Erfahrungsbereichen des Schülers zu?

Didaktische Grundfunktionen bzw. Lernstufen	I. im eigenen Leben	II. im Leben mit andern	III. in der Begegnung mit Religion und Religionen	IV. in der Begegnung mit der Kirche
1. Kommunikative Information > wahrnehmen – kennenlernen – darstellen	Kreativität und Mobilität			Beruf in der Kirche als Aufgabe erkennen
2. Interpretative Entfaltung > erfahren – verstehen – unterscheiden	Möglichkeiten menschlicher Entfaltung	Leidvolle Erfahrungen im Umgang mit anderen Menschen		Ungesichertheit menschlicher Existenz als Heilsangebot
3. Engagierte Stellungnahme > Verhaltensweisen und Einstellungen überprüfen – bewerten – ändern	Chancen der Verbesserung und Veränderung unserer Welt			Mögliche Zeichenhaftigkeit der beruflichen Tätigkeit

Aus: Zielfelderplan Katholischer Religionsunterricht. 1973

Zielfeld

III Erfahrungsbereich: Religion und Religionen

Qualifikationen ➡	**1. Fähigkeit, religiöse Erscheinungsformen wahrzunehmen**	**2. Fähigkeit, den Anspruch von Religionen und Weltanschauungen zu bewerten**
Richtziele ➡	Aufmerksam werden auf religiöse Phänomene; Religiosität als menschliches Grundverhalten erkennen und in ihren verschiedenen Ausdrucksarten beschreiben und bewerten; verstehen lernen, wie im Laufe der Geschichte unter verschiedenartigen Bedingungen die Sinnfrage gestellt und beantwortet wurde; sich eigener religiöser Fragestellungen bewußt werden.	Die verschiedenen Ausprägungen und Ansprüche von Weltanschauungen und Religionen aus ihren geschichtlichen und ihren je verschiedenen kulturellen Voraussetzungen verstehen; sich auseinandersetzen mit verschiedenartigen Deutungsversuchen einzelner Religionen und Weltanschauungen; den Unterschied zwischen Religion, Weltanschauung und Ideologie sich bewußt machen können; die Eigenart der Offenbarungsreligionen kennen und die Unterschiede zwischen ihnen aufzeigen; bereit sein zu Verständnis und Toleranz gegenüber Menschen anderer Überzeugung.
	III_1	III_2
Schuljahr ➡ 5 Themenfeld/Themen ➡	**Religiöse Symbole** 1. Technische Zeichen und einfache Symbole 2. Symbolzeichen 3. Symbole im profanen und religiösen Bereich 4. Religiöse Symbole	**Völker verehren Gott** 1. Eine Welt voller Götter 2. Ein Gott oder viele Götter 3. Christen verehren Gott
	Gesang und Gebet als religiöse Ausdrucksform 1. Gebete der Völker 2. »Danke für diesen guten Morgen« 3. Gesang als besondere Gebetsform 4. Unsere Situation vor Gott	
6	**Religiöses Brauchtum** 1. Religiöse und profane Ausdrucksformen 2. Altrömische und altgriechische Bräuche 3. Jüdische Feste und Bräuche im Jahreskreis 4. Katholisches Brauchtum	**Islam** 1. Christentum und Weltreligionen 2. Islam als Religion 3. »Heilige Kriege« zwischen Islam und Christentum 4. Islam und Christentum heute

Aus: Zielfelderplan Katholischer Religionsunterricht, 1973

Didaktisches Strukturgitter

	menschliche Grundgegebenheiten / *christliche Grundhaltungen*	vertrauen glauben	sich zuwenden lieben	zuversichtlich sein hoffen
Grunderfahrungen	geborgen sein	130	114, 242	231
	angenommen werden	134	139, 207, 235 251, 336	243, 344
	bejaht werden		138, 143, 214	334
	gerecht behandelt werden		409	205
	nicht allein sein	414	115, 228	
	dazu gehören	135, 244, 340	142, 210, 309, 445	450
	mit andern zusammen sein	104, 227, 246, 431	117, 449	
	aufeinander angewiesen sein		215, 351, 419	
Grundbedürfnisse	für andere dasein wollen	337	238, 338, 349	
	Anteil nehmen	322, 339, 424	204, 315, 407	137
	danksagen	357	236, 451	352
	sich zurecht finden	328, 433, 460	303	464
	Sicherheit suchen	125, 241, 440		237, 432, 442
	sich freuen	240	311	341, 342
	staunen	140, 219, 301, 329, 445	425, 441	
	verstehen wollen	123, 124, 203, 239, 327, 419, 430, 434, 447	222, 304	319, 321
	entdecken wollen	127, 141, 226, 245, 249	133, 136, 401, 435	220, 345
	neugierig sein	326, 446	224, 412	116, 121, 128, 320
	etwas wagen	126, 225, 423		105, 302, 347, 415
	ernst genommen werden	107, 331, 410, 463	118, 131	119, 461
	Selbstvertrauen gewinnen	102, 436		103, 106
	kreativ sein	348	213, 221, 415	122, 247, 422
	seine Fähigkeiten entfalten	229, 332, 438	454	101, 350, 405, 408, 452, 457
	seinen Standpunkt vertreten	230, 330, 429, 444	223, 403	307
	sich durchsetzen	439	120, 313	248
	sich entscheiden wollen	206, 335, 353	443	459
Grunderfahrungen	Angst haben	323		318, 346, 421, 456
	sich beschränken müssen	202, 404	201, 316, 417	112, 217
	begrenzt sein	453	113, 406	110, 402, 416
	unselbständig sein			324, 354
	einsam sein		216	108, 132
	verlassen sein	233, 428	458	333, 411
	schuldig sein	308, 317, 343	462	111, 250, 437
	traurig sein		420	203, 234, 306
	resigniert sein			109, 356, 426
	nicht beachtet werden	129, 208, 310		
	nicht verstanden werden	225, 305	355	
	enttäuscht werden	232, 427		
	nicht angenommen werden	314		212
	abgelehnt werden	312	211, 218	
	verzweifeln			252, 455

Aus: Zielfelderplan für den katholischen Religionsunterricht in der Grundschule (1977)
(Die Zahlen im Raster beziehen sich auf die einzelnen Themen des Plans).

4 Kontextdidaktik

Der Begriff der Kontextdidaktik greift auf eine m.W. zuerst von Karl Ernst Nipkow (Nipkow, 1971, v.a. S. 272 ff.) vorgeschlagene Terminologie zurück. Er versteht unter dem »Kontextmodell« des Religionsunterrichts die Erschließung christlicher Tradition im Lebenszusammenhang (Kontext) der Schüler in ihrer Welt; in diesem Verständnis wird der Begriff bis heute verwendet (z.B. Hiller-Ketterer, 1992). Ich erweitere ihn im folgenden Gedankengang, indem ich – unter Rückgriff auf Ideen des französischen Theologen Georges Casalis – auch den Lebenszusammenhang, in dem ein Text entstanden ist, als Kontext auffasse und interpretiere.
Die leitende Fragestellung ist: Wie können Wege zwischen biblischer Überlieferung und heutiger Erfahrung gebahnt werden, die die Vorzüge des Korrelationsansatzes aufgreifen, aber seine Schwierigkeiten vermeiden?
Mit Recht hat Hans Stock in seinen Untersuchungen zur Elementarisierung darauf aufmerksam gemacht, daß Didaktik und Methodik allein nicht ausreichen, um biblische Überlieferung elementar zu verstehen und zu erschließen (H. Stock, 1987, S. 457). Grundlegend bleibt immer die Frage nach »der Sache selbst«, nach der Bibel. Darum setze ich mit den Überlegungen bei der Bibel an – geleitet von dem Wissen, daß sie in konkreten Lebenssituationen aus Erfahrungen heraus entstanden ist und immer neue Erfahrungen mit Glauben und Leben hervorrufen will. (Die Notwendigkeit, die Überlieferung selbst schon situationsbezogen und damit »korrelativ« auszulegen, wird auch in der Korrelationsdidaktik gesehen, aber meist nicht besonders konsequent verfolgt, vgl. z.B. M. Hoffmann, 1991, S. 400; 407 f.).
Um die in der Überlieferung verwahrten Erfahrungen freizulegen, muß man entsprechende Auslegungskonzepte wählen. Das Ziel der Erfahrungserschließung verfolgen besonders nachhaltig solche Ansätze, die versuchen, biblische Texte aus dem Lebenszusammenhang heraus zu verstehen, in dem sie entstanden sind. Dafür bieten sich die Ursprungsgeschichtliche und die Materialistische Auslegung an (vgl. die Charakterisierung in Kapitel II.2.1).
Die Ursprungsgeschichtliche Auslegung untersucht die mutmaßliche Produktionssituation eines Textes vor allem im Blick auf die realen Lebensverhältnisse und versucht, den Text als Antwort auf die »Provokation der Situation« (H.J. Kraus) zu verstehen. Die Materialistische Auslegung geht vom gleichen Ansatz aus, ist aber daran interessiert, in der Überlieferung Elemente einer »subversiven Praxis« zu entdecken, die auch heute Schritte zu einem gelingenden Leben anstoßen können.
Im Rahmen dieser beiden Auslegungsansätze wird also untersucht, mit welchen Fragen, Konflikten, Zweifeln sich ein Bibeltext auseinandersetzt. Es wird gefragt, welche neuen Sichtweisen, Aufbrüche und Richtungen der Umkehr er anbietet. Diese »innerbiblische Korrelation« sucht so nach dem Erfahrungs-Kontext eines Textes. Besonders ergiebig scheinen in diesem Zusammenhang Überlegungen zu sein, die der französische Theologe Georges Casalis im Rahmen der Materialistischen Auslegung vorgelegt hat.

Er unterscheidet:
- Die *konzeptuelle* Theologie. Sie geht von »ewigen Wahrheiten« aus und arbeitet deduktiv.
- Die *kontextuelle* Theologie. Sie geht von der Analyse konkreter Situationen aus und arbeitet induktiv. Diese Analyse ist kein theoretischer, abstrakt-akademischer Prozeß, sondern erfolgt aus der Situation leidender Betroffenheit und solidarischer Teilnahme mit dem Interesse grundlegender Veränderung inhumaner und damit gottloser Verhältnisse (Casalis, 1980, S. 41 ff.).

Casalis setzt sich nachdrücklich für den »kontextuellen Ansatz« ein, weil dieser in seiner Sicht die kritisch-produktive Dynamik der biblischen Überlieferung am besten freisetzt.

Ich greife die Ideen von Casalis auf und versuche, sie in Richtung auf eine stimmige korrelative Bibeldidaktik auszuarbeiten.

4.1 Kontext I und Kontext II

Eine Bibeldidaktik, die sich auf einen solchen Ansatz stützt, gewinnt wertvolle Werkzeuge zur Verknüpfung von biblischer Überlieferung und gegenwärtigen Problemen:

a. Auf die Prozesse der Produktion und Tradition bezogene Aspekte

Das Stichwort der Kontextorientierung bedeutet in diesem Zusammenhang, daß der »Kontext« sowohl im Blick auf den Produktions- wie den Rezeptionsvorgang eines Textes in die Auslegung einbezogen werden muß.

Wie ist das zu verstehen?

Der erste Kontext (ich bezeichne ihn als Kontext I) ist durch die Situation gegeben, in der der Text entstand. Casalis sieht einen Text durch drei Momente konstituiert, die wie in einem Kraftfeld zusammenwirken:
- *Zeuge* (Z): damit ist der Tradent gemeint, der eine Überlieferung in seiner Zeit (mündlich oder schriftlich) weitergibt.
- *Situation* (S): die geschichtliche Konstellation zur Zeit des Zeugen.
- Geschriebenes Wort: *Text* (T; bei Casalis: literarische Form = F).

Eine Graphik verdeutlicht dies Text-Kraftfeld:

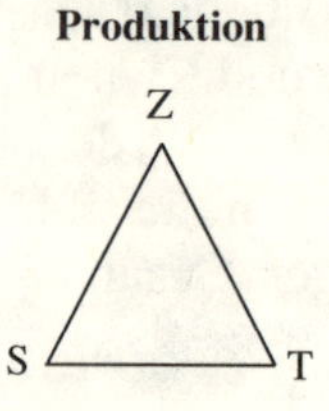

Nach seiner Entstehung ist ein Text jedoch nicht abgeschlossen als ein für allemal »fertiges« Produkt, sondern durchläuft weitere Stadien der Tradierung, des Wachstums, der Weiterentwicklung. In jeder geschichtlichen Situation – innerhalb und außerhalb der Bibel –, in der der Text wieder aufgegriffen wird, bleibt das Kraftfeld nach Casalis in der Grundkonstellation erhalten, ändert sich aber in einzelnen Komponenten.
Diese neuen Kraftfelder bezeichne ich als zweiten Kontext (Kontext II). Solche Kontexte bauen sich immer dann in der Geschichte auf, wenn die Erfahrungen, Fragen und Konflikte der Ursprungssituation strukturell wieder aufbrechen und ein »Zeuge« sich kritisch-produktiv erinnert. – Was verändert sich in einem Kontext II?
Die Situation wird zwar analog der Urspungssituation strukturiert sein, sich aber in den konkreten Verhältnissen verändern; das gilt ähnlich für den Zeugen. Auch der Text wird in der Regel innerhalb des biblischen Tradierungsprozesses umgeformt. Nach dessen Abschluß wird er in seinem Bestand nicht mehr verändert, kann aber neue Gestaltungen anregen, z.B. in der Kunst oder Literatur, ja, grundsätzlich schon bei jeder neuen Übersetzung. – Auch dieser Tradierungsprozeß läßt sich in der Graphik festhalten:

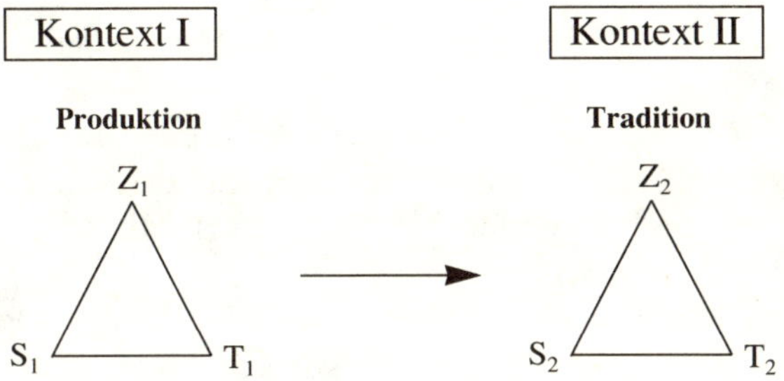

Schließlich kommt der Text in der Gegenwart an. Auch beim heutigen Rezeptionsprozeß ist davon auszugehen, daß eine bestimmte »Provokation der Situation« die Überlieferung zum Sprechen bringt. – Die Grafik sieht jetzt so aus:

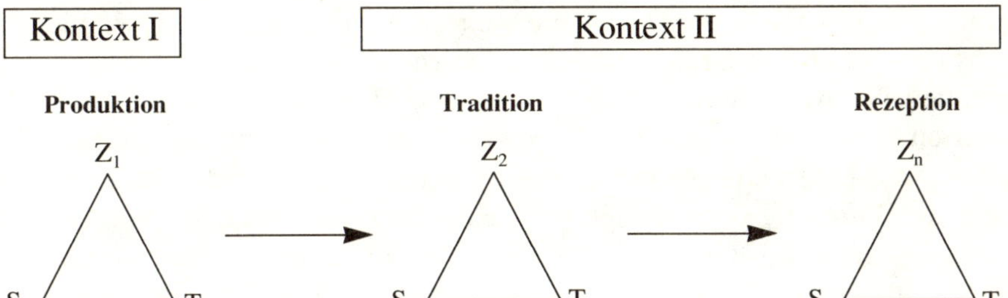

Die Auslegung eines Textes muß nach Casalis immer die drei konstituierenden Momente berücksichtigen. Das bedeutet, daß nicht nur der Kontext I in die

Interpretation einzubeziehen ist, sondern mit gleichem Gewicht auch der Kontext II. Das wird in der Regel der Kontext der Gegenwart sein – wenn es sich nicht um eine Wirkungsgeschichtliche Untersuchung handelt.
Wie können diese Kontexte ermittelt werden?
Für einen biblischen Leser oder Hörer war der Kontext durch seine Lebensverhältnisse bestimmt; dem heutigen Rezipienten ist diese Lebenswelt fremd, er muß sie zunächst rekonstruieren. Dabei kommt es nicht in erster Linie auf die glaubensgeschichtlichen oder geistesgeschichtlichen Entwicklungen an; gerade die Ursprungs- oder Sozialgeschichtliche Auslegung hat gezeigt, daß bei der Produktion von Texten – und damit auch bei ihrer Interpretation – die realen gesellschaftlich-ökonomischen Lebensverhältnisse besonders wichtig sind. Texte sind immer als Antworten des Glaubens auf die »Provokation der Situation« zu begreifen.
Bisher ist noch ungeklärt, an welchen Maßstäben sich diese Antworten ausrichten. Damit stellt sich die Frage nach den inhaltlichen und intentionalen Aspekten der kontextbezogenen Produktions- und Rezeptionsprozesse.

b. Inhaltlich-intentionale Aspekte

Wie baut sich das Kontext-Kraftfeld auf, wenn man die Inhalte und Zielrichtungen einbezieht?
Hier bietet sich wieder die Ursprungsgeschichtliche Auslegung an; sie macht darauf aufmerksam, daß unter inhaltlicher Perspektive der Produktions- und Tradierungsprozeß eines Bibeltextes durch folgende Momente konstituiert ist (der folgende Text greift auf Kapitel II.2. zurück):
- Bei allen biblischen »Zeugen« ist eine intensive Verbindung zu Gott und seiner Sache anzunehmen – ganz gleich, ob sich dies in einer besonderen Berufungserfahrung spiegelt oder nicht.
- Der Zeuge ist Gott und seiner Sache intensiv verbunden. Die »Sache Gottes« ist ihm in der Erinnerung an den rettenden und befreienden Gott gegenwärtig. Als grundlegende Maßstäbe aus diesen Erinnerungen hatten sich Freiheit und Gerechtigkeit gezeigt; dies ist ein grundlegendes Ergebnis der Reflexion über die Lernchancen (s.o. Kapitel II.1). Eine weitere Ausdifferenzierung werde ich im nächsten Abschnitt (»Grundbescheide«) vornehmen.
- Die intensive Ausrichtung an der Erinnerung führt dazu, daß der Zeuge seine Situation unter einer kritischen Perspektive gleichsam mit den Augen Gottes wahrnimmt: Er »sieht« – wie es von Gott selbst erzählt wird – das Elend derer, denen die Befreiung vorenthalten wird. Er »hört« – wie die Bibel von Gott selbst bezeugt – aus dem Mund der Unterdrückten den Schrei nach Gerechtigkeit. Er erkennt: In der täglichen Lebenspraxis stehen die Lebensgrundlagen der Befreiung und Gerechtigkeit auf dem Spiel.
- So zeigen sich für den Zeugen im Licht der Erinnerung in seiner Situation »Dringlichkeiten«, die ihn jetzt zum Sprechen nötigen. Ein Text entsteht.

Als Ergebnis dieser Überlegungen erweitere ich das »hermeneutische Dreieck«, das Casalis zur Kennzeichnung des Entstehungs- und Tradierungsprozesses gewählt hatte, zu einem »hermeneutischen Viereck«: Die Komponente *»Erinnerung«* (E) ist hinzugekommen. Die Erinnerung ist inhaltlich bestimmt durch die Befreiungs- und Gerechtigkeitstraditionen. Auf sie beruft sich der »Zeuge«, um seine Botschaft zu begründen.

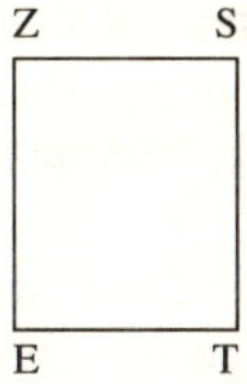

Diese vier Komponenten bauen das »kontextuelle Kraftfeld« eines Texts auf. Sie sind bei der Auslegung eines Textes zu beachten, und zwar sowohl im Blick auf die Ursprungs- wie auch auf die heutige Rezeptionssituation.
Wie gehen wir dabei vor?
Das kontextuelle Kraftfeld ist nicht nur für die Produktionssituation eines Textes mit Hilfe Historisch-Kritischer Analyse zu rekonstruieren. Auch die heutige Lebenswirklichkeit liegt nicht einfach zutage und könnte durch eine Aufzählung von Beobachtungen erfaßt werden. Die gegenwärtige Realität muß durch kritische Analyse der Alltagserfahrungen als »Kontext II« unter den gleichen Kriterien wie der »Kontext I« rekonstruiert werden. Man muß die heutige Lebenssituation als »Sprechsituation« aufbereiten, indem nach grundlegenden Problemen gefragt wird, die auf dem Spiel stehen.
Damit ist ein Instrument gefunden, das biblische Überlieferung und heutige Lebenssituation miteinander verschränkt, wobei die biblische Freiheits- und Gerechtigkeitstradition die durchgehende Perspektive ist, unter der der Text in seinen Kontexten ausgelegt wird.

Beispiel:
Kontext I: In der frühen Königszeit hat der »Zeuge«, den die alttestamentliche Wissenschaft als Jahwist bezeichnet, offensichtlich unter dem Eindruck der Erinnerung an die Befreiungstraditionen Israels kritisch bemerkt, daß in der Situation der außen- und innenpolitischen Machtentfaltung Israel zwar Sicherheit vor der militärischen Bedrohung durch die Nachbarvölker gewonnen hat. Gleichzeitig aber gerät die Freiheit in Gefahr. Aus der geschenkten Freiheit aller waren die Freiheiten geworden, die sich die herrschenden Gruppen (König, Militär, Beamtentum) herausnahmen. Darum wurde für den Jahwisten dringlich, das Gedächtnis des befreienden Gottes zu schärfen. Folglich gestaltete er die überlieferten Erzählungen in seinen Texten so aus, daß Jahwe unübersehbar als »Gott der kleinen Leute« handelt, der sich der Unterdrückten annimmt (z.B. Ex 3,16 ff.).

Kontext II: In gleicher Weise ist nun auch die Gegenwart zu beleuchten. Die Erinnerung an die Befreiung Israels mobilisiert die Frage nach der Freiheit aller in unserer Situation. Es zeigen sich Gefährdungen, z.B. in der extremen Zunahme bürokratischer Einengungen der Bürgerrechte bei uns oder auch weltweit in der Reduzierung der Freiheit armer Nationen durch die Macht der Reichen. Wer heute die biblischen Freiheitstraditionen aufgreift, wird damit zum Zeugen, er wird die Texte als »gefährliche Erinnerungen« mit ihrem kritischen Potential zur Sprache bringen. In solchen Kontexten fangen überlieferte Texte neu an zu sprechen, oder es kommt sogar zu Neuproduktionen, beispielsweise in Verfremdungen.

Es zeigt sich: Auch unter inhaltlich-intentionalem Aspekt ist der Rückgriff auf die Kontext-Theorie der Materialistischen Auslegung höchst produktiv. Denn ihr geht es ja um die interessegeleitete Analyse der Situationen, in denen die »Zeugen« zum Sprechen und Handeln im Namen des befreienden und gerechten Gottes stimuliert wurden und auch in der Gegenwart wieder provoziert werden.
Geht man so an das Wort der Überlieferung heran, bekommt es eine neue Qualität. Casalis beschreibt das so: »Es ist Ereignis, schöpferischer Akt, subversive Praxis einer lebendigen Person und beständig in der Geschichte am Werke. Man kann es daher weder gerinnen lassen noch aufspießen, man kann nur seiner Spur folgen, d.h. ihm nachfolgen« (Casalis, 1980, S. 56).
Der hiermit skizzierte Ansatz der Kontextdidaktik ist nun noch weiter auszudifferenzieren, wenn er bibeldidaktisch greifen soll.

4.2 Die bibeldidaktische Bedeutung der Grundbescheide

a. Ein Instrument zur Verschränkung von Bibel und Gegenwart

Wie lassen sich die von der Kontextdidaktik angelegten Verbindungslinien von der Tradition zur Gegenwart nun in Verknüpfungskategorien fassen? – Das war die Ausgangsfrage dieses Kapitels.
Die Analyse der Kontexte I und II zeigte, daß die Erinnerung an die Freiheits- und Gerechtigkeitstraditionen die inhaltliche und intentionale Kontinuität der Tradierungsprozesse sicherte.
Zur weiteren Differenzierung und Strukturierung dieser Erinnerungen bieten sich die Grundbescheide an, die in Kapitel II.3 als »heilsgeschichtliche Abbreviaturen« zur Verdichtung biblischer Überlieferung entwickelt wurden. Denn als eine ihrer wichtigsten Leistungen für den Verstehens- und Rezeptionsprozeß zeigte sich ja, daß sie die Frage nach den Erfahrungs- und Konfliktfeldern anregen, in denen biblische Texte immer wieder zur Sprache und zur Sache kommen wollen. Damit drängen sie sich geradezu als Transfer-Schienen zwischen Tradition und Situation auf.

Eine Probe aufs Exempel:
Wie im vorigen Abschnitt gezeigt, sind im Sinne der Ursprungsgeschichtlichen/Materialistischen Auslegung die beiden Kontexte bestimmt durch die Erinnerungsarbeit des Zeugen. Grundbescheide als Rückgriffe auf die grundlegenden Erfahrungen und Erkenntnisse des Gottesvolkes klären und strukturieren die Erinnerung; zugleich schärfen und vertiefen sie die Wahrnehmung der Gegenwart.
Eine Situation ist unter drei Fragehinsichten zu analysieren:

- In welchen Lebensbereichen und –situationen ist ein Grundbescheid dringlich? (*Analysefrage 1: Dringlichkeit*)
- Welche Verhältnisse und Einstellungen führen eine Verkümmerung oder Entstellung des Grundbescheids herbei? (*Analysefrage 2: Gefährdung*)
- Welche Veränderungen stößt er an? (*Analysefrage 3: Veränderung*)

Die Verknüpfung von Tradition und Situation kann nun entweder von der Überlieferung oder von der Gegenwart aus erfolgen.
Zunächst der Ansatz *von der Überlieferung* aus auf die Gegenwart zu: Ich wähle den ersten Grundbescheid »Gott schafft Leben« (Schöpfung) und frage

- nach »*Dringlichkeiten*« in der Gegenwart: Wo ist das gute, lebenswerte Leben aller gefährdet? Es bieten sich u.a. folgende Problemstellungen und Themen an: Umwelt, Rassenproblematik, Nord-Süd-Konflikt, Verhältnis der Geschlechter, genetische Manipulation, bestimmte Verhaltensweisen gegenüber der Tierwelt, wie beispielsweise die Massentierhaltung;
- nach Einstellungen und Verhaltensweisen, die zur *Gefährdung* der im Grundbescheid genannten Lebens-Gabe führen. Hier zeigt sich, daß der Mensch augenscheinlich immer weniger bereit ist, seine Geschöpflichkeit zu akzeptieren und ernst zu nehmen. Das wirkt sich beispielsweise in Allmachtsphantasien, wie in der Genmanipulation, aus. Oder es kommt zur Partikularisation der Schöpfungsgaben, beispielsweise in der Tatsache, daß der gute Lebensraum zwischen Norden und Süden ungerecht verteilt wird, oder auch darin, daß Männer die in der Schöpfung angelegte partnerschaftliche Beziehung der Geschlechter nicht praktizieren. Die Frage nach Entstellungen der im Grundbescheid gefaßten Gaben Gottes erfordert also eine kritische Analyse der Gegenwart unter der Perspektive des Grundbescheids. Die eben vorgetragenen, eher assoziativen Beobachtungen könnten mit Hilfe politischer Analysekriterien viel genauer gefaßt werden.
- Schließlich ist zu bedenken, welche Anstöße zur *Veränderung* der Grundbescheid »Gott schafft Leben« freisetzt. Sie ergeben sich aus den kritischen Beobachtungen: Wer seine Geschöpflichkeit ernst nimmt, wird im Bereich der genetischen Manipulierbarkeit des Lebens nicht mehr alles ausführen, was ihm technisch möglich ist, sondern die Grenze da ziehen, wo er sich zum Herrn über Leben und Tod erhebt. Oder wo die Universalität der Schöpfungsgaben ernstgenommen wird, sind rassische oder sexistische Diskriminierung ausgeschlossen. Diese Handlungsanstöße könnten mit Hilfe der von Moltmann formulierten »Richtpunkte« (s. o. S. 73 f.) genauer gefaßt werden.

Dies Beispiel belegt in meiner Sicht die Produktivität der Grundbescheide, macht aber gleichzeitig deutlich, daß man sie nicht überfordern darf: Sie erheben nicht den Anspruch, alle denkbaren korrelativen Verbindungen zwischen biblischer Tradition und heutiger Erfahrung systematisch zu erfassen, sondern sie nehmen heuristische Funktionen wahr, indem sie – ausgehend von biblischen »Grundlinien« – Brennpunkte heutigen Christseins ans Licht bringen. Gleichzeitig markieren sie durch den Rückgriff auf die biblischen Freiheits- und Gerechtigkeitstraditionen eindeutig Kriterien der Analyse und Richtungen notwendiger Veränderungen.

Nun der Ansatz *von der Gegenwart* her.
Ich wähle als aktuellen Erfahrungs- und Problembereich die Asylfrage, gehe also von einem heute umstrittenen und ethisch klärungsbedürftigen Problem aus und konfrontiere es mit den sechs Grundbescheiden. Dabei könnten sich folgende »Dringlichkeiten« und Anstöße zur Veränderung zeigen:

- Gott schafft Leben (*Schöpfung*): Anerkennung der Geschöpflichkeit; gleicher Wert aller von Gott geschaffenen Menschen läßt keine Vorurteile zu.
- Gott stiftet Gemeinschaft (*Gemeinschaft, Partnerschaft, Ökumene*): Bewahrung des guten Lebensraums für alle; Prüfung politischer und administrativer Maßnahmen auf ihre Gemeinschaftsverträglichkeit usw.
- Gott leidet mit und an seinem Volk (*Leiden* und *Leidenschaft*): Bereitschaft, das eigene Verhalten gegenüber den Asylanten einmal nicht aus der Perspektive der eigenen Bedürfnisse und gewohnten Verhaltensweisen, sondern aus der Perspektive derer wahrzunehmen, die unter diesem Verhalten leiden (z.B. Ausgrenzung und Diskriminierung, egoistische Inanspruchnahme von Wohnraum).
- Gott befreit die Unterdrückten (*Befreiung*): Notwendigkeit der Befreiung für unterdrückte Menschen anerkennen; an praktischer Befreiungsarbeit teilnehmen.
- Gott gibt seinen Geist (*Heiliger Geist* und *Begeisterung*): Angesichts der Größe der Probleme in der Asylfrage und des Widerstands der wirtschaftlich und politisch Mächtigen gegen humane Lösungen nicht resignieren, sich begeistern und ermutigen lassen.
- Gott herrscht in Ewigkeit (*Gottesherrschaft*, *Schalom*): Anerkennen, daß nicht der Mensch der Herr der Welt ist; darum Überlegenheitsphantasien kritisch wahrnehmen und bekämpfen. Anerkennen, daß uns der eigene Lebensraum nur geliehen, für alle anvertraut ist.

Dieser von der Gegenwart auf die Tradition hin fragende Ansatz zielt auf eine biblisch-theologische Qualifikation heutiger anthropologischer und ethischer Brennpunkte, wie sie in thematisch akzentuierten Unterrichtseinheiten des Religionsunterrichts vorkommen. Die Grundbescheide tragen kritische Perspektiven an die gegenwärtigen Probleme heran und setzen Anstöße zur Veränderung frei.
Das skizzierte Beispiel zeigt, daß die Grundbescheide sich gut als Werkzeuge zur Verbindung von biblischer Überlieferung und gegenwärtigen Problemen und Konflikten eignen.

b. Die Transferleistungen der Grundbescheide. Überblick

Ich versuche jetzt, die Ergebnisse in Form eines Überblicks über die Transferleistung der Grundbescheide zusammenzufassen und aufzulisten, welche Arbeiten zur methodischen Handhabung dieses Werkzeugs nötig sind.

(1) Innerbiblische Operationen

Gehen wir zunächst mit dem Grundbescheid »Gott schafft Leben« in die biblische Überlieferung hinein, dann zeigt sich, daß er in Beziehung zu einer Vielzahl von Texten steht. Diese erfahren vom Grundbescheid ihre intentionale Ausrichtung, bringen diesen aber auch erst hervor, wie oben beschrieben. Die Grafik verdeutlicht diesen Zusammenhang (T1 – Tn = Bibeltexte; GB = Grundbescheid):

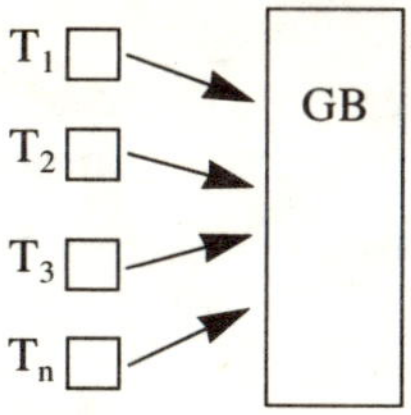

Zur Auswahl entsprechender Texte vgl. die Übersicht in Kapitel II.2.4.
Ein solcher Grundbescheid zieht eine Vielzahl sehr unterschiedlicher Texte an: Nicht nur die klassischen »Schöpfungstexte« kommen in den Blick, sondern auch andere, in denen der Grundbescheid »Gott schafft Leben« im Spiel ist: Wundererzählungen (z.B. Mk 2 und Mt 11), Vergebungs- und Rettungsgeschichten (z.B. Joh 8), Auferstehungszeugnisse (z.B. Mk 16), Aussagen über die Neuschöpfung »in Christus« (z.B. 2 Kor 5,17).
Es dürfte sehr sinnvoll sein, sich für jeden Grundbescheid einen Text-Pool anzulegen, wie es in Kapitel II.2.4 gezeigt wurde. Ein solcher Pool könnte in einem ersten Arbeitsgang mit Hilfe der Konkordanz entwickelt und dann bei Gelegenheit immer weiter aufgefüllt werden.
Dabei kommt es weder auf Vollständigkeit noch auf Eindeutigkeit der Zuordnungen an. Es kann sehr sinnvoll sein, einen Textkomplex wie die Wundererzählungen mehreren Grundbescheiden zuzuordnen, etwa: »Gott schafft Leben« – »Gott befreit die Unterdrückten« – »Gott herrscht in Ewigkeit«. Solche wechselnden Perspektiven zeigen, daß die Bibel kein Lehr-, sondern ein Lebensbuch ist, das sich nicht in ein Schema pressen läßt.
Diese Zuordnung von Bibeltexten zu Grundbescheiden nimmt folgende Funktionen wahr:

- Sinnvolle *Ordnung* der komplexen biblischen Überlieferung.
- *Intentionale Ausrichtung* der einzelnen Texte nach klaren Kriterien. Hierbei kann die erwähnte Zuordnung zu mehreren Grundbescheiden einen Text jeweils in anderer, vielleicht bisher übersehener Perspektive aufscheinen lassen.

Diese intentionale Ausrichtung ist nicht nur für die Verknüpfung mit gegenwartsbezogenen Themen wichtig – darum wird es im nächsten Abschnitt gehen –, sondern auch für die Perspektive, unter der ein Text im Rahmen des (inner-) biblischen Unterrichts bearbeitet wird.

– Solche Text-Pools bieten im praktischen Unterricht nicht nur die Möglichkeit, Texte intentional auszurichten, sondern laden auch zu *Vernetzungen* ein. Ich will einmal den Verzweigungen eines durch einen Grundbescheid ausgerichteten Texts in der Bibel nachgehen. Als Beispiel wähle ich die Exodus-Tradition:

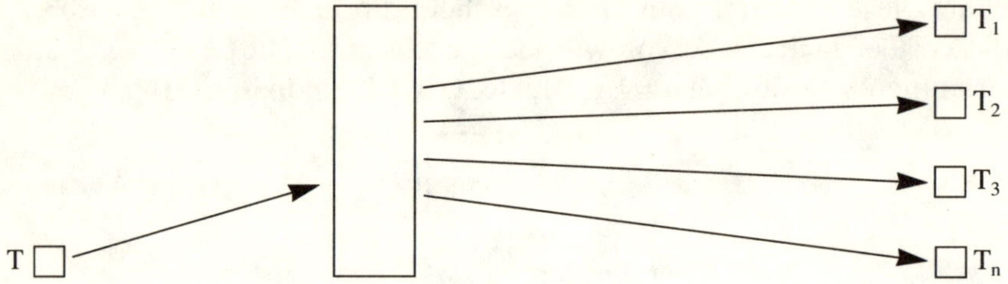

Ausgangs-text	Grund-bescheid:	Der Ausgangstext wird unter dem Befreiungsaspekt aufgegriffen z. B. in:
Ex 1–15	Gott befreit die Unter-drückten	Ex 20,20ff Dtn 23,17f Ps 74,10–13 Jes 43,16–19

Vielleicht könnte man dann der Geschichte dieses Textzusammenhangs außerhalb der Bibel nachgehen und sie vernetzen, beispielsweise im Gebrauch der Exodus-Erinnerung in den Spirituals der nordamerikanischen Sklaven oder in den befreiungstheologisch inspirierten Basisgemeinden Lateinamerikas.

Reizvoll wäre aber auch, ausgehend von einem Text, der durch einen Grundbescheid ausgerichtet ist, einmal eine Linie zu ganz anderen Überlieferungsstücken aus dem »Pool« des Grundbescheids zu ziehen und sie zu vernetzen. Beispiel:

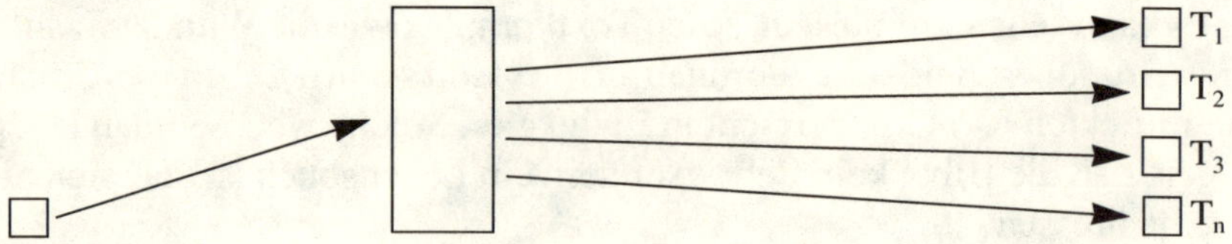

Ausgangs-text	Grundbe-scheid:	Texte aus dem GB-Pool
Gen 1	GB: Gott schafft Leben	Jona, Ps 104 Mk 2,1–12 Joh 8,2–12

Diese Vernetzungsarbeiten kommen vor allem bei der mittelfristigen Planung zum Zuge: Wenn es darum geht, einen Stoffverteilungsplan (für biblische Themen) zu erstellen, mit dem Lehrplan kritisch zu arbeiten usw.
Wichtig ist, daß Schüler diese Operationen durchschauen und auch selbst vornehmen können. Diese Planungskompetenz wird allerdings nur in kleinen, planvoll aufeinander abgestimmten Lernschritten erreichbar sein.

(2) Operationen zur Verschränkung von Bibel und Gegenwart

Mit dem Ergebnis der innerbiblischen Arbeiten kann man dann an die heutige Zeit herangehen. Der Transfer erfolgt über die Ebene des Grundbescheids. Die drei eingangs genannten Analyse-Fragen (s.o. S. 133) machen nun auf bestimmte Situationen aufmerksam, in denen der Grundbescheid dringlich, strittig ist.
In der Grafik stellt sich der Vorgang so dar:

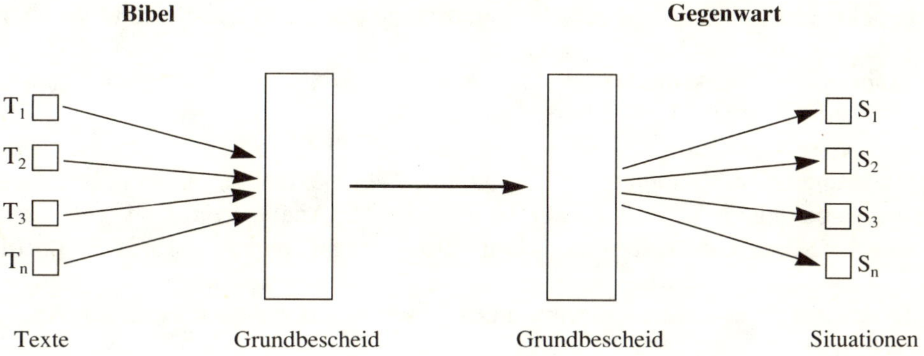

Geht der Transfer nicht von der Bibel aus, sondern von der Gegenwart zur Bibel hin, benutzt er die gleichen Wege, nur in umgekehrter Richtung:

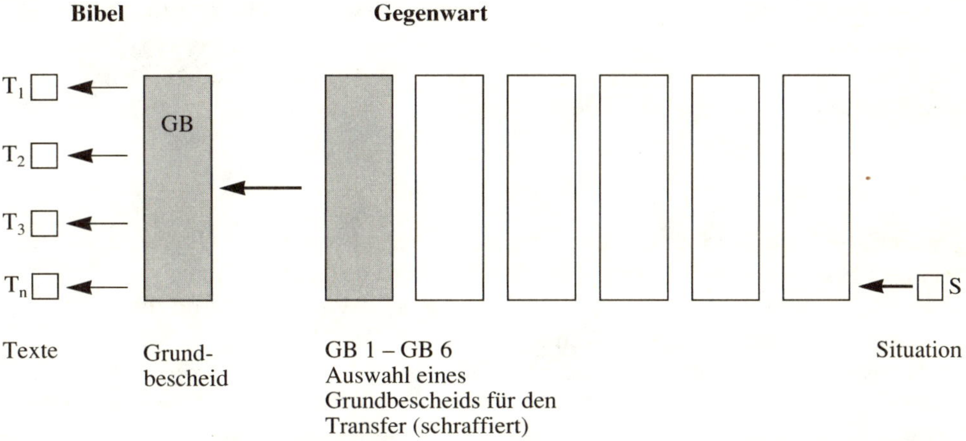

Die aktuelle Situation (S) wird, wie oben gezeigt, mit Hilfe der Grundbescheide qualifiziert. Ein Grundbescheid wird als leitende Fragestellung ausgewählt und dient als Transferschiene in die biblische Überlieferung. Dort können dann mit Hilfe des Text-Pools entsprechende Texte gefunden und in das Thema eingebaut werden.

Diese Verknüpfung nimmt folgende Funktionen wahr:

- Sie leistet eine *biblisch-theologische Qualifizierung gegenwartsbezogener Themen.* Hiermit steht dem Unterrichtenden ein Instrument zur Verfügung, mit dem er die oft nicht besonders gelungene Verbindung von Situation und Tradition in Lehrplänen und Religionsbüchern optimieren kann. Praktisch ist so zu verfahren, daß der Unterrichtende bei der Planung eines thematischen Unterrichtsvorhabens eine solche Analyse vornimmt, wie sie im Blick auf das Thema »Asyl« (S. 134) skizziert wurde, dann entscheidet, welche Grundbescheide im Rahmen seines Themas und im Blick auf seine Klasse besonders wichtig sind und schließlich Bibeltexte auswählt, die diesen Grundbescheid besonders deutlich und einleuchtend im Unterricht darstellen können.
- Eine weitere Funktion ist die *Strukturierungshilfe* bei der Planung größerer Themensequenzen (Stoffverteilungsplan).

  Es könnte sehr sinnvoll sein, über einen längeren Zeitraum hinweg mit einer Klasse mehrere Themen unter der leitenden Perspektive eines Grundbescheids zu bearbeiten. Dabei sind die auf S. 133 notierten Analyse-Fragen von Nutzen. Beispiel: Grundbescheid »Schöpfung«. Mögliche Themen: Nord-Süd-Konflikt (zur ersten Analyse-Frage) – Genetische Manipulation (zur zweiten Analyse-Frage) – Antirassismus-Programm des Ökumenischen Rats (zur dritten Analyse-Frage).

  Diese Planung könnte sich beispielsweise auch so auswirken, daß ein biblisches Thema (etwa das babylonische Exil) unter der Perspektive des Grundbescheids »Gott herrscht in Ewigkeit« aktualisierend fortgeführt wird durch das Thema »Asyl« als Feld, auf dem heute für die Freiheit und Gerechtigkeit zu arbeiten ist, die allen gelten.

Auch bei diesen Arbeitsschritten ist es wichtig, die Schüler mit einzubeziehen und ihre Planungskompetenz zu fördern.

(3) Zusammenfassung

Die vorgestellten Werkzeuge zur Verschränkung von biblischer Überlieferung und heutiger Erfahrung sollen den folgenden Kriterien gerecht werden:

- Sie sollen von der biblischen Überlieferung selbst ausgehen und die wichtigen Bekenntnistraditionen des Alten und Neuen Testaments verdichten.
- Sie sollen so bestimmt und abgegrenzt werden, daß sie wesentliche Bereiche und Aspekte der biblischen Tradition erfassen, und so offen formuliert sein, daß sie die eigene Entscheidung des Benutzers und den freien Diskurs zulassen.

- Sie sollen die Bekenntnistraditionen als Erinnerungen an die Befreiungs- und Gerechtigkeitserfahrungen des Gottesvolkes ausgestalten und damit ihre kritisch-prophetische Dynamik kenntlich machen.
- Sie sollen Perspektiven für heutige Lebensorientierung und Weltgestaltung einschließen, und zwar
  - als Kriterien zur theologischen Qualifikation und Beurteilung heutiger Probleme,
  - als Richtungsangaben humaner, christlich inspirierter Weltgestaltung.
- Sie sollen dem Lehrer Werkzeuge für die methodische Verknüpfung von biblischer Überlieferung und heutiger Erfahrung sowie zur Unterrichtsplanung in die Hand geben. Gleichzeitig sollen sie Spielraum für eigene didaktische Entscheidungen offenlassen.
- Sie sollen so anwendbar sein, daß Schüler sie durchschauen und ihren selbständigen Gebrauch erlernen können.

5 Zwei Grundtypen des biblischen Unterrichts

Wie lassen sich nun die grundsätzlichen Überlegungen zur Bibeldidaktik in die Praxis des biblischen Unterrichts umsetzen? Um diese Frage zu prüfen, ist es sinnvoll, noch einmal kurz die Situation des biblischen Unterrichts auf dem Hintergrund seiner Entwicklung seit dem Ende 60er Jahre zu skizzieren.
Wie im historischen Überblick in Kapitel II.3.1 gezeigt, versuchte – nach der Phase der Evangelischen Unterweisung bzw. des Kerygmatischen Unterrichts – das Konzept des Hermeneutischen Religionsunterrichts durch Historisch-Kritische Bibelarbeit im Unterricht den Schülern einen Weg zur eigenständigen Auseinandersetzung mit Texten des Alten und Neuen Testaments zu bahnen. Doch zeigte sich, daß dieser Weg zwar die geschichtliche Situiertheit der biblischen Überlieferung freilegen konnte, aber ihren Anrede-Charakter eher verstellte. Dem versuchte die Einbeziehung der Existentialen Interpretation in der Konzeption des Hermeneutischen Religionsunterrichts gerecht zu werden. Aber die konkrete Situation des Schülers kam damit noch nicht zum Zug.
Darum wurde am Anfang der 70er Jahre der biblische Unterricht durch einen zweiten Unterrichtstyp ergänzt, den themen- oder problemorientierten Religionsunterricht. Diese Entscheidung war zweifellos zunächst als Reaktion auf die kritische Situation des Religionsunterrichts heraus getroffen worden, ohne daß die theologischen und bibeldidaktischen Voraussetzungen und Folgen breit diskutiert wurden.
Aber bald setzte eine intensive religionspädagogische Reflexion über die Funktion, Ausgestaltung und Zuordnung der beiden Typen des Religionsunterrichts ein.

Ich will diese im folgenden Abschnitt nur knapp im Zusammenhang der bibeldidaktischen Grundentscheidungen skizzieren und die unterrichtlichen Aspekte in den beiden ersten Kapiteln von Teil III ausführen.

5.1 Bibelorientierte Problemerschließung

Der »problemorientierte Religionsunterricht« hatte sich auf die kritische Analyse der heutigen Lebensverhältnisse unter dem Aspekt christlicher Weltverantwortung konzentriert. Geht man mit dem Instrument der Kontextdidaktik an dies Konzept heran, zeigt sich, daß der problemorientierte Unterricht vom Kontext II ausgeht und ihn unter den Maßstäben der biblischen Freiheits- und Gerechtigkeitstraditionen untersucht. Auch wenn dieser Zusammenhang nicht immer ausdrücklich hergestellt wird, handelt es sich um biblischen Unterricht nach dem Kontext-Modell. In ihm geschieht im Grunde nichts anderes, als daß die Verhältnisse, die bei der biblischen Entstehung und Tradierung von Texten wirksam waren, für die Analyse der Gegenwart »nachgestellt« werden. Der problemorientierte Religionsunterricht ist also Bibelunterricht mit einer spezifischen Ausrichtung und Akzentuierung. Ich bezeichne ihn darum als bibelorientierte Problemerschließung.

5.2 Problemorientierte Texterschließung

Allerdings reicht dieser erste Grundtyp des Bibelunterrichts für sich genommen noch nicht aus. Der historische Überblick und die Analyse der Lehrpläne haben deutlich gezeigt, daß bei einer einseitigen Konzentration auf die bibelorientierte Problemerschließung mit bestimmten Schwierigkeiten gerechnet werden muß:

- In thematischen Unterrichtseinheiten wird biblische Überlieferung immer nur punktuell in Form relativ isolierter Einzeltexte einbezogen. Dies kann dazu führen, daß diese Texte nur noch hinsichtlich ihres Beitrags zum jeweiligen Thema befragt werden (»Problemlösungspotential«).
  Funktionalisierung und damit Verkürzung der biblischen Tradition sind die Folge (vgl. die Hinweise zum Problem der Funktionalisierung in Kapitel II.3).
- Die Rückfrage auf Tradition innerhalb thematischer Unterrichtseinheiten kann im Blick auf die Auswahl der Texte leicht zur Konzentration auf immer die gleichen Bibelabschnitte führen. Dies bedeutet nicht nur eine bedenklich enge Selbstgenügsamkeit im Blick auf die Überlieferung, sondern wird von den Schülern auch als Manipulation wahrgenommen, weil sie die Auswahl und Aufbereitung der Texte kaum überprüfen können.

Darum ist an einem anderen Grundtyp des biblischen Unterrichts festzuhalten, der die Eigenart und Dynamik der biblischen Überlieferung wahrt und die Schüler in

einen eigenständigen Umgang mit ihr einübt. Er ist dem herkömmlichen Bibelunterricht durchaus ähnlich.
Allerdings darf diese textbezogene Arbeit nicht zum Selbstzweck werden, sich als vorgebliches Zentrum des Religionsunterrichts unbefragt fortpflanzen. Basis-Ziel jedes Bibelunterrichts ist es ja, die kritisch-produktive Kraft dieser Überlieferung als Angebot für heute gelingendes Leben aufzudecken und freizusetzen. Ich bezeichne diesen zweiten Grundtyp daher als problemorientierte Texterschließung.
Eine etwas andere Unterscheidung hat H. Halbfas bereits 1971 vorgeschlagen: Für ihn ist der Religionsunterricht prinzipiell biblischer Unterricht. Die Bezeichnung Bibelunterricht reserviert er solchen Arbeitsgängen, die in die bibelwissenschaftlich akzentuierten Verstehensvoraussetzungen einführen (Halbfas, 1971, S. 62 f.; 103). Diesen Sprachgebrauch werde ich nicht übernehmen, greife aber einen wichtigen Gesichtspunkt auf, der eine weitere Differenzierung nahelegt.

5.3 Informationsbausteine

Wahrscheinlich können die problemorientierte Texterschließung und die bibelorientierte Problemerschließung nur sinnvoll und erfolgreich ausgeführt werden, wenn sie sich auf vorbereitende Kurse stützen können, die in das sachgemäße Verstehen der Bibel einführen. Solche »Informationsbausteine« müßten drei Aufgaben leisten:
- Einführung in die Lebenswelt der Bibel,
- Informationen zur Entstehung und zum historischen Verständnis der biblischen Schriften,
- Einführung in das Verständnis religiöser Sprache.

Es wäre allerdings ein Mißverständnis, das Verhältnis dieser verschiedenen Typen des biblischen Unterrichts als System aufeinander aufbauender Einheiten aufzufassen: Zuerst die Informationsbausteine, dann die problemorientierte Texterschließung und abschließend die bibelorientierte Problemerschließung. Vielmehr sind diese Arten des Bibelunterrichts in jeder Alters- und Entwicklungsstufe anzubieten und sinnreich aufeinander zu beziehen.

Exkurs: Zur Frage der Altersstufen

Das Problem der Altersstufen im Religionsunterricht wird in der Literatur meistens als Frage nach der entwicklungsgerechten Differenzierung der Inhalte behandelt (z.B. Nipkow, 1988 und 1990). Unter bibeldidaktischer Perspektive will ich demgegenüber deutlicher die Kontinuität hervorheben und als These formulieren: Der biblische Unterricht muß seine Aufgabe darin sehen, durchgehend durch alle Altersstufen strukturell analoge Lernerfahrungen und Einsichten aufzubauen.
Diese These will ich an vier Beispielen erläutern.

a. Biblische Überlieferung ist kontextorientiert zu vermitteln

Diese Forderung wendet sich gegen objektivierende Verstehensweisen, die in der Überlieferung vor allem »Tatsachen« wahrnehmen wollen; demgegenüber zielt sie darauf, biblische Texte als geschichtliche Antworten des Glaubens auf Lebensfragen zu verstehen.
Diese Sichtweise ist durchgehend zu beachten. Mit jüngeren Schülern kann sie in Form der Ursprungsgeschichtlichen Erzählung umgesetzt werden, mit älteren Schülern kann die Struktur von biblischen Geschichten als Antworttexte bewußt eingeführt und erarbeitet werden.

b. Die Rede von Gott im biblischen Unterricht muß plausibel sein

Häufig wird in Lehrplanformulierungen oder Praxisanleitungen die biblische Rede von Gott unmittelbar aufgenommen. Da heißt es dann: »Und Gott sprach…« oder »Jahwe tat kund…«. Für den biblischen Menschen ist klar, daß es sich hier um deutende Rede handelt; in den Erfahrungen, Visionen, Träumen von Menschen erkennen sie Gottes Stimme. Gelegentlich wird das auch ausgesprochen: Menschen hören das Wort Jahwes im Traum; sie erinnern sich; sie erhalten Weisung aus dem Mund eines anderen Menschen, z.B. eines Propheten.
Diese Sicht bringen Kinder unserer Zeit nicht mit, sondern verstehen solche Aussagen als Mitteilungen von Fakten. Ältere Schüler werden darin die Zumutung wahrnehmen, unglaubhafte Aussagen für bare Münze zu nehmen.
Im biblischen Unterricht wird es darauf ankommen, von Anfang an (nicht erst im »kritischen Alter«!) die genannten biblischen Möglichkeiten auszuschöpfen, um die Rede von Gott plausibel zu machen. Die Aufgabe ist nicht, alle biblischen Aussagen rational zu erklären, aber sie als mögliche menschliche Erfahrungen verständlich werden zu lassen.

c. Der Charakter der biblischen Überlieferung als Erzählung von »Gegenwelten« ist durchgängig zu zeigen

Biblische Texte stellen oft den gewohnten Erfahrungen, den allgemein akzeptierten Normen Sichtweisen entgegen, die diese durchkreuzen und kritisch-heilsame Alternativen aufscheinen lassen. Das führt zu Konflikten und provoziert Entscheidungen. Dieser Grundzug der Bibel sollte von Anfang an kenntlich gemacht werden. Wer im biblischen Unterricht der Grundschule die heile Welt vertritt und die Konflikte ausklammert, verharmlost wahrscheinlich die Texte so gründlich, daß die Schüler später kaum noch in der Lage sind, den alternativen Charakter der Texte wahrzunehmen.

d. Biblischer Unterricht muß das kritische Urteilsvermögen der Schüler durchweg in Anspruch nehmen

Bei vielen Schülern gilt der Religionsunterricht als intellektuell anspruchslos – speziell, wenn es um die Bibel geht!

Der biblische Unterricht sollte sich anstrengen, das Denkvermögen der Schüler von Anfang an anzusprechen: Geforderte Schüler werden eher bemerken, daß es um anspruchsvolle Inhalte geht, die ihnen etwas zu bieten haben.

Das wird allerdings nur einzulösen sein, wenn zwei Bedingungen beachtet werden:

- Denken und Kritik sollten nicht nur geduldet, sondern gefördert und honoriert werden!
- Aufgabenstellungen sollten so angelegt werden, daß die Schüler sich davon nicht nur neue Erkenntnisse über das jeweilige Unterrichtsthema versprechen können, sondern auch für sie selbst relevante Einsichten.

III. Praxis

Kapitel 1
Sachgemäßes Verstehen der biblischen Überlieferung (Informationsbausteine)

Für diesen Aufgabenbereich bieten sich drei Typen von Bausteinen an:

1 Informationsbausteine zur Einführung in die Lebenswelt der Bibel

Ziel solcher Bausteine ist es, den Schülern die geographischen, historischen und kulturgeschichtlichen Kenntnisse zu vermitteln, die sie zum Verstehen biblischer Texte benötigen. Das fördert einerseits ein sachgemäßes Verständnis der Texte, ist aber auch zum Einleben in die Welt der Bibel unerläßlich, welches zur erfahrungsbezogenen Erschließung biblischer Überlieferung gehört.
Die Organisationsform solcher »Bausteine« darf nicht mißverstanden werden: Es geht weder um einen umfassenden Lehrgang, der den Schülern irgendwann angeboten wird, um ihnen alle wichtigen Kenntnisse zu vermitteln, noch um nur kognitiv zu erarbeitende Sachinformationen. Die Inhalte werden in den verschiedenen Schulstufen je nach Ausgangslage der Klasse und Lernsituation in Form kleiner Einheiten zu unterschiedlichen Sachaspekten angeboten, wie sie auch teilweise schon in den Lehrplänen vorgesehen sind. Solche Bausteine können als selbständige Einheiten organisiert oder auch als Vorschaltsequenzen zu biblischen Themen angesetzt werden (z.B. »Zeit und Umwelt Jesu« als Vorbereitung zu ersten Jesus-Geschichten im 1. Schuljahr).
Gerade anhand dieses Themas läßt sich die Notwendigkeit und Chance solcher Informationsbausteine verdeutlichen.
Notwendig wird eine Vorschaltsequenz, weil ein in religiöser Hinsicht durchschnittlich sozialisiertes Kind mit neutestamentlichen Erzählungen wohl herzlich

wenig anfangen kann: In den meisten Fällen wird es nur sehr wenig von Jesus gehört haben, so daß ziemlich unerfindlich bleibt, welche Bedeutung diese alten Geschichten heute haben sollen. Die Gestalt Jesu muß erst inkarniert, d.h. in der je eigenen Welt Mensch, das heißt Jude, Mann, Freund werden. Ein Kurs wird darauf aus sein, diese Welt erstehen zu lassen, die Menschen in ihrem Alltag, mit ihren Hoffnungen und Bedrängnissen zu beleben und dann schrittweise den Mann aus Nazaret aus dem Dunkel treten zu lassen – nicht anders, als es damals in Palästina geschah.
Auch die Arbeitsformen sollten differenziert gewählt werden: Es bieten sich die vielfach angebotenen AV-Medien zur Veranschaulichung an (besonders gelungen die »Medienbausteine Religion« 1-3); sie können in der Grundschule im Rahmen einer Sacherzählung eingesetzt werden (»Umweltgeschichten«). Auch die eigenständige Erarbeitung durch die Schüler in Form kleiner Projekte ist reizvoll (z.B. Basteln eine Dorfes aus der Zeit Jesu nach Vorlagen; oder: selbständige Erschließung von Informationsmaterialien durch ältere Schüler – neben den bekannten Nachschlagewerken bietet sich als gute Quelle an: Botschaft des Staates Israel, Postfach, 5300 Bonn).

2 Informationsbausteine zur Entstehung und zum geschichtlichen Verständnis der biblischen Schriften

Diese Kurse – ähnlich organisiert wie die zuvor besprochenen – sollen die Schüler in die Entstehungsgeschichte der biblischen Bücher einführen. Besonders geeignet: Pentateuch-Texte und Synoptiker. Die Schüler können an anschaulichen Beispielen erfahren, wie die biblischen »Schriftsteller« gearbeitet haben. Sie lernen, die Unterschiedlichkeit von Texten als Ausdruck geschichtlicher Situationen zu verstehen; sie erkennen, daß solche geschichtlichen Differenzierungen die Texte nicht zur Unverbindlichkeit relativieren, sondern ihr besonderes Profil klarer hervortreten lassen.
Auch für diese Aufgaben bieten sich verschiedene Arbeitsformen an, z.B. die Beschäftigung mit kleinen Hörspielen, die die Entstehungsgeschichte biblischer Schriften verdeutlichen (sehr gute Beispiele bieten Neidhart/Eggenberger an, 1987) oder die eigenständige Erarbeitung verschiedener literarischer Schichten oder Quellen zu einem biblischen Thema; hier ist allerdings schon die Grenze zum Ursprungsgeschichtlichen Bibelunterricht erreicht.
Erfahrungsgemäß ermöglichen Themen dieser Art in hohem Maß »entdeckendes Lernen«, das die Schüler motiviert. Allerdings ist darauf zu achten, daß sich solche Themen nicht verselbständigen und zu viel Zeit und Energie beanspruchen – ihre Funktion ist eine propädeutische!

3 Informationsbausteine zur biblischen »Sprachlehre«

Dem Verstehen biblischer Texte stellt sich nicht nur die Fremdheit der Lebensverhältnisse in der Welt des Alten und Neuen Testaments entgegen. Diese können (jedenfalls teilweise) durch Informationen zur biblischen Lebenswelt überwunden werden. Das Verstehen wird auch nicht nur durch die fehlende Einsicht in die Entstehung der biblischen Schriften behindert; diese läßt sich durch entsprechende Angebote vertiefen.

Eine besonders hohe Barriere zwischen Bibel und heutigen Menschen ist das gegenwärtig herrschende »eindimensionale Denken«. Was charakterisiert dies Denken?

- Es läßt nur das als »wirklich« gelten, was empirisch feststellbar und meßbar ist.
- Es läßt nur das als »vernünftig« bestehen, was sich dem Kriterium zweckrationalen Planens und Handelns fügt.
- Es läßt nur eine Sprache als verläßlich zu, die solche Wirklichkeit eindeutig beschreibt.

(Diese Beobachtungen wurden bereits unter dem Stichwort »Erfahrungsverlust« in Kapitel I.2 des 1. Bandes reflektiert.) Ein solches Denken aber erreicht die Texte der Bibel nicht, die die Tiefendimensionen anspricht, die Grunderfahrungen wie Hoffen und Lieben als Realitäten erkennt, solche Erfahrungen im Licht des Glaubens bedenkt und dies alles in einer symbolisch-mehrdimensionalen Sprache erschließt.

Um diese Barriere zu überwinden, sind Kurse nötig, die zumindest folgende Aufgaben ansprechen:

- Einführung in die Mehrschichtigkeit von Realität
- Einführung in symbolisches Sprechen. Solche Kurse werden bereits in vielen (vor allem katholischen) Religionsbüchern angeboten; einige Beispiele für Themen: »Mit dem Herzen sehen« – »Mit den Augen des Glaubens sehen«.
  Wichtig ist auch die Arbeit mit Kunst und Dichtung im Religionsunterricht, die die Wahrnehmung mehrdimensionaler Wirklichkeit fördern, ebenso die Einbeziehung von Spiel und kreativem Tun in allen Formen. Besonders ist in diesem Zusammenhang auf die von H. Halbfas konzipierten Lehrgänge zum Symbolverständnis hinzuweisen, die er in seinem Unterrichtswerk anbietet.
- Einführung in die Sprache der Bibel. Hier geht es um die Erschließung der reichen Symbolsprache der biblischen Überlieferung: Welche Erfahrungen und Hoffnungen drücken Symbole wie »Wasser«, »Sonne«, »Brot«, »Hirte« aus?
- Eine weitere Aufgabe ist es, ein Verständnis für die verschiedenen Textsorten und ihre Eigenarten anzubahnen: Welche Wahrheit schließt die Sage ein, welche das Loblied?
- Schließlich ist der verstehende Umgang mit den u.a. von Ingo Baldermann identifizierten »elementaren Strukturen« der biblischen Sprache zu üben (Klage, Lob, Bekenntnis, Verheißung, insbesondere die »Sprache der Ermutigung«).

Solche Informationsbausteine sind eine unabdingbare Voraussetzung für ein adäquates Verstehen der Bibel und darum in allen Schulstufen einzuplanen.

Kapitel 2
Biblischer Unterricht, Typ 1: Problemorientierte Texterschließung Zehn bibeldidaktische Grundsätze

Vorbemerkungen

Wie können die in Kapitel II.3 und II.4 entwickelten hermeneutischen und bibeldidaktischen Konzepte in Unterrichtspraxis übersetzt werden?
Ich versuche in zehn bibeldidaktischen Grundsätzen die Richtung anzuzeigen, die der Bibelunterricht auf der Basis dieser Konzepte einzuschlagen hätte. Der Text greift teilweise auf Kapitel III.1.5 aus Band 1 zurück.

1 Erster bibeldidaktischer Grundsatz: Orientierung am Anfängergeist

Viele machen die Historisch-Kritische Exegese, die die Ausbildung und Unterrichtsvorbereitung der meisten Religionslehrer prägt, für den Erfahrungsverlust verantwortlich. Sie fordern eine neue Lektüre, die sich mit dem Begriff »Anfängergeist« ganz gut charakterisieren läßt. Anfängergeist ist ein wichtiger Grundsatz im ZEN. Dort bedeutet er, daß sich ein Gegenüber erst dann eröffnet, wenn ein Mensch sich nicht vom Standpunkt des Wissenden um Erkenntnis bemüht, sondern gleichermaßen von vorn anfängt. Im Blick auf die Auslegung und Didaktik der Bibel lädt der Grundsatz des Anfängergeistes den heutigen Leser/Hörer ein, einmal das Vorwissen über einen Text und die eingeführten Verstehenswege beiseitezulegen und sich ganz unmittelbar auf das Gespräch mit der Überlieferung einzulassen. In die gleiche Richtung zielt die Forderung des »Einfachen Lesens« (Kremer, 1986).

Ich greife diese Ideen des Anfängergeistes und des Einfachen Lesens auf, schließe mich aber nicht der modisch gewordenen Ablehnung der Historisch-Kritischen Exegese an. Ich plädiere dafür, diese abwägend zu gebrauchen, wie in Kapitel II.1 ausgeführt.
Im Blick auf den Religionsunterricht ist vor allem die Kommunikationsbarriere wichtig: Die differenzierten Methoden der Historisch-Kritischen Forschung wirken einschüchternd, weil ohne die wissenschaftliche Kompetenz der gelehrten Ausleger ein sachgemäßes Verständnis kaum möglich scheint. Solche Barrieren türmen sich natürlich in der Schule mit der festgeschriebenen Lehrer-Schüler-Rolle doppelt hoch auf.
Der Lehrer ist mit dem Anspruch des alles Wissenden behaftet, was weder ihm selbst, noch seiner Beziehung zur Bibel, noch seiner Beziehung zu den Schülern gut bekommt. Die Orientierung am Anfängergeist könnte den Lehrer anregen, vor allen Vermittlungsfragen zunächst einmal für sich selbst die Texte nicht besserwisserisch zu »bearbeiten«, sondern sich ihnen in einer Haltung dessen zu nähern, der einem Gesprächspartner aufmerksam zuhört. Damit könnte er für sich neu den Text als Anrede entdecken.
Im Unterricht kann dieser Vorschlag die festgelegten Rollen verändern: Der Lehrer ist nicht mehr der Experte, der alle Antworten schon weiß, eher der Vor-Frager der Klasse; jede Frage an den Text ist gleich wichtig und wird ernst genommen. Natürlich geht es für den Lehrer nicht darum, den Dummen zu spielen, aber er könnte differenzieren lernen. Bei Informationsfragen wird er nach wie vor der sachverständige Informant sein, bei existentiellen Problemen könnte er mit den Schülern gemeinsam immer wieder »von Anfang an« fragen.
Eine sehr gute Form der Verbindung von Erfahrung und Historisch-wissenschaftlicher Auslegung bietet die Interaktionale Auslegung mit ihren Merkmalen: Erfahrungsbezug – Gruppenbezug – Wechselspiel von Nähe und Distanz (vgl. die Hinweise in Kapitel II.2.1).
Allerdings ist die unterrichtliche Umsetzung nur ansatzweise möglich, weil die kurzatmigen schulischen Lerntakte die ruhige Entfaltung der Gedanken und des Gruppengeschehens verhindern. Am ehesten bieten sich Projektwochen oder Besinnungstage an; einzelne Elemente wie beispielsweise die Fragenkataloge oder die ganzheitliche Verinnerlichung lassen sich aber auch gut in den »normalen« Unterricht integrieren; wichtig ist vor allem die veränderte Einstellung gegenüber dem Text und der Gruppe, die der Lehrer in bestehenden Auslegungsteams oder in Fortbildungen kennenlernen kann.

2 Zweiter bibeldidaktischer Grundsatz: Lektüre des Textes als Nachricht

Diese Aufgabe ergibt sich aus der Beobachtung, daß viele Leser biblische Texte nur noch sehr oberflächlich wahrnehmen.
Undeutliche, flüchtige Wahrnehmung des Textes hat vor allem zwei Ursachen:

- Ganz allgemein verführt die Überflutung mit Informationen und Anreizen dazu, einen Text nur noch zu »überfliegen«. Die rasch abnehmende Fähigkeit von Kindern, Jugendlichen und Erwachsenen (!), etwas in Ruhe aufzunehmen, belegt die Dringlichkeit der Auseinandersetzung mit dieser Erscheinung.
- Bei Lesern, die die Bibel gut kennen – eine besondere Gefahr bei professionellen Nutzern! – kommt die scheinbare Vertrautheit hinzu: Man meint, mit dem Text gut bekannt zu sein und schon von vornherein seine »Botschaft« zu kennen. Diese Gewohnheit verleitet zur Besserwisserei und zur verkürzten Wahrnehmung. »Overfamiliar« heißt im Englischen ein Verhältnis, in dem allzu enge Vertrautheit die Wahrnehmung verstellt: Was wir zu gut kennen, erkennen wir nicht mehr.
  Das gilt letztlich auch für die Schüler. Es ist richtig, daß ihre Kenntnisse der biblischen Überlieferung oft mehr als dürftig sind (vgl. Kapitel I.2), aber sie haben häufig das Gefühl, daß immer die gleichen Texte an ihnen vorüberziehen, immer die gleichen Stichworte, wie Nächstenliebe, Glauben, Nachfolge genannt werden – nicht wirklich bekannt und doch abgegriffen. Vielleicht ist es auch nur ein bestimmter, unterrichtlich-routinierter Gebrauch der Texte, der sie so abnutzt.

Es geht nun darum, dem Leser zu helfen, den Text wieder bewußter wahrzunehmen, ihn als etwas Neues zu entdecken. Ein wichtiger Grundsatz ist das Weg-Prinzip: Es wird absichtlich Distanz zwischen Text und Leser gelegt, er soll merken, daß er einen Weg zurücklegen muß, um sich einem Text zu nähern.
Dieses Weg-Prinzip differenziert sich dreifach aus:

2.1 Sich selbst und den Text als Gegenüber wahrnehmen

- Wenn biblische Texte auch den heutigen Leser/Hörer als Anrede erreichen wollen, setzt das voraus, daß der Leser sich selbst erst einmal als Subjekt wahrnimmt. Interessant ist der Vorschlag, diese Wahrnehmung mit den Fragen der Gestalttherapie zu unterstützen:
  - Was tue ich?
  - Was fühle ich?
  - Was möchte ich?
  - Was vermeide ich?
  - Was erwarte ich?

  (Perls, 1976, S. 94)

Hier wären auch alle jene Vorschläge zu nennen, die zur Stille und zur Verstärkung der sinnlichen Sensibilität als Voraussetzung für »Erfahrung« gemacht werden; ich denke vor allem an Otto Betz und Hubertus Halbfas (z.B. Betz, 1977 und 1987; Halbfas 1982; einen Unterrichtsversuch über Stille- und Sinnesübungen im Zusammenhang mit dem Thema Schöpfung habe ich in einem 2. Schuljahr durchgeführt; vgl. Berg, 1991).

– Ebenso wichtig ist es, den Text als Gegenüber zu erkennen. Üblicherweise wird der Text als eine Sache wahrgenommen, ein Objekt, das mit dem Ziel der »Sinnentnahme« bearbeitet wird. Vor allem die Interaktionale Bibelarbeit schlägt demgegenüber vor, den Text als Dialogpartner zu begreifen, mit dem der Leser ins Gespräch kommt. Er geht spontan auf einen Text zu und spricht mit ihm über seine Gefühle und Erfahrungen (z.B.: Du erfreust mich, weil ...; du machst mir Angst, weil ...; ich könnte besser mit dir umgehen, wenn ...). Möglicherweise sind in dieser Annäherungsphase auch schon »Antworten« des Textes erkennbar.

2.2 Den Wahrnehmungsprozeß verlangsamen

Nicht die heute monopolhaft propagierte Beschleunigung des Lernens ist produktiv, sondern seine Verlangsamung. Das ist die grundlegende Erkenntnis des Didaktikers Martin Wagenschein (vgl. den sehr instruktiven Aufsatz von Horst Rumpf, 1990). Beschleunigung des Lernens bedeutet: Die Inhalte müssen für schnelle Verarbeitung und effektiven Abruf präpariert werden. Was komplex ist, muß man abschleifen, was unverwechselbar ist, wird vereinheitlicht, was schwierig ist, versimpelt. Wagenschein zeigt, daß dabei die Inhalte leer werden, uniform, langweilig. Er tritt darum für die Langsamkeit des Lernens ein – im Sinne von bewußter Auffassung, Intensivierung der Wahrnehmung, Spürbarkeit der Dinge (vgl. auch die Bemerkungen zur bibeldidaktischen Bedeutung der Sinne in Abschnitt 8 dieses Kapitels).
Im Blick auf den biblischen Unterricht denke ich z.B. an das *»schrittweise Lesen«* oder die *»Göttinger Stufentechnik«*. (vgl. vor allem Barth/Schramm, 1977, S. 166 ff.; G.Hilger in ru, 1985, S. 103 ff.).
Dazu einige Hinweise: Beim »schrittweisen Lesen« wird der Text so in Schritte gegliedert, daß nach jedem Abschnitt ein Anstoß zum Fragen oder zum eigenen Weitererzählen entsteht. Er wird in diesen Schritten – meist ein einziger Satz! – auf ein Blatt geschrieben. Die Leser knicken es und können jeweils nur den kurzen Text lesen und ins Gespräch bringen.
Die »Göttinger Stufentechnik« geht in vier Schritten mit einem Text um: Zuerst wird zusammengetragen, was den Teilnehmern beim (lauten!) Lesen des Textes aufgefallen ist. Dann äußern die Hörer Gefühle, die der Text bei ihnen auslöste; anschließend tragen sie »Assoziationen« zusammen, Einfälle, die der Text provozierte. Erst in einem vierten Schritt versuchen die Teilnehmer, die zusammen-

getragenen Materialien zu einem Deutungsansatz zu verarbeiten (»Schlußfolgerung«).
Vor allem aber unterstützt die *Linguistische Auslegung* die bewußte Wahrnehmung des Textes. Sie leitet streng dazu an, den Text als »Textwelt« wahrzunehmen, die in ihren Einzelzügen, Zusammenhängen und Strukturen genau zu analysieren ist. Nähere Informationen zu dieser Methode werden in Abschnitt 4 dieses Kapitels angeboten.

2.3 Mit Verfremdungen arbeiten

Bei sehr bekannten Texten (hier ist wohl auch die scheinbare Über-Vertrautheit der Schüler im Blick auf die Bibel einzubeziehen!) empfiehlt sich die Arbeit mit Verfremdungen. Ihr Interesse ist, durch geeignete Maßnahmen verfestigte Sichtweisen biblischer Texte aufzubrechen und neue Perspektiven anzubieten. Das geschieht meist durch Konfrontation des Lesers mit einem Text oder Bild. Diese Medien sollen Verwunderung, Ärger oder Protest auslösen und dadurch die bewußte und kritische Rückfrage an den biblischen Text selbst provozieren.

3 Dritter bibeldidaktischer Grundsatz: Erschließung der biblischen Überlieferung als »Antworttexte«

Dieser Grundsatz verbindet sehr günstig lerndidaktische und bibeldidaktische Prinzipien.
In der Lerndidaktik (bezogen auf die Didaktik der Mathematik) formulierte bereits 1926 O. Toplitz folgende Sätze: »Alle diese Gegenstände, die heute als kanonisierte Requisiten gelehrt werden und bei denen nirgends die Frage berührt wird: Warum so? Wie kommt man zu ihnen? … müssen doch einmal Objekte eines spannenden Suchens, einer aufregenden Handlung gewesen sein, nämlich damals, als sie geschaffen wurden. Wenn man an die Wurzel dieser Begriffe zurückginge, würde der Staub der Zeiten … von ihnen abfallen, und sie würden wieder als lebensvolle Wesen vor uns stehen.« (vgl. M. Wagenschein, 1968, S. 82)
Genau auf der Linie dieser Idee entwickelte 1949 der Erziehungswissenschaftler Heinrich Roth das Konzept der »originalen Begegnung« (wieder abgedruckt in Roth, 1966, S. 109-117). Roth bezeichnete die »originale Begegnung« als Grundlage für eine interessiert lernende Auseinandersetzung mit einem Gegenstand. Er forderte nicht nur, daß der Lerngegenstand im Unterricht möglichst unmittelbar präsent sein solle, sondern daß die Schüler ihn auch in seiner »Ursprungssituation« zu spüren bekommen: »Indem ich … den Gegenstand wieder in seinen Werdensprozeß auflöse, schaffe ich ihm gegenüber wieder die ursprüngliche menschliche

Situation und damit die vitale Interessiertheit, aus der er einst hervorgegangen ist.« (S. 116)

Der gleichen Spur folgte Martin Wagenschein mit dem Entwurf des »Genetischen Lernens«. Auch dieser wurde im Zusammenhang des naturwissenschaftlichen Unterrichts entwickelt: Es geht darum, mit den Schülern die Erscheinungen (wieder-)zuentdecken, die stutzen lassen, Staunen auslösen, produktives Denken in Gang setzen (Wagenschein, 1968).

Etwa zur gleichen Zeit forderte Hans Bernhard Kaufmann: »Für den Unterricht wird es darauf ankommen, immer wieder ein Verstehen der Ursprungssituation des Glaubens, wie sie in den Texten der Bibel und in der Geschichte der Kirche überliefert, aber auch verdeckt ist, zu vermitteln.« (Kaufmann, 1966, S. 122)

Diese lerndidaktischen Ideen fügen sich nun sehr stimmig zum Konzept der *Ursprungsgeschichtlichen Auslegung*. Sie ist ja darauf aus, Texte, die wie Reliquien von Generation zu Generation weitergereicht werden, wieder in ihre Ursprungssituation zu verflüssigen. Sie versucht, die Situation, in der ein Text entstanden ist, genau zu erfassen und als Bedingung für seine Produktion zu erkennen. Dabei ist vorausgesetzt, daß nicht die Geistes- oder Glaubensgeschichte allein oder in erster Linie maßgebend ist, sondern daß die realen Lebensverhältnisse die Entstehung und Gestaltung grundlegend beeinflußten. Anders formuliert: Es geht darum, die Erfahrungen, die in einer historischen »Sprechsituation« wichtig waren und zu einer Auseinandersetzung drängten, zu rekonstruieren und die dann entstandenen Texte als Antworten auf diese Erfahrungen, Probleme und Konflikte hin zu interpretieren.

Dieser Ansatz erfordert eine Veränderung im Ansatz der Auslegung: Nicht mehr der Einzeltext und seine Interpretation stehen am Anfang, sondern sein Kontext, der Wurzelboden, aus dem er gewachsen ist. Das bedeutet zugleich eine Veränderung der Methoden: Charakteristisch für das methodische Vorgehen ist, daß die Untersuchung nicht beim Einzeltext einsetzt, sondern in einem *ersten Schritt* nach Anlässen in der Geschichte Israels und des Urchristentums fragt, in denen besonders kräftige Aktivitäten der Textproduktion zu beobachten sind (z.B. das babylonische Exil als Sprechzeit für die »Priesterschrift«; das 8./9. Jahrzehnt nach Chr. als Entstehungszeit der synoptischen Evangelien). In einem *zweiten Schritt* erschließt der Exeget Sprechzeiten als »Ursprungsgeschichtliche Felder«. Er untersucht, welche Zustände, Entwicklungen oder Konflikte einen Autor in seinen Lebensverhältnissen zur Textproduktion angeregt, welche Ziele ihn geleitet haben könnten. Erst in einem *dritten Schritt* geht es dann um die Ursprungsgeschichtliche Untersuchung eines Bibeltextes , d.h. die differenzierte Analyse seiner Funktion als »Antworttext«.

Im Unterricht wird es darauf ankommen, daß die Schüler solche Ursprungsgeschichtlichen Prozesse erkennen, nachvollziehen und mit ähnlichen Fragestellungen an ihre Gegenwart herangehen. Sie könnten sehen, wie biblische Überlieferung in ihrer Zeit die herrschenden Meinungen und Verhaltensweisen durchkreuzte,

welch kritisches und veränderndes Potential sie in ihrer Ursprungssituation entwickelte.
Dabei ist das »kontextuelle Kraftfeld« auch zur unterrichtlichen Erschließung einer Urspungssituation wichtig; wie in Kapitel II.3.3 entwickelt, konstituiert es sich aus vier Momenten:

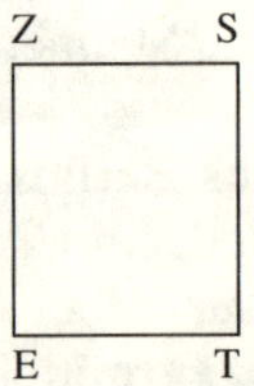

Der *Zeuge* lebt in der *Erinnerung* an die Befreiungs- und Gerechtigkeitstraditionen; diese regen ihn zu einer kritischen Analyse der *Situation* an und stimulieren ihn zum Sprechen, um die Situation produktiv zu verändern (Produzieren eines *Textes*).
Diese Grundkonstellation sollte den Schülern bewußt sein und immer wieder aufgegriffen werden. Erfahrungsgemäß regt es Schüler ungemein an, wenn sie an verschiedenen Zusammenhängen beispielsweise der Frage nachgehen, warum wohl der Jahwist in seiner spezifischen Situation bestimmte Texte gerade *so* gestaltet hat (Beispiele: Gen 2; Gen 12, 1-3; Gen 14).
Diese Arbeiten sind besonders wichtig, weil Bibeltexte heutzutage gerade auch in der Sicht der Schüler weithin auf die Funktion feierlich rezitierter Tradition oder unterrichtlich vermittelter Stoffe reduziert sind. Die Schüler könnten inspiriert werden, neugierig zu fragen, ob diese Texte in der Gegenwart vielleicht ähnlich subversiv wirken könnten. Im Unterricht wären dann die obengenannten drei Schritte (Erinnerung – Kritik – Veränderung) neu zu gehen.
Im Blick auf die unterrichtliche Umsetzung sind zwei Probleme zu bedenken:

- Einmal erscheint der Vorbereitungsaufwand recht hoch: Bis einmal eine biblische Erzählung ursprungsgeschichtlich erschlossen ist, müssen die eben gezeigten Schritte zurückgelegt werden. Dabei ist aber zu berücksichtigen, daß nicht jede Auslegung einen solchen Aufwand erfordert. So kann beispielsweise die Ursprungsgeschichtliche Erschließung der frühen Königszeit, die Sprechzeit für den »Jahwisten«, als Interpretationsbasis für eine größere Zahl von Texten dienen, die im Unterricht erarbeitet werden.
- Häufig wird auch gesagt, diese Methode sei keinesfalls im Primarbereich anwendbar. Dieser Vorbehalt mag im Blick auf die geschichtliche Erarbeitung der »Sprechzeiten« zutreffen; aber gerade bei jüngeren Schülern bietet sich an, Ursprungssituationen erzählend darzubieten – im Sinne einer narrativen Theologie. Es liegen jedenfalls genügend Erfahrungen vor, um diesen Ansatz auch für den Primarbereich nachdrücklich zu empfehlen.

Exkurs: Funktionale Betrachtungsweise biblischer Texte

Die hier vorgestellten bibeldidaktischen Wege kann man insgesamt als funktionale Erschließung bezeichnen. Diesen Ansatz entwickelte auf dem Feld der Exegese vor allem Gerd Theißen (Theißen, 1974, vor allem S. 35 ff. und 229 ff.). Seine Ausgangsthese: »Wir verstehen Überlieferungen erst, wenn wir sie aus ihrem geschichtlichen Lebenszusammenhang heraus begreifen.« Die funktionale Analyse von Texten »fragt nach den Bedingungen ihrer historisch-sozialen Situation wie nach ihren Intentionen, vor allem aber danach, inwiefern sie eine objektive Aufgabe, die Gestaltung menschlichen Daseins im weitesten Sinne, bewältigen« (S. 38). Theißen gliedert die funktionale Betrachtungsweise nach drei Fragehinsichten auf:

- *Soziale Funktion*: Hier geht es um die Untersuchung der verschiedenen am Vorgang der Produktion und Überlieferung beteiligten Größen: Tradenten (»aktive Traditionsbewahrer«) – Adressaten (»passive Traditionsbewahrer«).
- *Religionsgeschichtliche Funktion*: Unter dieser Fragestellung ist zu erkunden, welchen Beitrag biblische Texte in ihrer Zeit zu Entwicklungsprozessen leisten: »Inwiefern sind sie von vorhergehenden Traditionen abhängig, inwiefern geben sie der weiteren Entwicklung neue Impulse?« (S. 41)
- *Existentielle Funktion*: Der Exeget muß Klarheit darüber gewinnen, welche Antworten der Text auf die Frage bereithält, wie der einzelne in seiner Zeit sein Leben bewältigen soll (S. 43 ff.).

Insgesamt wird man zwei Grundfunktionen eines Textes in seiner Zeit erkennen können:

- Eine eher bewahrende, *stabilisierende*, ermutigende Funktion. Sie zeigt sich beispielsweise in der tröstenden Erinnerung an die Heilstaten Jahwes in Klagepsalmen (z.B. Ps 80, 9-15) oder dem ermutigenden Rückblick auf die Befreiung im Exil (z.B. Jes 51, 9 ff.).
- Daneben zeigt sich eine *kritisch-prophetische* Funktion, vor allem in den prophetischen Schriften, aber auch in vielen anderen Bibeltexten.

Im Unterricht wird es darauf ankommen, die jeweilige Funktion klar herauszuarbeiten. Was kann den Schülern daran aufgehen?

- Sie lernen, daß biblische Texte immer »wirkendes Wort« sind, die etwas in Bewegung bringen und im Sinne Gottes verändern wollen.
- Sie können erkennen, daß auch in der heutigen Rezeption der Umgang mit biblischer Überlieferung diese Dynamik aufgreifen muß.

Allerdings ist in diesem Zusammenhang ein kritischer Gedanke wichtig: Funktionale Sichtweise hat nichts mit der Funktionalisierung von Texten zu tun!
Die Diskussion über die Gefahr der Funktionalisierung oder Instrumentalisierung biblischer Texte im Unterricht habe ich kurz in Kapitel II.3.1 skizziert (S. 109 f.).

4 Vierter bibeldidaktischer Grundsatz: Verzicht auf die »Mitte« des Textes

Obwohl die altbekannte »Skopus-Methode« längst ausgedient hat, ist die Neigung in der Exegese und im biblischen Unterricht immer noch groß, einen Text auf eine zentrale Aussage festzulegen. Diese Tendenz wird häufig auch durch Formulierungen der Lehrpläne unterstützt. Wenn aber von vornherein feststeht, was ein Text zu sagen hat, macht sich der Ausleger zum Herrn des Textes; er verengt seine Vieldeutigkeit und Vielschichtigkeit und stellt damit seine Vitalität ruhig.

Die Folgen für den biblischen Unterricht sind bekannt: Als »Mitte« eines Textes wird häufig eine Lehre oder Forderung formuliert. Eben das ruft bei den Schülern jenen Effekt der scheinbaren Vertrautheit mit den immer gleichen Texten und Inhalten hervor, die schnell in Überdruß umschlägt (vgl. S. 20; 192).

Demgegenüber kommt es darauf an, einen Text als einen Kosmos von Erfahrungen mit Glauben und Leben wahrzunehmen, oder anders: den Text als Textur zu lesen, als ein Geflecht von Erfahrungen, Deutungen, Lebensentwürfen.

Zwei Wege bieten sich an, um im biblischen Unterricht diese Vielschichtigkeit biblischer Überlieferung zu erschließen:

a. Die Linguistische Auslegung

Sie ist in diesem Zusammenhang besonders nützlich. Sie fragt nicht nach der Entstehung oder dem historischen Ort eines Textes, sondern faßt ihn als abgeschlossenen sprachlichen Organismus (»Textwelt«) auf, der in sich verständlich ist. Sie begreift einen Text als ein System von Beziehungen zwischen verschiedenen sprachlichen Elementen, die sich in immer wiederkehrenden Strukturen identifizieren und beschreiben lassen.

Die Linguistische Auslegung läßt keine Vor-Entscheidungen über »zentrale« bzw. »periphere« Aspekte eines Textes zu. Damit leitet sie zur aufmerksamen Beachtung aller Züge eines Textes an, auch der oft übersehenen, scheinbar nicht zur »Mitte« gehörenden.

In diesem Zusammenhang ist an das geistreiche Wortspiel des französischen Strukturalisten Roland Barthes zu erinnern, der auf die sprachliche Verwandtschaft von »Text« und »Textil« hinweist. Begreife ich den Text als Gewebe, werde ich neugierig einzelnen Fäden nachspüren, abtasten, ob vielleicht ein einzelner Faden gerade in meiner Situation für mich wichtig wird, den Text für mich zum Sprechen bringt.

In der Auslegung – auch im Unterricht – kommt es darauf an, solche Stränge aufzuspüren, ihnen geduldig und vorsichtig nachzugehen, die eigenen Erfahrungen einzubeziehen.

So kann beispielsweise die Erzählung von Kain und Abel (Gen 4, 1-16) unter ganz neuer, lebensbezogener Perspektive aufscheinen, wenn sie einmal nicht unter dem

Aspekt »Brudermord« gelesen wird, sondern – ausgehend von den »Randfiguren« Adam und Eva – unter dem Aspekt »Aggression als Folge (religiöser?) Erziehung« (vgl. dazu Band 1, Kapitel II.3.3).
Oder: Wie erfahrungsbezogen zeigt sich dies Überlieferungsstück, wenn es aus der Sicht der Eva gelesen wird: Was empfinden Eltern, wenn Kinder Leben zerstören? Wie gehen sie mit solchen Erfahrungen um?
Wer die – zugegeben: bisweilen deutlich sichtbaren – Barrieren übersteigt, die die linguistische Fachterminologie aufbaut, wird für sich und die Schüler Gewinn buchen können. Daß linguistische Methoden durchaus schon in der Grundschule sinnvoll einzusetzen sind, hat das von Hans Zirker u.a. bearbeitete Unterrichtswerk deutlich belegt (Zirker u.a., 1980 f.). Die einzelnen Texte werden im Blick auf ihre Strukturen untersucht: Es wird nach den Akteuren und ihren Beziehungen, nach Raum und Zeit, nach den Werten gefragt. Ein weiterer Untersuchungsgang stellt den Text in ein Geflecht »innerbiblischer Beziehungen«. Abschließend geht es um mögliche »Anschlüsse an die Welt des Lesers«. Auf allen Ebenen versuchen die Autoren, innerfachliche (linguistische oder theologische) Engführungen zu vermeiden und den Texten erfahrungsbezogene Einsichten abzugewinnen.

b. Die Mehrdimensionale Auslegung

Als zweite Gelegenheit, den Reichtum eines Textes im biblischen Unterricht aufzuschließen, bietet sich an, mit den Schülern mehrere Zugangswege zu suchen. Von etwa der 6./7. Klasse an wird es möglich sein, beispielsweise eine »normale« Historisch-Kritische Auslegung mit einer Tiefenpsychologischen und einer Feministischen Interpretation zu verbinden. Die Schüler könnten die jeweiligen Voraussetzungen, Methoden und auch Grenzen der Ansätze kennenlernen und dabei erfahren, daß es nicht möglich ist, Texte auf eine einzige »Mitte« festzulegen. Sie können sich der Vielschichtigkeit der Überlieferung auf verschiedenen Wegen nähern.

Wenn man die mit diesen beiden Vorschlägen verbundenen Chancen zu Neuentdeckungen wahrnehmen will, sollte man durchaus damit rechnen, daß sich bei den Schülern (und beim Lehrer selbst) Verunsicherung, ja Angst einstellen. Da scheint alles abhanden zu kommen, was verläßlich schien. Und: Ist damit nicht der Willkür Tür und Tor geöffnet?
In dieser Situation sind zwei Überlegungen wichtig:
Einmal ist in der Tat auszuhalten, daß die eindeutige, in einem Satz festzuschreibende »Mitte« eines Textes kaum zu ermitteln ist, ohne daß die Botschaft und Dynamik der Überlieferung zur Lehre oder Moral eintrocknet.
Es ist aber auch darauf hinzuweisen, daß sich durchaus Kriterien benennen lassen, an denen jede Interpretation Maß nehmen muß:

- Man müßte sich darauf einigen, daß eine Historisch-Kritische Auslegung durchaus in der Lage ist, eine (historische) Sinnbestimmung eines Textes vorzunehmen. Andere Interpretationen müßten zeigen können, das ihre Sicht dieser Sinnbestimmung nicht widerspricht.
- Ein Regulativ ist auch das erfahrungsbezogene Gespräch in der Gruppe. Ein solches Gespräch geht ja von der Grundvoraussetzung aus, daß es nicht darum gehen soll, unverbindlich-spielerisch Interpretations-Alternativen auszuprobieren, sondern um die Bedeutung eines Textes für die eigene Existenz. Die Teilnehmer sprechen darüber, welcher Aspekt des Textes ihre Lebensfragen weiterführt, welche Sichtweise neue Wege zeigt. Im Zusammenhang dieses Prozesses wird sich dann vielleicht die eine oder andere Interpretation als zu einseitig oder auch zu unverbindlich herausstellen.
- Schließlich ist auch nach der Bedeutung eines Interpretationsansatzes für die Realisierung der Freiheits- und Gerechtigkeitstraditionen zu fragen: Legen sie diese frei und fördern sie, indem sie kritisch und produktiv heutige Lebensverhältnisse und Denkmuster ins Licht dieser Traditionen rücken? Oder verdecken sie sie und stellen sie ruhig, indem sie einen Text nur als Erbauung der privaten Innerlichkeit auslegen?

5 Fünfter bibeldidaktischer Grundsatz: Auseinandersetzung mit der Wirkungsgeschichte biblischer Texte

Der kontextorientierte Ansatz legt nahe, das »kontextuelle Kraftfeld« eines Textes nicht nur in der Urspungssituation und in der heutigen Rezeptionssituation zu rekonstruieren, sondern auch einzelne interessante Beispiele aus der nachbiblischen Wirkungsgeschichte zu untersuchen. Dafür steht das Instrument der Wirkungsgeschichtlichen Auslegung zur Verfügung.
Sie hat zwei Interessen im Auge:

a. Es geht darum, die kritisch-produktive Kraft und Wirksamkeit biblischer Überlieferung durch die Geschichte zu verfolgen.
Meistens ist es nicht einfach, die Bedeutung einer biblischen Tradition für die Gegenwart durch die unmittelbare Verknüpfung von Geschichte und Jetztzeit aufzuzeigen. Oft wird das gleiche Ziel besser erreicht, wenn man einem biblischen Text, einem Motiv, einer Gestalt auf dem Weg durch die Geschichte folgt. So könnte beispielsweise ein biblischer Prophet wie Jeremia mit einem bedeutenden Christen der Gegenwart wie Dom Helder Cámara zusammengebracht werden. Dieser Vergleich könnte noch erheblich an Klarheit und Schärfe gewinnen, wenn der Unterricht der Erscheinung des Prophetischen durch die Geschichte hindurch nachgeht. Ein gelungenes Beispiel findet sich in dem Religionsbuch »Zeichen der

Hoffnung«, wo der Schlußabschnitt des entsprechenden Kapitels eben diesen Gang nachzeichnet: »Propheten kommen immer wieder«.
Ähnlich könnte man einmal den Wirkungen der »Aussendungsrede« Mt 10, 5-15 in der Geschichte nachspüren, beispielsweise in den missionarischen Armutsbewegungen des Mittelalters (Franz von Assisi), in der nachreformatorischen Täufer-Bewegung oder bei den heute wirkenden Arbeiter-Priestern. Allerdings zeigen diese wenigen Hinweise schon, daß solche Wirkungsgeschichtlichen Beispiele gelungener Rezeption und Aktualisierung der Tradition eher rar sind. Es waren und sind meistens die Außenseiter, die so radikal authentisch mit und aus der Bibel lebten.
Darum muß ein zweites Wirkungsgeschichtliches Interesse hinzukommen:

b. Seine Absicht ist herauszufinden, wo biblische Texte in der Geschichte für politische, wirtschaftliche oder auch erzieherische Zwecke in Anspruch genommen wurden.
Dieser Untersuchungsgang ist daran interessiert, im Blick auf die Verwendung eines Textes in nachbiblischer Zeit folgende Fragen zu beantworten: Wer hat einen Bibeltext zu welcher Zeit mit welcher Intention verwendet? Dabei zeigt sich, daß oft nicht-religiöse Motive die Auslegung und Verwendung eines Textes stark beeinflußt haben. Ich bezeichne daher diese Analyse als ideologiekritische Wirkungsgeschichte. So könnte beispielsweise die Verfolgung der Erzählung von der Opferung Isaaks (Gen 22, 1-19) durch die Geschichte erweisen, daß der Text oft benutzt wurde, um eine Gehorsamsideologie gegenüber göttlichen und menschlichen Autoritäten zu begründen. Der bekannte Film »Abraham«, der die problematischen Konsequenzen blinden Gehorsams entlarvt, könnte die kritische Auseinandersetzung vertiefen. Ein weiteres interessantes Beispiel wäre, dem Weg der Bergpredigt durch die Geschichte nachzugehen. Hier könnte sich zeigen, daß die Christen den Anspruch dieser Texte stets verdrängt haben.

Bei der Wirkungsgeschichtlichen Arbeit im Religionsunterricht ist vor allem auch der prozessuale Aspekt zu beachten. Von Interesse sind nicht so sehr die Inhalte der jeweils vertretenen Sichtweisen, sondern die Frage, wie sie zustande gekommen sind: Welche (nicht-theologischen) Interessen sind zu erkennen? Wer hat diese durchgesetzt? Welche anderen Verstehensweisen wurden unterdrückt?
Ein solcher Zugriff könnte viele Deutungsmuster und Normen, die sich heute als biblisch legitimiert und damit verbindlich ausgeben, in ihrem Gewordensein kennzeichnen; damit wäre dann auch der Weg zu einer unbefangen kritischen Auseinandersetzung frei.
Die Chancen der Wirkungsgeschichtlichen Auslegung lassen sich am besten durch einen pragmatischen Ansatz realisieren. Der Unterrichtende sollte nicht so sehr nach »auslegungsgeschichtlichen« Materialien Ausschau halten (also nach älteren Kommentaren usw.), sondern nach »praxisgeschichtlichen«.

Im Blick auf den biblischen Unterricht schlage ich vor, sich auf die religionspädagogische Praxisgeschichte biblischer Tradition zu konzentrieren; denn dies Arbeitsfeld überblickt der Religionspädagoge am deutlichsten und kann die Ergebnisse reflektiert einschätzen.
Auch Schülern ist Material aus diesem Feld wohl am ehesten zugänglich. Es bieten sich vor allem Schulbücher, Katechismen, Lehrerhandreichungen, Lieder usw. zur Untersuchung an.

Bei der Bearbeitung Wirkungsgeschichtlicher Dokumente könnte man an folgenden Fragen entlanggehen:

- Bei welchen Anlässen ist der Text verwendet worden?
- Welche Personen bzw. Gruppen haben den Text benutzt?
- Welche Interessen lassen sich erkennen?
- Welche Folgen löst dieser Gebrauch aus (z.B. Gehorsamsbereitschaft als »christliche Tugend«)?
- Läßt sich anhand der »Grundbescheide« eine kritische Sicht des Dokuments gewinnen? (z.B. wird eine den Unterwerfungsgehorsam propagierende Auslegung von Gen 22 den Grundbescheiden »Gott schafft Leben« oder »Gott befreit« nicht standhalten).

Was können die Schüler bei der Wirkungsgeschichtlichen Arbeit lernen?

- Sie lernen nicht nur Bibeltexte in ihrem Gewordensein kennen (s.o. Abschnitt 3 in diesem Kapitel), sondern auch deren Auslegung als Ergebnisse geschichtlicher Verhältnisse und Entwicklungen. Dabei wird ihnen klar, daß bei der Auslegung auch höchst eigennützige Interessen im Spiel sein können.
- Damit könnten sie eine kritische Sicht auf Forderungen und Programme gewinnen, die sich auf die christliche Tradition berufen (z.B. sogenannte christliche Werte).
- Schließlich könnten sie lernen, Interpretationen und Anwendungen biblischer Texte anhand der Grundbescheide kritisch zu prüfen.

Diese Erkenntnis fordert zur kritischen Einschätzung des eigenen hermeneutischen Standorts heraus. Der Ausleger lernt, nach den ihn bestimmenden Erfahrungen und Einflüssen zu fragen, seine leitenden Interessen offenzulegen und kritisch mit ihnen umzugehen.
Gerade die letzte Frage unterstreicht noch einmal die Bedeutung der Wirkungsgeschichtlichen Analyse für den Unterricht: Lehrer und Schüler können sensibler und selbstbewußter im Umgang mit biblischer Tradition werden, sie könnten nachdrücklicher nach dem kritischen Potential fragen, das die Texte bereithalten. Andere hermeneutische Konzepte, die die Wirkungsgeschichten von Texten unter ideologiekritischem Aspekt untersuchen, sind die Feministische Exegese und die Intertextuelle Hermeneutik.

6 Sechster bibeldidaktischer Grundsatz: Erschließung biblischer Texte als Modelle gelingenden Lebens

Diese Aufgabe spricht eine der wichtigsten Lernchancen in Verbindung mit der biblischen Überlieferung an (s.o. Kapitel II.1). In diesem Zusammenhang wird also ein Text nicht nach seinen historischen Aspekten befragt, sondern nach den Bildern von gelingendem Menschsein, die er in sich schließt. Dabei sind zwei Ebenen zu unterscheiden:
Biblische Texte bringen als Dokumente der Weltliteratur Deutungen und Lebensorientierungen zur Sprache, die auch ohne eine explizit christliche Interpretation allgemeine menschliche Gültigkeit beanspruchen können. Es ist sicher kein Zufall, daß viele biblische Zusammenhänge oder Personen in Kunst und Literatur, Psychologie und Musik neu ausgearbeitet und gestaltet worden sind.
Aber ihr eigenes Gewicht bekommen die Texte dann, wenn sie als Erfahrungen von Menschen gelesen werden, die im Horizont des Glaubens leben und deren Existenz glückt, weil der Glaube sie prägt und motiviert. Diese Texte können auch heute neue Erfahrungen und Lernprozesse anstoßen. Das kann allerdings nur gelingen, wenn die Texte auch tatsächlich als »Lebensmodelle« (Langer, 1987, S. 214) aufgefaßt werden. Dem steht aber weithin die gängige Rezeptionspraxis entgegen. Oft werden solche Texte immer noch im Sinne einer »Vorbild-Pädagogik« gelesen oder aber mit einer schwergewichtigen theologischen Begrifflichkeit überlastet (vgl. die Beispiele in Kapitel I.3).
Wie können diese Texte als »Lebensmodelle« wiedergewonnen werden? Ich schlage zwei Wege vor: Am wichtigsten ist es natürlich, die Erfahrungen in den Texten selbst aufzuspüren; aber es dürfte auch von großem Wert sein, den guten Erfahrungen nachzugehen, die Menschen mit solchen Texten gemacht haben. Ich gehe nacheinander auf die beiden Wege ein.

6.1 Lebensmodelle in biblischen Texten entdecken

Drei Vorschläge bieten sich an:

- Erschließung mit Hilfe der *Linguistischen Auslegung*. Dies bereits in Abschnitt 4 dieses Kapitels vorgestellte Verfahren erlaubt keine vorschnelle Inanspruchnahme eines Textes für erzieherische oder dogmatische Zwecke, sondern leitet dazu an, sich in sein vielfältiges Sprach- und Beziehungsgeflecht, in die »Textwelt«, einzuleben.
- Erschließung mit Hilfe der *Tiefenpsychologischen Auslegung*. Sie geht ja davon aus, daß die Texte in ihrer Tiefenschicht gute, heilvolle Erfahrungen mit einem gelungenen, ganzheitlichen Leben einschließen.
  Es kommt darauf an, diese Erfahrungen in den Texten zu erkennen und durch geeignete Verfahren zu erschließen. Als besonders geeignet wird die Differen-

zierung nach »Subjektstufe« und »Objektstufe« eines Textes vorgestellt. Die »Objektstufe« beschäftigt sich mit den real dargestellten Ereignissen; auf der »Subjektstufe« werden die Ereignisse als intra-psychisches Geschehen aufgefaßt.

Es ist durchaus möglich, mit älteren Schülern solche methodisch anspruchsvollen Zugänge zur biblischen Überlieferung zu wählen. Dabei ist wichtig, daß die Schüler die Voraussetzungen und methodischen Schritte der Tiefenpsychologischen Auslegung selbst durchschauen können (Beispiele für die unterrichtliche Umsetzung werde ich in den beiden Praxisbänden vorlegen).

Auch ist darauf hinzuweisen, daß nach Ansicht tiefenpsychologisch orientierter Ausleger die heilsamen Erfahrungen aus Texten nicht nur mit Hilfe der strengen Methode zu heben sind, wie sie eben skizziert wurde, sondern auch durch nicht-kognitive, kreative Verfahren wie Spielen, Musizieren, Gestalten usw. Dies macht sich ja vor allem der Ansatz der Interaktionalen Bibelarbeit zunutze.

– *Nachzeichnung von Lebensmodellen* durch *identifizierendes Erzählen* und *Spielen*. Das Interesse ist, biblische Geschichten so aufzuschließen, daß sichtbar wird, auf welcher Basis die handelnden Personen ihr Leben entwerfen. Voraussetzung dafür ist eine korrelative Analyse (s.o. Kapitel II.3.4), die herausarbeitet, welche Grundfragen in diesem Text auf dem Spiel stehen, welche existentiellen Erfahrungen und Einsichten zur Sprache kommen. Diese Analyse könnte zeigen, daß beispielsweise in der Auseinandersetzung um die Weidegründe (Gen 13) ein tiefes Ur-Vertrauen Abraham zum gelassenen Verzicht befähigt; oder daß es in den neutestamentlichen Erzählungen von Dämonenaustreibungen nicht um skurrile religionsgeschichtliche Vorstellungen geht, sondern um die auch heute bedrückenden Erfahrungen, daß Menschen von etwas so besessen sind, daß ihre Willenssteuerung nicht mehr greift. Eine lebensmodell-bezogene Erzählung könnte eine biblische Geschichte auf solche Grund-Erfahrungen hin transparent machen.

  In gleicher Weise können Lebensmodelle im Spiel entdeckt werden. Hierfür stehen zahlreiche Formen zur Verfügung: Nachspielen einer biblischen Erzählung – Schreiben von Dialogen – Interview mit einem/einer Beteiligten – Dialog (Streitgespräch) mit einer der Personen ... Immer geht es darum, sich mit den Gefühlen, Erwartungen, Ängsten, tragenden Erfahrungen der handelnden Person zu identifizieren, an ihrem Leben mit-erlebend teilzunehmen.

Die drei genannten Methoden können dazu beitragen, biblische Texte als »Lebensmodelle« zu lesen; die Auslegungen machen die in den Texten aufbewahrten Erfahrungen sichtbar und beziehen auch die Erfahrungen der heutigen Leser/Hörer mit ein. In diesem Zusammenhang ist noch einmal nachdrücklich auf den Grundsatz der »Gegenwelten« hinzuweisen (s.o. Kapitel II.1). Die Bibel geht auf Existenzfragen heutiger Menschen nicht einfach mit »Glaubensantworten« ein, sondern entwirft alternative Modelle gelungenen Lebens, die unsere eigenen Erfahrungen

kritisch beleuchten. Die Bibel bietet diese Alternativmodelle nicht als gedankliche Konstrukte oder abstrakte Normen an, sondern als »Verlockungsmodelle« (D. Sölle), als Paradigmen oder Anfänge neuen Lebens (vgl. dazu Kapitel II.1).
Im Blick auf den Unterricht sollten die genannten drei Methoden zunächst an einzelnen Texten oder Textzusammenhängen gründlich erprobt werden. Wenn die Schüler ein wenig geübt sind, könnten auch Textfolgen unter bestimmten Sichtweisen zusammengestellt werden; z.B. »Vertrauensgeschichten« von Abraham bis Paulus (aber Vorsicht vor den »Glaubenshelden«!) oder »Wachstumsgeschichten« (etwa die »Wachstumsgleichnisse« des Neuen Testaments), an denen die Schüler lernen können, daß Wachstumsprozesse Chancen für Leben und Glauben bedeuten. Auf diese Weise erschlossene Texte können dann auch in thematische Unterrichtsvorhaben einbezogen werden, wie es in Kapitel III.3 dargestellt wird. Am besten ist es, wenn in den Textfolgen so gearbeitet wird, daß nicht nur Ereignisse erzählt, sondern bestimmte thematische Aspekte hervorgehoben werden, die dann »Haftpunkte« für weiterführende anthropologische oder ethische Themen wären; so beispielsweise in der Grundschule die Streit-Thematik in der Abraham-Erzählung (anhand von Gen 13); bei der Erarbeitung des Themas »Streiten – sich Versöhnen« kann der biblische Bezug dann leicht wieder aufgegriffen werden.

6.2 Lebensmodelle im Gebrauch biblischer Texte entdecken

In diesem Zusammenhang geht es darum, die Bedeutung und Wirksamkeit der Bibel in der Praxis von einzelnen und Gruppen zu erkennen, die heute aus christlicher Motivation für Freiheit und Gerechtigkeit arbeiten.
Zwei solcher Verwendungssituationen bieten sich vor allem an: der Bibelgebrauch in den Gemeinden Südamerikas und in feministischen Gruppen (vgl. dazu die Einführungen in Kapitel II.2).
In den lateinamerikanischen Basisgemeinden hat seit einigen Jahren eine intensive Rückbesinnung auf die befreiende Dynamik der Bibel eingesetzt; als *Relectura* – »Neulesen« – versteht sich diese Bibelbewegung. Sie begreift die biblische Rede vom befreienden Gott ganz real als Zusage ihrer Befreiung von Unterdrückung und Ausbeutung.
Zuerst wurden wohl die Psalmen von Ernesto Cardenal bekannt (Cardenal, 1968); sie bringen die subversive und ermutigende Kraft dieser Sprache neu zur Geltung. Als nächster Anstoß aus Lateinamerika erreichten uns die »Gespräche der Bauern von Solentiname über das Evangelium« (Cardenal, 1976). Besonders eindrücklich ist der vor einigen Jahren erschienene »Katechismus« der peruanischen Campesinos *Vamos Caminando*: »Machen wir uns auf den Weg« (1983). Die Bibeltexte werden in einen Kontext von Berichten über das Elend der Campesinos, Gesprächsimpulsen, Gebeten und Liedern gestellt. In diesem spannungsvollen Geflecht von

Situation und Tradition, Reflexion und Kontemplation, Anbetung und Aktion bekommen die oft abgenutzen Texte eine überraschend neue Qualität.
Die Relectura vom Standort der Betroffenen aus findet in der Bibel einen großen Vorrat an »Impulsen für eine befreiende Praxis« (L. Boff in: M. Hofmann, 1978, S. 145).
Natürlich können diese Beispiele aus den Gemeinden der Dritten Welt nicht ohne weiteres auf die westeuropäische Situation übertragen werden; aber es ist daraus zu lernen:

- Im Unterricht müßte an einem Beispiel die wirtschaftliche und politische Situation der Campesinos genau erarbeitet werden. Auf diesem Hintergrund wird deutlich, welche Bedeutung die Solidargemeinschaft der Basisgemeinde für den einzelnen hat. Dann tritt die Entschiedenheit der auf die Lebenspraxis bezogenen Bibellektüre hervor. Im Vergleich dazu kann den Schülern aufgehen, wie wirklichkeitsfern bei uns die Bibel gelesen wird.
- An ausgewählten Texten können die Schüler dann lernen, welche Hoffnungs- und Handlungsimpulse für die lateinamerikanischen Gemeinden von der biblischen Überlieferung ausgehen.
  Diese Einsichten könnten zur Klärung der eigenen Situation anleiten und eine Relectura im Rahmen unserer Lebensverhältnisse anregen. Dabei darf auf keinen Fall überhört werden, daß der befreiende Ruf der Bibel uns europäische Christen als Bußruf erreicht, uns zur Umkehr aus ungerechten Verhältnissen inspirieren will.
- Auch die *Feministische Auslegung* ist keine »Schreibtischhermeneutik«, sondern aus der Erfahrung sexistischer Unterdrückung der Frauen und aus der praktischen Befreiungsarbeit gewachsen. Diese Erfahrungen haben sich theologisch in enger Beziehung zu zentralen biblischen Texten geklärt und verstärkt. In der Sicht feministischer Theologinnen geht es in den Überlieferungen des Alten und Neuen Testaments nicht nur um Glaubenstraditionen, sondern um Berichte von erfahrener Ungerechtigkeit und Unterdrückung, aber auch um die Zusage, daß Gott den Armen befreiend nahe kommt. Eine besondere Bedeutung gewinnen dabei die biblischen Frauengestalten: An der Selbst- und Glaubenserfahrung von Sara und Mirjam, Maria aus Magdala und Martha von Bethanien können Frauen ihr eigenes Verständnis klären und in diesen »Müttern« Bilder starker Identität aufgreifen.
  Allerdings ist der Weg zu diesen »Müttern« durch verfestigte patriarchale Sichtweisen und Benutzungen der Überlieferung vielfach verstellt. Die Feministische Bibellektüre ist daran interessiert, die einseitigen patriarchalen Auslegungen zu erkennen und wegzuräumen, eigene Wege zur Bibel zu suchen – mit Methoden, wie sie in Band 1, Kapitel II.8 beschrieben wurden.
  Im Unterricht könnten solche Arbeitsgänge mit älteren Schülern probiert werden. Am besten hält man sich zunächst an eine der bekannten Sammlungen Feministischer Auslegungen (z.B. Schmidt u.a., 1988, oder die Kirchentagsauslegun-

gen). Wichtig ist auch hier wieder der prozessuale Aspekt: Warum, mit welchen Zielen, mit welchen Methoden beschäftigen sich Frauen mit der Bibel?
Die Unterrichtenden sollten darauf achten, daß die Feministische Auslegung kein isoliertes »Mädchen-Thema« bleibt. Recht verstanden, bietet dieser Zugang zur Überlieferung ja an, neue Chancen zur Personwerdung für Frauen und Männer aufscheinen zu lassen.

Insgesamt wird es auch bei diesem zweiten Ansatz darauf ankommen, kontextorientiert vorzugehen: Die reale Situation der lateinamerikanischen Basisgemeinden und der Frauengruppen ist zu erarbeiten und als Ausgangspunkt der Frage nach der Bibel zu kennzeichnen. Die Bibeltexte und biblischen Zusammenhänge, auf die sie sich beziehen, sind durch die Lektüre der Praxismaterialien deutlich zu machen. Ebenso ist zu erarbeiten, welche Modelle eines »guten Lebens für alle« den Gruppen vor Augen stehen, wie sie diese aus der Überlieferung erkennen und wie sie sie in eine befreite und befreiende Lebenspraxis umsetzen.

7 Siebter bibeldidaktischer Grundsatz: Ausrichtung der Textarbeit an Grundlinien der biblischen Überlieferung

Zu den Defiziten des biblischen Unterrichts gehört, daß die Schüler wohl manche Einzeltexte kennen, aber keinen Zusammenhang erkennen, keine klaren Grundmuster wahrnehmen, die den Texten erst Sinn und Bedeutung geben (vgl. Kapitel I.2). Diese Zersplitterung der biblischen Überlieferung in viele bedeutungslose Partikel wird auch durch die Lehrpläne eher gefördert als behoben.
Sie läßt sich wohl am besten auffangen, wenn der biblische Unterricht die verschiedenen in den Lehrplänen vorgegebenen Texte auf wenige Grundlinien hin zentriert. Diese hätten die Aufgabe, die Texte auszurichten wie ein Magnet die Eisenteilchen und den Schülern damit einleuchtend ihre Bedeutungen und Intentionen aufzuzeigen. Hierfür zeigen sich, bieten sich zwei Möglichkeiten.

7.1 Die Grundbescheide

Diese in Kapitel II.2.3 entwickelten Sätze versuchen, zentrale Erzähl- und Handlungsmotive, immer wieder erkennbare Grundlinien im Alten und Neuen Testament zu bündeln und sie als Referenzrahmen für die Auslegung der Einzeltexte zur Verfügung zu stellen.
Beispiele zur bibeldidaktischen Wirkungsweise der Grundbescheide habe ich in Kapitel II.3.4 zusammengestellt.

7.2 »Wachsende Überlieferung«

Unter diesem Stichwort habe ich versucht, bestimmte Elemente der Bibel im Rahmen eines Wachstumsprozesses zu erfassen (vgl. Band 1, S. 310ff.; 453f.: »Intertextuelle Auslegung«).
Da ich diesen Wachstumsaspekt bibeldidaktisch für recht produktiv halte, gehe ich etwas ausführlicher darauf ein. Drei Elemente sind möglich:

a. Wachsende Themen

Unter Themen verstehe ich in diesem Zusammenhang größere inhaltliche Komplexe, die durch relativ einheitliche Aussagen geprägt sind, wie z.B. Schöpfung, Exodus, Landnahme. Diese Themen kommen den »Grundbescheiden« ziemlich nahe.
Geht man beispielsweise an das zentrale Thema der Schöpfung einmal nicht mit der Frage nach der Entwicklung des Schöpfungsgedankens im Alten Testament heran, sondern untersucht, welche neuen Erfahrungen und geistigen Räume Israel in der Geschichte zugewachsen sind, werden sich überraschende Perspektiven ergeben.
Die erste und grundlegende Einsicht, zu der Israel fand, hat der Jahwist in seinem Schöpfungstext Gen 2, 4a ff. zur Sprache gebracht: Jahwe allein ist Schöpfer und Herr! Darum stellt der Jahwist den Bericht von der Schöpfung an den Anfang der Heilsgeschichte. Jahwe, der Befreier, ist auch der Schöpfer. Dieser kraftvoll-kämpferische Zug ist sehr charakteristisch und taucht immer wieder auf.
Ein zweiter Zug kommt hinzu: Der königliche Schöpfergott hat sich keine Kreaturen zu seinem Dienst bereitgestellt, wie etwa im babylonischen Mythos, sondern wendet sich dem Menschen in zärtlicher Fürsorge zu. Dies zeigt sich vor allem im jahwistischen Schöpfungstext. Darin spiegelt sich die Erfahrung des im Kulturland endlich zur Ruhe gekommenen Nomaden, der das gute Leben in der Geborgenheit als Geschenk seines Gottes begreift. Hier liegen die Wurzeln eines intensiven Vertrauensverhältnisses, wie es immer wieder in den Psalmen aufscheint. So schöpft beispielsweise ein unschuldig Verfolgter neuen Mut aus der Erinnerung an die Befreiungstat in Ägypten, aber auch aus dem Gedenken an das eigene Geschaffensein (Ps 22,5 f.; 10 f.).
Auch der Lobpreis, der in den vielen Schöpfungspsalmen zur Sprache kommt, ist nicht einfach ein Bestandteil liturgischer Routine, sondern Ausdruck umfassenden Vertrauens. Das Neue Testament nimmt die Schöpfungsthematik nicht besonders breit auf. Ich nenne exemplarisch den Abschnitt der Bergpredigt über die Sorge (Mt 6,25-34). Auch hier ist, wie in den Psalmen, die Erinnerung an den Schöpfer Anlaß zu Vertrauen und Geborgenheit.
Man darf davon ausgehen, daß biblische Texthörer und Textproduzenten in dieser Welt lebten – soweit sie ihnen in ihrer Zeit schon zugänglich war – und so die Lebens- und Glaubenserfahrungen der vor und mit ihnen Lebenden aufnahmen und weiterführten.

b. Wachsende Motive

Unter Motiven verstehe ich in diesem Zusammenhang Erzählelemente, die nicht an einen festen Stoff gebunden sind. Sie tauchen immer wieder in verschiedenen Themen und Zusammenhängen auf; teilweise können mehrere Motive in einem Thema verwendet werden.
Solche Motive sind beispielsweise: Die beiden Brüder – der Aufbruch – Verführtwerden – sich auflehnen – in Todesgefahr kommen und gerettet werden. Neben diese mehr situativen Motive treten inhaltliche, z.B. Wasser – Nahrung – Erdboden usw. Auch solche Motive machen eine Geschichte durch, verändern sich, wachsen an, sammeln neue Erfahrungen in sich, fügen sich zu kontextuellen Zusammenhängen. Das soll das *Beispiel* »Wasser« verdeutlichen: In der ganzen biblischen Tradition ist das Motiv des Wassers eigentümlich ambivalent. Auf der einen Seite ist das Wasser die unheimliche Macht, die den Menschen bedroht; kulturgeschichtlich wird man den Erfahrungshintergrund solcher Anschauungen in Überschwemmungsgebieten suchen, z.B. im Zweistromland. Einige Stichproben: die chaotische Urflut in Gen 1; sie erscheint auch als Drache (Rachab: Ps 89,11: Jes 51,9; als Leviathan: Jes 27,1) – die Fluten des Schilfmeeres als tödliche Gefahr für das flüchtende Israel – »Wasser« als Symbol der Bedrohung in den Psalmen (z.B. Ps 69,2 ff.) – das Meer, das Jona verschlingt – der Seesturm, der die Jünger tödlich bedroht. Gott erscheint in diesen Ausformungen des Wasser-Motivs als der, der die Seinen errettet. Auf der anderen Seite ist Wasser das Lebens-Mittel, eine Sicht, die gewiß der Lebenserfahrung von Menschen im heißen Klima Vorderasiens eher entspricht, als die Erfahrung des Wassers als bedrohendes Element! Auch hierzu einige Stichproben: Der Garten Eden ist der Lebensort inmitten der Wüste – Israel wird auf wunderbare Weise in der Wüste getränkt (Ex 15; Ex 17) – die Psalmen erzählen immer wieder, daß Jahwe lebenserhaltendes Wasser spendet (Ps 23) – Jahwe wird bei der Befreiung aus Babylon vor seinem Volk herziehen und die Wüste in einen blühenden Garten verwandeln (Jes 41,17 ff.; Jes 43,19 ff.) – Jesus gibt das Wasser des ewigen Lebens (Joh 4,1-15).
Ein dritter Aspekt des Wasser-Motivs ist die Reinigung. Über die alltägliche Bedeutung der körperlichen Sauberkeit hinaus ist – jedenfalls in der Hebräischen Bibel – der Aspekt der kultischen Reinheit sehr wichtig (z.B. Ex 19,10; 2 Kön 5,10). Schließlich erweitert sich das Bedeutungsspektrum um die Reinheit von Schuld und Sünde, die letzlich nur Gott selbst »abwaschen« kann (z.B. Ps 51,14).
Ein eindrucksvolles Beispiel für die Anreicherung des Motivs Wasser in der Geschichte ist das neutestamentliche Symbol der Taufe (z.B. Röm 6,1-11). Es vereint in sich die Bedeutung des Sterbens, aber auch des neuen Lebens (das Jona-Motiv als Tauf- und Auferstehungssymbol!) und der Reinigung.

c. Wachsende Bilder von Personen

Nicht nur Themen reichern sich mit immer neuen Erfahrungen an, sondern auch Personen. So hat Gerhard von Rad eindrucksvoll gezeigt, wie die zentralen Gestalten des Alten Testaments im Lauf der Geschichte in immer neue Lebensräume hineinwuchsen, neue Züge gewannen, zu neuen Gestalten verschmolzen (zu Mose: von Rad, 1987, S. 302ff.; zu David: S. 318ff.). Besonders an der geheimnisvollen Gestalt des Gottesknechts bei Deuterojesaja läßt sich erkennen, wie Erfahrungen und Geschichten um den Gottesmann Mose, um den König, um den leidenden Propheten zu einer neuen Gestalt zusammenwuchsen, die aber ihrerseits wieder nicht abgeschlossen ist, sondern offen bleibt für Neues. Es ist sicher kein Zufall, daß dann die Zeichnung der Gestalt Jesu durch die Evangelien viele Züge dieses Gottesknechts aufgenommen und vertieft hat. Sich mit biblischen Gestalten intertextuell beschäftigen heißt, sie nicht als isolierte Personen wahrzunehmen, sondern sie in solchen Beziehungen zu sehen. Es ist reizvoll und fruchtbar zu beobachten, wie die Gestalt des Messias-Königs im Alten Testament immer weniger von den realen Königen ausgefüllt wird, sondern zum Hoffnungssymbol wird ... bis schließlich der Christus als der Erwartete erkannt wird. Aber er geht nicht einfach auf in der überkommenen königlichen Herrschergestalt des Messias. Bei ihm verschmilzt sie unter anderem mit dem leidenden Gottesknecht, der nicht zum Bild des machtvollen Königs paßt: Jesus ist der Mann, der – nach einer Formulierung von Eduard Schweitzer – alle Schemata sprengt. Man kann beobachten, wie die biblischen Gestalten durch immer neue Erfahrungen wachsen; das bietet die Chance, sie komplexer zu erkennen und damit vielleicht auch den eigenen Zugang zu verdeutlichen.

So laufen die Fäden durch das Alte und Neue Testament – wer ihnen nachgeht, sammelt nicht nur interessante religionsgeschichtliche Informationen, sondern kann, wenn er will, immer neue Räume betreten, teilnehmen an vergangener, belebender Erfahrung.

d. Praktische Hinweise

Die skizzierten Merkmale der Grundbescheide und der wachsenden Elemente können im biblischen Unterricht folgendermaßen genutzt werden:

- In der mittelfristigen Planung könnten mehrere Themen einmal einem Grundbescheid folgen, wie es in Kapitel II.3.3 angedeutet wurde.
- In gleicher Weise könnte ein wachsendes Thema oder Motiv oder auch eine wachsende Person Leitfaden mehrerer verbundener Themen sein. Beispielsweise bietet sich an, im Zusammenhang des Themas »Schöpfung« von einem der Texte Gen 1 oder Gen 2 auszugehen und die Wasser-Motivik in der angedeuteten Weise zu verfolgen. Oder man könnte bei einem neutestamentlichen Text einsetzen (z.B. bei der Taufe von Röm 6) und den Linien in die Hebräische Bibel nachgehen.

- Auch die von einem biblischen Thema unabhängige Nachzeichnung eines Wachstumsprozesses wäre reizvoll, etwa im Rahmen symboldidaktischer Arbeitsgänge zu Motiven wie »Baum«, »Berg« oder »Licht«.
- Schließlich ist noch einmal an die Beteiligung der Schüler an der korrelativen Verknüpfung biblischer und gegenwartsbezogener Themen mit Hilfe der Grundbescheide zu erinnern (s.o. Kapitel II.3.3).

Für die Schüler verspreche ich mir von solchen Aktivitäten:
- Sie könnten im Lauf der Zeit einige Zusammenhänge und durchlaufende Linien durch die verwirrende Fülle biblischer Geschichten und Themen gewinnen, die ihnen behilflich sind, den einzelnen Text in einem gewissen Rahmen zu betrachten, der seine Bedeutsamkeit erkennen läßt.
- Die Bibel könnte aus der statischen Fixierung auf »heilige Texte« herauskommen und ihre geschichtliche Bewegung und Dynamik zeigen.
- Die Schüler könnten Lehrplanthemen einordnen und damit Lehrplanentscheidungen einschätzen. Dies wäre eine Voraussetzung für die Beteiligung an mittelfristiger Planung.

8 Achter bibeldidaktischer Grundsatz: Erschließung biblischer Tradition in ganzheitlich-kommunikativen Zugängen

In der Beschreibung der von der Bibel selbst bereitgehaltenen Lernchancen (s.o. Kapitel II.1) wurden u.a. genannt:
- Die Bibel hat eine kommunikative Grundstruktur; dem entsprechen kommunikative Verstehensprozesse.
- Die Bibel spricht ihre Leser und Hörer ganzheitlich an und bricht damit die Monokultur kognitiver Prozesse auf.

Diese Formulierungen weisen darauf hin, daß nicht zuerst praktische Möglichkeiten zur besseren Vermittlung biblischer Inhalte gefragt sind. Die Stichworte »Kommunikation« und »Ganzheitlichkeit« gehen weit über unterrichtsmethodische Handgriffe hinaus. Ganzheitliches Leben und Kommunikationsfähigkeit sind unentbehrlich zur Reifung und Integration der Person.

Sie können im biblischen Unterricht durch adäquate Verfahren zum Schwingen gebracht werden. Allerdings müssen diese erst entdeckt und freigesetzt werden, denn die gewohnten unterrichtlichen Formen sind von ganz anderen Mustern geprägt:
- Die biblische Sprache wird meist nicht in ihrer Eigenart aufgenommen, sondern in informierende Sätze umgeformt (Beispiel: Ein Klagepsalm wird nicht nachgesprochen, sondern »besprochen«).
- Die Interaktion verläuft weithin im Rahmen des gewohnten Lehrer- Schüler-Rollenschemas, das ein wirkliches Gespräch kaum zuläßt.

Wie können die Chancen ganzheitlich-kommunikativen Erlebens eingelöst werden?

8.1 Ganzheitliche Erschließung

Diese Aufgabe differenziert sich in zwei Richtungen:

- Vor allem ist die ganzheitliche und symbolische Sprache der Bibel (wieder) zu entdecken: Weil sie An-rede ist, weil sie den Glauben bekennend, lobend, klagend ins Wort setzt, muß diese Sprachbewegung soweit wie möglich auch im Unterricht zum Zug kommen. Biblische Sprache ist selbst schon »Geschehen«, das ganzheitlich anspricht. Sie lädt ein zum Nach-Erzählen, Mit- Feiern, Nach-Gestalten, Mit-Bekennen usw.
- Es sollte beispielsweise selbstverständlich sein, daß Psalmen gesprochen oder gesungen oder feiernd und nacherlebend gestaltet werden – daß Geschichten erzählt und nicht nur »besprochen« werden – daß eine Prophetenrede als Ansprache gestaltet wird – daß eine Symbolhandlung gespielt wird …
- Die andere Seite der ganzheitlichen Erschließung betrifft die heutige Rezeption. Auch sie ist so oft und intensiv wie möglich ganzheitlich anzulegen. Alle Formen der kreativen Gestaltung sind auszuschöpfen: Spielen – Malen – Tonen – Verklanglichen – körpersprachliches Erleben …

8.2 Kommunikative Erschließung

Hier ist an die Vorschläge zu denken, die Gruppenprozesse ausdrücklich in den Verstehensprozeß einzubeziehen, z.B. die Versuche, im Sinne der Themenzentrierten Interaktion (nach Ruth Cohn) vorzugehen (praktische Vorschläge bei Barth/ Schramm, 1977 und S. Berg, 1991; vgl. auch die Hinweise zur Interaktionalen Bibelarbeit in Band 1, Kapitel II.5). Es geht darum, daß im Gruppengeschehen die eigene Erfahrung intensiv ins Spiel kommt und neue Erfahrungen aus dem Text im Gespräch geprüft, vertieft, verleiblicht werden können. Dieser Ansatz schließt ausdrücklich den Verzicht ein, eine einzige Auslegung als »richtige« verbindlich zu machen. Damit wird der Verstehensprozeß nicht beliebig, aber er nimmt die Einsicht ernst, daß die Wahrheit im Dialog derer aufscheint, die vom Wort be-troffen sind.
Wo es um die kommunikative Auslegung geht, ist die Lerngruppe nicht mehr auf das traditionelle Rollenschema von Lehrenden (Wissenden) und Lernenden (Unwissenden) fixiert, sondern versteht sich als Hör- und Lerngemeinschaft, die gemeinsame Erfahrungen mit der Überlieferung machen will, sich um Klärung bemüht, sich zu neuen Sichtweisen inspirieren läßt. Solchen Versuchen, gruppenbezogene Prozesse in Gang zu bringen, setzen die Rahmenbedingungen schulisch organisierten Lernens enge Grenzen. Dennoch darf auf keinen Fall darauf verzichtet werden! Denn dies ist eine der wenigen Chancen, die Lebensbedeutung biblischer Impulse in der Schule selbst zu erfahren. Vielleicht gelingt es einmal, daß die Lerngruppe (den Unterrichtenden eingeschlossen!) sich im gegenseitigen Vertrauen öffnet, sich miteinander ausspricht … dann schimmert etwas durch von der

Erkenntnis, daß die Botschaft der Bibel sich an die Gemeinschaft wendet und in dieser lebensbezogen erfahren werden kann. Eine Möglichkeit ist wohl, von gestalterischen Prozessen auszugehen: Eine Lerngruppe beispielsweise, deren Mitglieder in nicht-gegenständlicher Malerei ausdrücken, wer Gott für sie ist, hat die Chance, in einen offenen Austausch zu kommen.

Methodisch sind die in Abschnitt 8 angesprochenen Aufgaben wohl weithin bearbeitet, die meisten Lehrer sind in kreativen Verfahren durchaus geübt (vgl. auch: Petzold, 1989). Defizite sind eher in der didaktischen Begründung dieser Erfahrungs- und Lernformen zu erkennen: Eine einseitig kognitive Ausbildung hat viele Lehrer auf »verkopfte« Lernprozesse festgelegt: Erst, was als Ergebnis »gesichert« und als Satz abrufbar gespeichert ist, gilt als »gelernt«.

In der Praxis wirkt sich diese Einstellung so aus, daß zwar durchaus ganzheitliche und kommunikative Verfahren zum Zug kommen, aber oft nur »zur Auflockerung« des *eigentlichen* Unterrichts; häufig genug wird die gespielte Geschichte eben doch noch in einem Hefteintrag zusammengefaßt, der bildnerisch gestaltete Psalm noch auswendig gelernt. Damit aber werden diese Zugänge abgewertet und können ihre Kraft nicht entfalten.

Darum ist noch einmal mit Nachdruck daran zu erinnern, daß kommunikative und ganzheitliche Vorgehensweisen nicht als Spielsachen aus der unterrichtsmethodischen Trickkiste abgetan, sondern als eigene erfahrungsbezogene Zugänge zur Bibel anerkannt werden. Sie tun nichts anderes, als sich auf die eigenen Mitteilungsformen der Bibel selbst einzulassen und diese zum Schwingen zu bringen.

9 Neunter bibeldidaktischer Grundsatz: Orientierung an einem integrativen Konzept

Wo sich neue Wege zeigen, kommt die Neigung auf, einen einzigen als neuen »Königsweg« auszurufen: Einer legt sich auf Tiefenpsychologische Ansätze fest, eine andere propagiert die Feministische Sicht, ein dritter praktiziert nur noch die Ursprungsgeschichtliche Auslegung.

Jeder kennt die Folgen: Rechthaberei – Verengung des Blickwinkels – Lernunfähigkeit – und bei den Schülern: Langeweile – Überdruß. Die bisher angestellten Überlegungen sollten gezeigt haben: Die Bibel ist so vielschichtig, so lebensvoll und erfahrungsgesättigt, daß ein einziger Zugangsweg sie niemals erreicht.

Theologen und Religionspädagogen, Lehrer und Schüler müssen die Vielzahl der Wege wieder entdecken und lernen, daß sie der Mitte der biblischen Tradition nur in immer neuen An-Gängen auf verschiedenen Bahnen näherkommen. Aber dies ist nicht die Arbeit des Sysiphos, der die vergebliche Arbeit immer neu beginnen muß und nie ans Ziel kommt, sondern jeder der Wege führt vor neue faszinierende Sichtweisen, hält überraschende Erkenntnisse, produktive Verunsicherungen bereit.

Hermeneutisch und bibeldidaktisch ist aus dieser Einsicht der Schluß zu ziehen, daß je nach der Eigenart der Thematik, der Lernsituation und der Ausgangslage der Klasse verschiedene Zugangswege gewählt und miteinander verbunden werden müssen. Einige praxisbezogene Hinweise zur Auswahl und Verbindung dieser Wege bietet der folgende Abschnitt an.

10 Zehnter bibeldidaktischer Grundsatz: Sach- und situationsgemäße Wahl der Unterrichtsansätze

Die Vielfalt und Fruchtbarkeit der bibeldidaktischen Ansätze, die sich zeigt, kann faszinieren, aber auch verunsichern, ja desorientieren: Was kann, soll, darf der Unterrichtende auswählen? Gibt es schlüssige Gesichtspunkte, oder muß er sich mit der Faustregel begnügen: »Am besten ist, was bei den Schülern ankommt«? Eine solche Auskunft ist sicher viel zu kurzatmig – aber sie gibt einen wichtigen Fingerzeig: Die Situation der Lernenden ist ein grundlegender Gesichtspunkt zur Auswahl und Handhabung von Verfahren des biblischen Unterrichts.
Ich greife noch einmal auf die in Kapitel I.2 formulierten Beobachtungen zurück und benutze sie als Ausgangspunkte zur Wahl von Unterrichtsansätzen.

10.1 Erster Anhaltspunkt: Defizite im Bereich der Wahrnehmung

Dieser Gesichtspunkt nimmt die Beobachtung auf, daß viele Schüler und auch Erwachsene durch die ständige Reizüberflutung nahezu unfähig geworden sind, einen Text aufmerksam in sich aufzunehmen. Fast durchgehend wird es nötig sein, Verfahren zu wählen, die diese Fähigkeit wieder aufbauen. Sie wurden bereits genannt (s.o. Abschnitt 2 in diesem Kapitel):
- Verfahren zur Verlangsamung des Wahrnehmungsprozesses,
- Verfahren zur Anregung der Selbstwahrnehmung im Gegenüber zum Text.

10.2 Zweiter Anhaltspunkt: Desinteresse an biblischer Tradition

Dieser Gesichtspunkt geht auf die Beobachtung des »Relevanzverlustes« ein, den die Überlieferung bei vielen Schülern erlitten hat. Wenn also die Leser/Hörer biblische Texte nur noch als altgewordene oder sogar schon abgestorbene Tradition wahrnehmen können, sind Verfahren einzusetzen, die die Relevanz der Bibel wieder sichtbar machen. Es bieten sich vor allem an:
- Erschließung der biblischen Tradition als »Antworttexte« (s.o. Abschnitt 3). Die Ursprungsgeschichtliche Auslegung zeigt, daß ein Text bzw. die Sache, die er

vertritt, jedenfalls in der Zeit seiner Entstehung höchst relevant und oft auch umstritten war. Die Tiefenpsychologische Auslegung will die im Text verschlossenen heilenden Erfahrungen freisetzen.

- Erschließung biblischer Texte als Modelle gelingenden Lebens (s.o. Abschnitt 6).
- Außerdem kommen unter diesem Aspekt vorzüglich alle Formen der bibelorientierten Problemerschließung zum Zug (vgl. Kapitel III.3), denn sie richtet sich darauf aus, die Bedeutung biblischer Überlieferung im Kontext heutiger Probleme zu prüfen.

10.3 Dritter Anhaltspunkt: Verfestigte Sichtweisen im Blick auf die Bibel

Wenn bei den Lesern/Hörern mit einseitigen, verfestigten Wahrnehmungsgewohnheiten zu rechnen ist, sollten Ansätze gewählt werden, die diese aufbrechen können. Hier ist natürlich in erster Linie an Verfremdungen zu denken (s.o. Abschnitt 2). Besonders interessante neue Zugänge zur Bibel kann die Kunst eröffnen ... wenn man sie ernst nimmt. Kunst versteht sich nicht als Illustration bereits festgestellter Inhalte, sondern sie geht in eigenständiger Perspektive und autonomer Formsprache an ihr Thema heran und eröffnet damit den notwendigen »fremden Blick« (s.u. Kapitel III.4)

10.4 Vierter Anhaltspunkt: Resignative Einstellungen

Hier geht es um den Wirkungsverlust, den die Bibel bei vielen Lesern/Hörern erlitten hat. Sie wollen sich nicht mehr mit biblischer Überlieferung beschäftigen, weil sie kein Leben in Konsequenz des Evangeliums erfahren. Natürlich kann eine solche resignative Grundeinstellung nicht einfach durch methodische Kunstgriffe aufgehoben werden; aber es können Verfahren gewählt werden, die zeigen, daß biblische Überlieferung auch heute kräftig wirksam ist. Als wichtigen Grundsatz nenne ich: Erschließung biblischer Texte als Modelle gelingenden Lebens (s.o. Abschnitt 6). Hier könnte besonders die Beschäftigung mit dem Bibelgebrauch in Initiativen und Gruppen interessant sein, darunter auch die Relectura der lateinamerikanischen Basisgemeinden.

Natürlich sind nicht alle Verfahren an einem Text anzuwenden, sondern der Unterrichtende wird je nach der Eigenart der Texte, der jeweiligen Intentionen, der Ausgangslage seiner Lerngruppe auswählen, welcher Ansatz sich jetzt anbietet, welcher die erarbeiteten Sichtweisen und Inhalte an anderen Texten weiterführt. Dabei ist sicher auch die Überlegung wichtig, welcher Ansatz für den Unterrichtenden selbst wichtig ist: Was ihm selbst einleuchtet, kann auch anderen ein Licht aufstecken! Nicht zuletzt ist auch das Interesse der Schüler wichtig – nicht im Sinne kurzatmiger Motivations-Techniken, aber im Sinn der Frage: An welchem Zugang kann den Schülern am ehesten aufgehen, was ein Text ihnen bedeuten könnte?

Kapitel 3
Biblischer Unterricht, Typ 2: Bibelorientierte Problemerschließung

1 Was können biblische Texte in thematischen Einheiten bewirken?

Zunächst einmal ist wichtig, möglichst genau zu bestimmen, welche Funktionen biblische Texte in Unterrichtsthemen wahrnehmen können – oder anders gesagt: warum Bibeltexte in Themen einbezogen werden. Gerade die problematischen Lösungen, die sich teilweise in der Analyse (Kapitel I.3) zeigten, unterstreichen deutlich die Notwendigkeit dieser Funktionsbestimmungen: Wo beispielsweise der Rückgriff auf die biblische Überlieferung vor allem dazu dient, die »Bibeltreue« des Unterrichts zu demonstrieren, werden die Intentionen von Texten verkürzt und entstellt. Letztlich müssen alle Begründungen und Funktionsbestimmungen an den Lernchancen maßnehmen, die in Kapitel II.1 ausgewiesen wurden.
Ich werde zunächst einige kurze Funktionsbestimmungen vorlegen und dann bibeldidaktische Grundsätze entwickeln, die zur unterrichtlichen Realisierung dieser Funktionen dienen.

1.1 Vier Grundfunktionen biblischer Texte in Unterrichtsthemen

- Im Rahmen thematischer Unterrichtseinheiten können biblische Texte über die Herkunft und Bedeutung gegenwärtiger *Zustände*, *Verhaltensweisen* oder *Normen* informieren.
  Hierher gehören zunächst einmal Informationen zur europäischen Kultur, die zum großen Teil in der biblisch-christlichen Tradition wurzelt: Kulturzeugnisse, aber auch ethische und sprachliche Phänomene. Die Schüler können beispielsweise anhand von Kirchbauten erfahren, daß die Kunst sich aus biblischen Wurzeln nährt (oder jedenfalls jahrhundertelang genährt hat); sie lernen, daß bestimmte ethische Normen in der christlichen Überlieferung wurzeln, auch

wenn dies oft kaum noch bewußt ist; sie entdecken, daß viele geläufige Sprachmuster biblischen Ursprungs sind (Beispiel: »Das geht mir an die Nieren« geht auf die biblische Anschauung zurück, daß die Nieren Sitz der Empfindungen seien).
In diesem Zusammenhang sind aber auch religiöse Erscheinungen und Institutionen im Blick auf ihre geschichtlichen Wurzeln zu besprechen (ein viel bearbeitetes Thema aus diesem Funktionsbereich ist »Judentum«).

- Im Rahmen thematischer Unterrichtseinheiten können biblische Texte Deutungs- und Orientierungsangebote für *Glauben* und *gelingendes Leben* vermitteln.
  Diese bereits im Rahmen der problemorientierten Texterschließung besprochenen Lernchancen sind natürlich auch für die Einbeziehung von Bibeltexten in Themen wichtig. Sie kommen in Unterrichtsthemen mit anthropologischen bzw. ethischen Fragestellungen zum Zug. (Beispiel: Im Thema »Frieden« rufen Jes 2, 1-4 und Mi 4,1-5 die großen biblischen Schalom-Visionen vor Augen.) Dabei sind die in Kapitel I.3 dargestellten Gefahren des pädagogisierenden bzw. dogmatisierenden Mißverständnisses unbedingt zu beachten.
- Im Rahmen thematischer Unterrichtseinheiten können biblische Texte Sprache anbieten, die zur *Deutung* und *Verarbeitung von Erfahrungen* anregt und befähigt.
  Immer wieder zeigt sich, daß die biblische Sprache nicht zuerst informieren oder belehren will. Sie ist geprägte, wirkende Sprache des Lebens und Glaubens, die die biblischen Menschen zur Verarbeitung ihrer Erfahrungen vor Gott befähigte. Sie lädt zum Mit-Sprechen ein. Hierfür bieten sich vor allem die Psalmen an, aber auch prophetische Texte, Gleichnisse usw. Beispiel: Im Thema »Angst und Vertrauen« können biblische Symbole der Sehnsucht nach Geborgenheit Sprache geben: Ps 23 (Hirt); Ps 46 (Burg); Ex 19,4 (Adler); Jes 66,13 (Mutter).
- Im Rahmen thematischer Unterrichtseinheiten können biblische Texte auch das Verständnis *biblischer Überlieferung* fördern.
  Dies ist im Rahmen der Aufgabenstellung »Einbeziehung biblischer Texte in thematischen Unterricht« nur eine sekundäre Funktion. Diese Aufgabe kommt vor allem den Informationsbausteinen zu (Kapitel III.1). Im Rahmen von thematischen Einheiten kann aber die Fähigkeit zum sachgemäßen Verstehen biblischer Überlieferung durchaus gefördert werden, z.B. durch Rückgriff auf die Kurse oder auch durch eine entsprechende Erarbeitung von Texten, beispielsweise durch Ursprungsgeschichtliche Erschließung.

2 Bibeldidaktische Grundsätze

Damit biblische Texte im Rahmen thematischer Unterrichtseinheiten die genannten Funktionen wahrnehmen können, müssen bestimmte Grundsätze eingehalten werden.

2.1 Erster bibeldidaktischer Grundsatz: Plausibilität

Bei der Analyse der Lehrpläne war immer wieder der Versuch zu beobachten, möglichst viele Bibeltexte in Themen »unterzubringen«. Als Methode wird dabei häufig eine oberflächliche Stichwort-Assoziation verwendet (Beispiel: Der Rekurs auf die Erzählung von David und Jonathan beim Thema »Freundschaft«).
Demgegenüber ist zu fordern, daß die jeweilige Funktion eines Textes klar ausgewiesen wird und von den Schülern nachvollziehbar ist.

2.2 Zweiter bibeldidaktischer Grundsatz: Geschichtliche Dynamik

Dieser Grundsatz wendet sich kritisch gegen einen Gebrauch der Bibel in der bibelorientierten Problemerschließung, die die Geschichtlichkeit der Überlieferung nicht ernst nimmt. Wie in der Analyse in Kapitel I.3 dargelegt, zeigt sich dies in einem unreflektiert-normativen Verständnis der Bibel.
Zwei seiner Fehlformen sind in diesem Zusammenhang noch einmal anzusprechen:

- Texte werden so wiedergegeben, als wenn es sich um dokumentarische Berichte handeln würde (vor allem in erzählenden Texten für die Grundschule). Die biblische Tradition erscheint dann den Schülern als Übermittlung fraglos gültiger Tatsachen.
- Texte werden als geltende Norm in Glaubens- oder Lebensfragen gesetzt, ohne daß der Schüler die Möglichkeit hat, sich mit deren ursprünglichem Sinn in der geschichtlichen Entstehungssituation auseinanderzusetzen.

Demgegenüber ist ein Gebrauch von Texten in der bibelorientierten Problemerschließung zu fordern, der ihre Geschichtlichkeit kenntlich macht. Dafür bieten sich vorzüglich die hermeneutischen Ansätze der Ursprungsgeschichtlichen und der Materialistischen Auslegung an. Sie führen geschichtliches und erfahrungsbezogenes Denken zusammen; sie sind nicht nur im Zusammenhang der problemorientierten Texterschließung möglich, wie sie im vorigen Kapitel dargestellt wurde, sondern auch im Rahmen der bibelorientierten Problemerschließung. Das zeigen gelungene Beispiele in Religionsbüchern.
Das gleiche gilt auch für die Wirkungsgeschichtliche Auslegung, die sich ebenfalls im Unterricht als gutes Korrektiv eines ungeschichtlich-statischen Gebrauchs anbietet.

Diese Interpretations- und Unterrichtsansätze verfolgen keineswegs das Ziel, die Aussagen der biblischen Texte zu relativieren, indem sie sie als zeitbedingte Dokumente verstehen. Vielmehr sollen sie als Zeugnisse leidenschaftlicher Auseinandersetzungen um Glauben und Leben in konkreten Situationen erfahren werden. Das setzt ihre Bedeutung nicht herab, sondern: Erst wenn ein Text wieder in geschichtliche Prozesse »verflüssigt worden ist«, kann er heute wieder geschichtlich wirksam werden. Wahrheit ist konkret, be-trifft auch heute immer nur im Hinblick auf praktische Veränderungen.

2.3 Dritter bibeldidaktischer Grundsatz: Wirkungs- und Handlungsorientierung

In der Praxis der Verbindung von »Situation« und »Tradition« im Religionsunterricht zeigt sich immer wieder, daß die Schüler, jedenfalls die Heranwachsenden, die Wahrheit der Bibel zwar nicht als vorgegebene Norm akzeptieren wollen, wohl aber bereit sind, sich mit glaubwürdig gelebten Beispielen eines biblisch begründeten Glaubens auseinanderzusetzen (vgl. Kapitel I.2). So stellt sich als Leitfrage: Wo sind heute einzelne und Gruppen, die aus Glauben praktische Friedensarbeit leisten? Wo gibt es Christen, die unter Berufung auf den Glauben an Gott, den Schöpfer, für die Erhaltung des guten Lebensraums für alle eintreten? Wo finden sich Eltern und Erzieher, die ihren Kindern Freiheit gewähren, weil sie getauft sind? Immer geht es darum, bei solchen Menschen von den heute wirksamen Verhaltensweisen auf die Quellen zurückzufragen: Welche Aufträge motivieren sie – welche Kräfte treiben sie an – welche Hoffnungen halten sie aufrecht? So fragen wir uns durch zu den biblischen Grundlagen und entdecken, daß sie auch heute noch kräftig wirksam sind.
Einen solchen Ansatz, der von heute wirksamen Praxisimpulsen der biblischen Überlieferung ausgeht, bezeichne ich als »wirkungs- und handlungsorientiert«.
Diese Impulse können sich an einzelnen Christen festmachen, die eine biblisch inspirierte Lebenspraxis erkennen lassen. Dabei kommt aber die Gefahr auf, daß Gestalten wie Albert Schweizer, Dietrich Bonhoeffer, Maximilian Kolbe oder Mutter Teresa als übermächtige Vorbilder erscheinen, die junge Menschen zwar bewundern, an denen sie aber ihre eigene Lebensführung nicht ausrichten können. Allerdings sind in den letzten Jahren eine Reihe von Büchern mit exemplarischen Biographien erschienen, die näher an die Erfahrungswelt von Kindern und Jugendlichen herankommen (z.B. Steinwede, 1991; Achtnich, 1991).
Am besten werden Schüler zu Gruppen und Initiativen Zugang finden, an denen eine biblisch inspirierte Lebenspraxis aufscheint. Die Beschäftigung mit solchen Gruppen eröffnet auch die Chance, daß die Schüler an überschaubaren Erfahrungs- und Konfliktfeldern erkennen, daß die schlechte Realität doch nicht so unangreifbar ist, wie der resignative Satz feststellt: »Als einzelner kann man da doch nichts

machen«. In der solidarischen Praxis von Gruppen können sie einen Widerschein der biblischen Rede vom befreienden Gott wahrnehmen.
Solche Gruppen und Initiativen können in vielen Unterrichtsvorhaben im Bereich bibelorientierter Problemerschließung bearbeitet werden, vor allem hinsichtlich ihrer Praxis, die sich an einem biblisch fundierten und inspirierten Christsein orientiert. Allerdings ist hier ein dringender Bedarf anzumelden! Wir brauchen unbedingt gut aufbereitete Materialien über solche Aktivitäten und Gruppen, die im Sinne dieses wirkungs- und handlungsorientierten Ansatzes im Unterricht vorgestellt werden könnten. (Erste Beispiele wurden in der Zeitschrift ›ru‹ vorgelegt: Weber, 1986 und 1987.) Solche Gruppen und Initiativen finden sich vielerorts, teilweise sind Informationen über Veröffentlichungen zugänglich (z.B. Albus, 1984; Fisch, 1985). Günstiger noch sind Kontakte zu örtlichen Gruppen; ein Gespräch mit Mitgliedern über ihre Orientierung an einem biblisch begründeten Christsein könnte den Schülern die praktische Wirksamkeit der Überlieferung bei einzelnen Gruppen heute verdeutlichen und zur eigenen Auseinandersetzung motivieren.
Letztlich wird der Grundsatz der Wirkungs- und Handlungsorientierung im Religionsunterricht wohl nicht nur über vermittelte Fremderfahrung realisierbar sein, sondern über eigene Erfahrung: Kleine Praxisprojekte oder auch mittelfristige Praktika mit Erfolgen und Enttäuschungen könnten eigene Fragen nach der biblischen Überlieferung als Quelle der Motivation und Inspiration anstoßen.
Als ein wichtiges Lernfeld ist in diesem Zusammenhang noch einmal die Bibelpraxis der Basisgemeinden in der Dritten Welt zu erwähnen, vor allem in Lateinamerika (vgl. dazu die Hinweise in Kapitel II.3 und III.2).

2.4 Vierter bibeldidaktischer Grundsatz: Kontroverse Offenheit

Diese Formulierung wendet sich noch einmal gegen den unreflektiert-normativen Gebrauch biblischer Texte im Rahmen thematischer Unterrichtseinheiten, und zwar in der Spielart, daß der Schüler keine Möglichkeit hat, sich mit der gegenwärtigen Tragweite, Reichweite und Konsequenz der Texte kritisch auseinanderzusetzen. Das zeigt sich immer besonders deutlich dann, wenn der biblische Bezug im letzten Lernschritt in das jeweilige Thema eingebracht wird. Dann erscheinen die Texte als »heilige«, unveränderliche Normen mit dem Anspruch des »letzten Worts«.
Demgegenüber ist zu fordern, daß biblische Tradition sich dem offenen, kontroversen Diskurs stellt; dann kann sie ihre Kraft und Wahrheit erweisen.
Das können folgende Maßnahmen unterstützen:
- Die Texte werden bereits in ihrer Ursprungssituation als umstritten dargestellt. Dafür bieten sich vor allem prophetische Texte an, die zeigen, wie die kritische Botschaft abgelehnt, der Bote angefeindet wurde, weil die gewohnten (religiösen) Verhaltensweisen gestört wurden (z.B. Am 7, 10-17).

- Biblische Texte erscheinen in thematischen Unterrichtseinheiten als Störungen von heute als »normal« geltenden Wahrnehmungs- und Handlungsmustern, aber nicht als moralische Grundsätze oder Forderungen, sondern als »Gegenwelten«, Beispiele und Anfänge guten, gelingenden Lebens.

Die Schüler sollen nicht nur erfahren, daß die biblische Überlieferung gewohnten Sichtweisen widerspricht, sondern auch erkennen, daß Bibeltexte heute Kontroversen provozieren. Diese Beobachtung ist nicht als beklagenswerter Streit unter Christen zu verschweigen, sondern als bibeldidaktischer Glücksfall aufzugreifen. Viele Themen werden ja heute öffentlich kontrovers diskutiert, auch unter christlichem Aspekt, wie beispielsweise Aufrüstung, Umweltprobleme, Atom-Nutzung. Material findet sich reichlich in der aktuellen Berichterstattung, z.B. in Tageszeitungen. Besonders ergiebig sind die Leserbriefspalten – etwa nach der Teilnahme von Pfarrern an Demonstrationen usw. Solche Materialien können bibeldidaktisch aufbereitet werden; vielleicht ist auch ein Interview mit Beteiligten möglich, in denen die Motive für ihr Verhalten zu klären sind.

Immer geht es darum, die biblische Überlieferung als Zeugnis einer intensiven Auseinandersetzung um Leben und Glauben aufzufassen, das auch heute noch umstritten ist – ein Zeichen für ihre Lebendigkeit, Relevanz und Wirksamkeit.

Dieser Grundsatz ist auch motivationsdidaktisch bedeutsam: Die kontroverse Darstellung eines Gegenstands gehört zu den wichtigsten Grundsätzen intrinsischer Motivation.

2.5 Fünfter bibeldidaktischer Grundsatz: Ganzheitliche Aneignung und Gestaltung

Auch dieser Grundsatz, der bereits im Rahmen der problemorientierten Texterschließung entfaltet wurde, ist bei der Einbeziehung von Texten in Themen zu beachten. Es geht nicht an, daß Bibeltexte in diesem Zusammenhang auf Lehrsätze oder Sachtexte verkürzt werden; sie müssen auch hier mit ihrer eigenen Sprachbewegung und Dynamik zum Zug kommen. So sollten beispielsweise beim Thema »Angst« nicht einzelne Psalmverse als Ausdruck der Geborgenheit genannt (und womöglich auswendig gelernt) werden. Eher bietet sich eine symbolisch-liturgische Inszenierung des 23. Psalms an. Oder: Der Rückgriff auf die prophetische Kritik sollte sich nicht mit einer Lektüre entsprechender Bibelstellen zufriedengeben, sondern auf die Gestaltung einer Prophetenrede für unsere Zeit zulaufen.

Kapitel 4
Unterrichtsmethoden

1 Zum Ansatz

Methodenbücher für den Religionsunterricht haben Konjunktur – nicht zuletzt für den biblischen Unterricht. Zunächst einmal spiegeln diese Aktivitäten die Verlegenheit, in die die Arbeit mit der Bibel in Schule und Gemeinde geraten ist; ich erkenne darin ebenso hektische wie meistens untaugliche Versuche, den Schwierigkeiten beizukommen. Dieser Eindruck bestätigt sich, wenn man sich noch einmal manche Aktionen zum »Jahr mit der Bibel« vor Augen hält.
Große Beliebtheit genießen zur Zeit auch Quizspiele zur Bibel (übrigens größtenteils Neufassungen der seit Jahrzehnten eingeführten Bibelquartette, Lernspiele usw.) Neuerdings sind solche Angebote auch in Computer-Version zu haben. Sieht man sich solche Spiele an, stößt man schnell auf Fragen wie: »An welchem Tag schuf Gott die Gestirne?« oder »Wer zog Mose aus dem Körbchen?« oder »Wieviel Stammväter hatte Jesus?«, lauter Wissensfragen, die relativ belanglose Details aus der biblischen Überlieferung fixieren. Ein solcher Aktionismus läuft leer und wird auf die Dauer eher Schaden anrichten, als der Bibel und ihrer Sache dienlich sein.
Aus diesen Beobachtungen ist der Schluß zu ziehen, daß Methoden des Bibelunterrichts sorgfältig und kritisch an bibeldidaktischen und allgemeinen religionspädagogischen Grundsätzen zu messen und auszurichten sind. Methoden sind so auszuwählen und anzuwenden,

1. daß den Lernenden an der Bibel etwas für sie Wichtiges aufgeht,
2. daß sie die Lernenden ganzheitlich ansprechen und ihre imaginativen Kräfte stärken,
3. daß sie die Lernenden zum Austausch und zur Zusammenarbeit anregen,
4. daß sie eigene Aktivitäten und selbständiges Handeln der Lernenden fördern,
5. daß sie den Lebensbezug der biblischen Überlieferung aufzeigen und erschließen.

Es versteht sich von selbst, daß nicht jede Unterrichtsmethode allen Grundsätzen entspricht – allerdings sollte der erste Grundsatz immer gewährleistet sein.
Die folgende Übersicht faßt einige der wichtigsten Methoden für den biblischen Unterricht zusammen. Vollständigkeit in der Auswahl und Darstellung kann überhaupt nicht angezielt werden – ich will eher einige Steckbriefe zusammenstellen, die Grundinformationen bieten und Hinweise zur eigenen Weiterarbeit geben.
Den einzelnen Beschreibungen sind zur schnellen Orientierung jeweils kurze »Leseratschläge« beigegeben; ausführliche Angaben finden sich im Literaturverzeichnis II (Unterrichtsmethoden).

Allgemeine Literatur zu Methoden im Religionsunterricht

Meyer, Unterrichtsmethoden I/II.
Kurz, Methoden des Religionsunterrichts.
Grom, Methoden für Religionsunterricht, Jugendarbeit und Erwachsenenbildung.
Schmalfuß/Pertsch, Methoden im Religionsunterricht.

2 Zehn Unterrichtsmethoden

2.1 Erzählen

Das Erzählen ist noch immer die klassische Methode des Bibelunterrichts. Das hängt nicht nur mit der Wirksamkeit dieses Verfahrens zusammen, sondern mit der »narrativen« Grundstruktur der biblischen Überlieferung selbst. Die Bibel verlangt danach, immer aufs neue erzählt zu werden (vgl. Kapitel II.1).
Die Grundform des Erzählens ist die »Texterzählung«, die den Verlauf einer biblischen Geschichte nachzeichnet.

Einige Grundregeln:

- Die eigene Erzählung an der Grundrichtung des Textes orientieren (Struktur; Textsorte; Intention); es kommt nicht darauf an, daß die Erzählung sich möglichst eng an den Wortlaut der biblischen Vorlage hält, aber deren wesentliche Elemente sollen erhalten bleiben. Es ist beispielsweise ganz unsinnig, eine symbolische Erzählung wie Gen 3 in einen Tatsachenbericht zu transformieren. Auch die Intention sollte nicht angetastet werden. Beispiel: Die Wundererzählung über die Heilung des Angestellten des Hauptmanns von Kapernaum (Mt 8, 5-13) wurde lange als Vorbildgeschichte für »christlichen Gehorsam« mißbraucht.

- Überlegen, wie notwendige Sachinformationen zum Verständnis der Erzählung vermittelt werden (vor der Erzählung? im Verlauf des Erzählens?).
- Theologische Entfaltung. Bei schwierigen Begriffen wie Sünde, Gnade zunächst erzählend darstellen, was gemeint ist; den *Begriff* erst abschließend verwenden (Beispiel: In der Geschichte von Zachäus [Lk 19,1-10] zunächst erzählen, wie das Leben dieses Mannes durch Gier verengt und zerstört wurde, wie er unfähig geworden war zur Kommunikation mit Gott und Mitmenschen; erst dann wird dafür der Begriff »Sünde« eingeführt).
- Gefühle, Handlungsmotive usw. verständlich machen (durch innere Monologe der Handelnden oder durch Einführung von Gesprächspartnern in der Erzählung).
- Die Erlebnisperson text- und situationsgerecht auswählen (aus welcher Sicht wird erzählt?)
- So erzählen, daß Fragen aufkommen.
- So erzählen, daß das Geheimnis des Textes gewahrt bleibt (Beispiel: bei einer Wundererzählung den Hergang nicht ausschmücken, eher offenlassen).
- So erzählen, daß hinter der »Oberflächenschicht« der berichteten Ereignisse die »Tiefenschicht« von Grundfragen aufscheint.

Insgesamt sollte die »Grammatik des Erzählens« beachtet werden; besonders wichtig ist hierbei:
- Aktivisch erzählen (»Alle sahen Jesus« … statt: »Jesus wurde von allen gesehen«).
- Kurze Hauptsätze verwenden, Schachtelsätze vermeiden.
- Direkte Rede verwenden (»Mose sagte: ›Habt keine Angst‹«… statt: »Mose sagte, sie sollten keine Angst haben«).
- Adjektive sparsam verwenden, vor allem wertende (»Die bösen Pharisäer«; »die kleingläubigen Jünger« …).

Sehr wirksame Gestaltungsmittel ergeben sich aus der Wahl der Erzähltypen. Außer der genannten Texterzählung bieten sich noch an (vgl. v.a. Neidhart/Eggenberger):
- *Umwelterzählung.* Sie zielt darauf, bestimmte Sachinformationen, die zum Verständnis biblischer Texte wichtig sind, nicht in Form eines Sachtextes zu übermitteln, sondern eben erzählend. Am bekanntesten ist vielleicht die Geschichte »Isaak und Claudius« von Ursula Wölfel geworden: Was ein römischer und ein jüdischer Junge zur Zeit Jesu erleben, erschließt die Welt des Neuen Testaments.
- *Rahmenerzählung.* Viele Bibeltexte sind als »Antworttexte« auf Probleme und Konflikte zur Zeit ihrer Entstehung zu verstehen. Eine Rahmenerzählung beispielsweise über Konflikte in der frühen Königszeit könnte verständlich machen, warum der Jahwist die Bestimmung Abrahams und seiner Nachkommen zum Segen (Gen 12,1-3) so betont (Israel, das zur Zeit Davids und Salomos als

Eroberer auftrat, mußte seinen Nachbarn eher Anlaß zum Fluchen geben). Dieser Erzähltyp kann auch darauf aus sein, die Entstehung größerer biblischer Textzusammenhänge oder Schriften aus den Verhältnissen in ihrer Produktionssituation heraus zu erklären.

- *Weiter-Erzählung.* Diesen Erzähltyp hat vor allem Walter Neidhart ausgebaut (Erzählbuch zur Bibel 2). Das Interesse ist, biblische Geschichten in eine neue Gegenwart hinein weiterzuerzählen, auch bis in unsere Zeit hinein (Beispiel: Neidharts Text »Der Turmbau von Tschernobabel).

Eine spezifische Form haben einige Erzähler entwickelt, um die Ursprungssituation größerer biblischer Zusammenhänge zu veranschaulichen; sehr gelungene Beispiele legten Vanoni (1984), Hollenweger (1987) und Theißen (1986) vor.

Leseratschlag

Neidhart/Eggenberger, Erzählbuch zur Bibel 1.
Neidhart, Erzählbuch zur Bibel 2.
Steinwede, Werkstatt Erzählen.
Brockmann u.a., Gott liebt Geschichten.
Laubi, Geschichten zur Bibel 1-5.
Eykman/Boumann, Erzählbuch zur Bibel.
Zink, Der Morgen weiß mehr als der Abend.

2.2 Spielen, Inszenieren

Mit »Spielen« meine ich in diesem Abschnitt: Erschließen eines Bibeltextes in Form des Darstellenden Spiels. (Nicht einbezogen wird das Bibliodrama; als eigene Form beansprucht es, wenn es ernst genommen wird, zeitliche und auch psychische Voraussetzungen, die jedenfalls die schulischen Möglichkeiten weit übersteigen. Literatur: Martin, 1987; Laeuchli, 1987; Kiehn, 1987)
Noch stärker als die Methode »Erzählen« lädt das Spiel zur Identifikation mit biblischen Texten ein: Die Personen bekommen Namen, Gesichter, Gefühle ... Sie handeln, gehen aufeinander ein.
Die Einladung zur Identifikation ist außerordentlich stark: Im Spiel sind die Kinder selbst Abraham und Sara, Jesus und die Samaritanerin. Sie sind Israel vor dem Schilfmeer, oder die Juden, die schreien:»Kreuzige ihn!«.
Diese Faszinationskraft des Spiels schließt darum die Verpflichtung ein, mit den biblischen Vorlagen, aber auch mit den Gefühlen der Schüler sorgsam umzugehen.
Ich differenziere den Methodenbereich »Spielen« in drei Typen:

a. Beschäftigung mit vorgegebenen Spieltexten

Hierzu gibt es ein sehr reichhaltiges Angebot. Viele Texte liegen auch als gesprochene Szenen auf Toncassette oder Schallplatte vor. Angeboten werden Texte zu den verschiedensten biblischen Vorlagen, für alle Altersstufen, zu den unterschiedlichsten Unterrichtssituationen – aber auch von durchaus unterschiedlicher Qualität. Eine sorgfältige Prüfung ist anzuraten.

Mögliche Fragen zur Beurteilung sind:

- Wird der Text dem Inhalt und der Aussageabsicht der biblischen Vorlage gerecht?
- Ist die Sprache der gedachten Altersstufe angemessen?
- Läßt der Text eigene Deutungen der Hörer zu?
- Malt der Text die biblische Szene mit starken dramatischen Effekten aus – oder gibt er der Phantasie der Hörer Raum?
- Legt er die Hörer fest oder regt er zum Gespräch an?

In den letzten Jahren sind zahlreiche größere Hörspiele wieder aufgelegt worden, die vor 20-30 Jahren produziert wurden. In aller Regel werden sie den genannten Kriterien nicht gerecht!

Welche Form der Darbietung der Unterrichtende wählt, ist nach der Unterrichtssituation zu entscheiden. Einige Hinweise:

- In der Regel wird sich die große Form des ausführlichen Spiels wegen des zeitlichen und organisatorischen Aufwands nicht anbieten.
- Es wird zu prüfen sein, ob die Vorlage als Leseszene verwendet wird oder als Anlaß zum gestischen Spielen dient.
- Manchmal wird es günstiger sein, die Szene als »Hörspiel« vorzugeben; denn die oft schwache Lesefähigkeit der Schüler kann einen guten Text u.U. ziemlich beeinträchtigen. Hierbei kann man auf kommerziell produzierte Szenen zurückgreifen oder auch mit älteren Schülern oder Kollegen eine eigene »Hörspiel-Version« kreieren.

b. Biblische Geschichten spielen

Noch stärker als die Arbeit mit vorgegebenen Spieltexten spricht natürlich das eigene Spiel die Emotionen an. Die Schüler können sich ganz intensiv mit den Personen identifizieren, die sie spielen, ihr Schicksal teilen, ihre Lebenssicht aufgreifen. (Große Zurückhaltung ist angezeigt, wenn Gott selbst oder Jesus ins Spiel kommen. Zwei methodische Möglichkeiten bieten sich an: Entweder wird ein Text, den sie zu sagen hätten, nicht von einem Spieler dargeboten, sondern von einem »Erzähler« vorgelesen; oder man wählt eine indirekte Form im Spiel, bei der ein »Zeuge« erzählt, was er erlebt hat.)

Daß alle Kinder gern Geschichten spielen und von Natur aus spielen können, trifft nicht zu. Das Spielen ist eine Methode, die langsam eingeführt und ent-

wickelt werden muß. Die allereinfachste Form ist das Lesen einer biblischen Geschichte mit verteilten Rollen. Trotz der scheinbaren Anspruchslosigkeit dieser Methode wird sie zur Einführung in das eigene Spielen sehr empfohlen: Ganz zwanglos werden sich beim Lesen die gedruckten Worte in die eigene Sprache umformen.
Beim freien Spielen brauchen jüngere Kinder viel Hilfestellung. Die Situation muß vor dem Spielen genau geklärt werden; bewährt hat sich auch, daß man mit den Schülern gemeinsam überlegt, was die beteiligten Personen sagen könnten/sollten. Die Spieler erhalten dann diese kleinen Sätze als schriftliche Vorgabe. Das gängelt sie nicht, sondern gibt ihnen Sicherheit und wird sie um so eher zum freien Spielen ermutigen.
Bei größeren Vorhaben ist eine klare Gliederung in einzelne Szenen sowie eine Personenbeschreibung und Darstellung der Konstellation unerläßlich.
Bei manchen Themen wird sich im Spiel eine Fortschreibung in die Gegenwart fast wie von selbst ergeben, etwa bei Prophetenreden.

c. Inszenierungen

Viele biblische Texte, vor allem Psalmen, verlangen nach einer feiernden Gestaltung, die ich als Inszenierungen bezeichne.
Zwei *Beispiele*: In einer 2. Klasse wurde der 23. Psalm inszeniert. Der Raum wurde als »grüne Aue« (Zweige, Blumen) bzw. als »finsteres Tal« (hochgetürmte Stühle, darüber gehängte Decken) ausgestaltet. Eine Gruppe von Kindern ging zur Lesung des Psalms ruhig durch diese »Landschaft«, andere begleiteten sie durch passende, selbst gefundene Musik.
In einer 8. Klasse kam es zur Inszenierung des Wallfahrtsliedes Ps 24, 3-5. Ein Teil der Klasse stellte die zum Zion hinausziehenden Pilger dar, die fragten: »Wer darf hinaufgehen zum Berg Jahwes?« Die anderen Schüler antworteten als »Priester«: »Wer unschuldige Hände hat ...«. Es kam zu einer sehr lebhaften Auseinandersetzung: Wer fragt heute so? Wer setzt die Normen? Wer kann überhaupt »Antworten« geben? Nur der, der selbst »reinen Herzens« ist?
Auf ähnliche Weise könnten viele Psalmen feiernd in Szene gesetzt werden, eine Methode, die sicher der Sprache und Intention dieser Lieder besonders gut entspricht.

Diese drei Formen des Spiels haben sich in der Unterrichtspraxis bewährt. Ausdrücklich nicht einbezogen wurden andere methodische Aktionen, die auch unter der Kategorie »Spiele zur Bibel« angeboten werden, wie: Würfelspiele (bis hin zum »Gebetswürfel«!), Quizspiele, Ratespiele, Puzzle usw; Beispiele dazu bei: Schinzer, 1983; 1986; Haas/Vicktor, 1988.

Leseratschlag

Longardt, Bibel und Spiel.
Bücken, Mit Kindern die Bibel erleben.
Longardt, Spielbuch Religion.
Laubi/Dirnbeck, Lese- und Spielszenen zur Bibel.
Cratzius/Longardt, Biblische Spiele für alle.
Haas/Vicktor, Spielideen zur Bibel.

2.3 Singen

Das Singen gehört wohl – nach dem Erzählen – zu der am häufigsten gebrauchten Methode im biblischen Unterricht.

a. Inhaltliche Strukturierung

Zunächst einmal ist eine Einteilung nach inhaltlichen Schwerpunkten von Nutzen, um dem Unterrichtenden einige Anhaltspunkte für die Auswahl zu geben.
Ich unterscheide vier Typen (vgl. Berg/Berg, 1981, S. 8 ff.):

1. *Biblische Erzähllieder*. Hier handelt es sich um Lieder, die im wesentlichen am Verlauf einer biblischen Geschichte entlanggehen und sie wiedergeben.
2. *Erzähllieder mit Interpretation*. Bei diesem Typ steht zwar auch die Erzählung im Mittelpunkt, aber das Lied bietet einen Gedanken zum Verständnis des Geschehens an. Dieser kann entweder in jeder Strophe (etwa in Form eines Kehrverses) oder als eigene Strophe eingebracht werden.
3. Lieder, die *von einer biblischen Erzählung ausgehen*. Diese Lieder knüpfen zwar an eine biblischen Geschichte an, setzen diese aber im Grunde als bekannt voraus und nehmen sie zum Ausgangspunkt für einen weiterführenden Gedanken. Beispiel: In dem bekannten Lied »Der blinde Mann von Jericho, der kann nun wieder sehn« wird von der 2. Strophe an der Gegenwartsbezug gesucht: »In Köln und auch in Wuppertal sind Leute blind und lahm. Es fehlt der eine, der sie sieht, wie damals einer kam«.
4. Lieder, die *von einer biblischen Aussage ausgehen*. Ein biblischer Gedanke wird aufgegriffen und im Lied gestaltet. Beispiel: Das Lied »Die Spatzen kaufen niemals ein« geht von den »Sorgesprüchen« der Bergpredigt aus (Mt 6, 25-34) und führt sie frei aktualisierend weiter.

b. Bestimmung der didaktischen Funktion

Sodann ist die Funktionsbestimmung des Liedes vorzunehmen. Die große Zahl unterschiedlicher Lieder läßt das übliche Verfahren, daß zum Beginn jeder Stunde gesungen wird, als etwas einfallslos erscheinen. Gerade die Zuordnung der Lieder nach Typen unterstützt bei der Wahl differenzierter Funktionen. Einige Beispiele: Ein Erzähllied vom Typ 1 kann gut die Aufgabe der Unterrichtsbegleitung bzw. -strukturierung übernehmen: Über mehrere Stunden hinweg kann das Lied strophenweise entsprechend der Entwicklung des Themas gesungen werden. Nicht selten bietet sich an, weitere Strophen zu erfinden, am besten gemeinsam mit den Schülern. Ein Lied vom Typ 3 oder 4 kann zur Eröffnung eines biblischen Themas eingeführt werden, um die Rückfrage nach der biblischen Quelle anzuregen.
Eine gute Möglichkeit ist auch der Einsatz eines Liedes mit der Funktion der Erfolgskontrolle: Wird das Lied »Der blinde Mann von Jericho ...« am Ende einer Unterrichtseinheit eingeführt, können die Schüler feststellen, ob sie den biblischen Hintergrund parat haben, ob sie weitere Möglichkeiten des Transfers erkennen usw.

c. Methodenwahl

Für die Liedeinführung sollte der Unterrichtende stets sich und den Schülern Zeit geben. Nichts ist frustrierender, als ein flüchtig eingeführtes Lied, das niemand richtig kann!
Es versteht sich von selbst, daß der Lehrer einsetzt, was er an Instrumenten zu spielen versteht. Er sollte aber auch auf die Fähigkeiten der Schüler zurückgreifen (Blockflöte, Gitarre... warum nicht auch die Melodica?). Viele Lieder sind auf Tonträgern verfügbar, manche sogar als Playback; wer sich wenig zutraut, kann sie gut einsetzen. Einfache Begleit- und Rhythmusinstrumente sollten immer zur Hand sein (Handtrommeln, Schellenkranz, Triangel, Rasseln usw.). Viele Lieder sind auch als »Tanzlieder« angelegt, die mit einfachen Mitteln zu realisieren sind (vgl. auch den Abschnitt »Kreatives Gestalten« in diesem Kapitel).
Vielleicht bietet sich einmal die Gelegenheit, im Verlauf einer Unterrichtseinheit mehrere Erzähllieder zu singen und sie am Ende zu einer kleinen »Kantate« zusammenzufügen, evtl. durch Zwischentexte und –musiken verbunden.

Leseratschlag

Schmitt, Musik und Spiel
Berg/Berg, Mit Liedern, Bildern und Szenen im Religionsunterricht arbeiten.
Unkel, Biblisches Lied und Spiellied.
Lieder und was man damit machen kann.
Watkinson, 111 Kinderlieder – 9 x 11 neue Kinderlieder – 77 Spiel- und Tanzlieder.
Das große Liederbuch von Rolf Krenzer.
Macht, Kinder tanzen ihre Lieder.

2.4 Mit Kunst arbeiten

Kunst öffnet einen der anspruchsvollsten, aber auch wirksamsten Wege zur Erschließung der biblischen Überlieferung. Damit diese Chance eingelöst wird, sind bestimmte Vorüberlegungen anzustellen.

Bis ins hohe Mittelalter verstand sich (christliche) Kunst als Dienst an der Verkündigung des Evangeliums: Das Wort Gottes sollte zur Anschauung kommen. Erst mit dem Beginn der Neuzeit entwickelte sich der Gedanke der Autonomie der Kunst. Die Eigenständigkeit ihrer Themen und die Freiheit der künstlerischen Auseinandersetzung mit den Inhalten wurden leidenschaftlich vertreten.

Die Kirchen haben diesen Anspruch zu allen Zeiten nur schwer akzeptieren können, weil sie ihn als Angriff auf ihr vermeintliches Monopol auf die »richtige« Tradierung und Auslegung der biblischen Überlieferung verstanden. So ist es zu einer dauerhaften Entfremdung zwischen Kunst und Kirche gekommen. Die Kirchen bedienen sich bis heute gern der Arbeit von Künstlern, die sich dem institutionellen Deutungsanspruch fügen. Das Ergebnis dieser Arbeiten ist dann eher die Veranschaulichung oder Ausmalung vorgegebener Inhalte; diese Art der Darstellung bezeichne ich als Illustration. (Eine andere, von der Institution gern genutzte Möglichkeit, sich dem Anspruch der Kunst auf eigenständige, neue Sichtweisen zu entziehen, ist, sie immer erst dann aufzugreifen, wenn sie nicht mehr »neu«, sondern längst allgemein akzeptiert und in die Wahrnehmungsgewohnheiten integriert ist. (Beispiel: Zu Lebzeiten Noldes wurde er von den Kirchen meist scharf abgelehnt; heute zieren Bilder von ihm die Haus- und Familienbibel.)

Diese Haltung der Kirchen ist reichlich unproduktiv, denn authentische Kunst kann, wenn sie sich mit biblischen Themen beschäftigt, kraft ihrer Eigenständigkeit Sichtweisen an Texten ans Licht bringen, die bisher noch nicht entdeckt oder verschüttet waren.

Erster methodischer Grundsatz der Arbeit mit Kunst im biblischen Unterricht ist also: Mit authentischer, eigenständiger Kunst arbeiten, illustrative Darstellungen vermeiden!

Wo die Grenze zwischen authentischer Kunst und Illustration verläuft, ist sicher nicht eindeutig festzulegen; als Anhaltspunkte können gelten: Wo die meisten Darstellungen eines Künstlers sich sehr ähnlich sind, wo also die Mittel der bildnerischen Gestaltung sehr stereotyp sind, findet augenscheinlich keine eigenständige Auseinandersetzung mehr statt; weiter: Wo Bilder nicht mehr deutungsoffen sind, keine Fragen aufwerfen, sondern den Betrachter auf eine einzige Sichtweise festlegen, wird man eher an eine Illustration denken.

Ein zweiter Grundsatz: Bevor ein Bild in Beziehung zu einem Bibeltext gesetzt und interpretiert wird, sollte der inhaltliche und formale Bildbestand gründlich und methodisch genau wahrgenommen und bestimmt werden.

Dieser Grundsatz verbietet es, viele Bilder in Folge zu »betrachten«; vor allem die Tonbildserien, die in kurzer Zeit eine Vielzahl von Kunstwerken vorführen, verleiten zu oberflächlicher Wahrnehmung und vorschneller »Deutung«. Damit aber sind Kunstwerke meistens um ihre ganz spezifische Sicht gebracht und werden nur noch in Gewohntes eingeordnet. Kunst ist aber keine Ware, die sich konsumieren läßt, sondern verlangt geduldiges Hinschauen und klare Reflexion. Gute Hinweise zu Methoden der Bilderschließung bieten G.Lange (1988) und Goecke-Seischab/Domay (1990).

Ein dritter Grundsatz: Bilder sollten adäquat dargeboten werden.
Die kleinformatigen Wiedergaben in Religionsbüchern eignen sich nicht für eine genaue Analyse; in aller Regel wird man auf das Dia zurückgreifen. Glücklicherweise stehen mittlerweile qualitativ hochwertige Reproduktionen als Dias zur Verfügung, vor allem in der von Jörg Zink herausgegebenen Diabücherei Christliche Kunst (24 Bände).

Vierter Grundsatz: Die Schüler nicht unterfordern
Auch jüngere Kinder sollten nicht mit Bildern abgespeist werden, die für didaktische Zwecke hergestellt und »altersgerecht« ausgewählt wurden, sondern Gelegenheit haben, sich mit anspruchsvoller Kunst zu beschäftigen. Sicher werden Grundschüler oft die Differenziertheit der Bildsprache oder die Bedeutungsfülle eines Kunstwerks noch nicht im einzelnen erfassen; aber die für diese Altersstufe charakteristische intuitive, ganzheitliche Wahrnehmung bringt oft Aspekte an einem Kunstwerk zum Vorschein, die die Analyse nicht erfaßt.

Eine spezifische Form der Kunst ist die Karikatur. Im Gegensatz zum gezeichneten oder illustrierten Witz ist das Ziel der Karikatur, mit künstlerischen Mitteln eine kritische These pointiert ins Bild zu setzen. Häufig wird sie nicht das biblische Thema selbst zum Gegenstand nehmen, sondern Inhalte aus dem heutigen Lebenszusammenhang (»Kontext II« – s.o. Kapitel II.3.4), in dem biblische Überlieferung ihre Sache sagen will. Damit wird die Rückfrage nach dem Text selbst provoziert, eine kritische Auseinandersetzung angeregt.

Leseratschlag

Lange, Kunst zur Bibel.
Goecke-Seischab/Domay, Botschaft der Bilder.
Berg/Berg, Lieder-Bilder-Szenen, Band 10.
Zink, Diabücherei Christliche Kunst.
Berg/Berg, Lieder-Bilder-Szenen, Band 2-5-9 (Karikaturen).
Müller, Menschlich-Allzumenschlich.

2.5 Verfremden

Die hermeneutische Bedeutung der Verfremdung wurde schon in Kapitel II.2.1 erläutert. Ausgangspunkt ist die Beobachtung, daß heutige Leser oder Hörer biblische Texte nicht mehr als Nachricht wahrnehmen, weil sie ihnen durch Gewöhnung zu vertraut geworden sind. Verfremdungen sind darauf aus, Texte wieder fremd zu machen, so daß sie in neuer Perspektive aufscheinen und wieder frag-würdig werden.

Häufig wird gegen die Anwendung dieser Methode im Religionsunterricht eingewendet, daß Schüler ja durchweg gar keine Bibelkenntnisse hätten, so daß es nichts zu verfremden gäbe. Die Beobachtung ist sicher zutreffend. Aber da viele Schüler den Eindruck haben, bis zum Überdruß mit den gleichen Geschichten traktiert zu werden (zu den Ursachen vgl. Kapitel I.2 und I.3), ist es sehr wohl wichtig, durch Verfremdungen bei ihnen Verwunderung, Ärger oder Protest auszulösen und dadurch die bewußte und kritische Rückfrage an den biblischen Text selbst anzuregen.

Die meisten Verfremdungen arbeiten mit dem Mittel der Provokation: »Selig sind die Reichen, denn ›Geld regiert die Welt‹« heißt es in einem Text von Pereira; oder das Vaterunser wird zum ›Kapital-Unser‹ verfremdet. Die Funktion ist nicht die Verhöhnung der Bibel, sondern die herausfordernde Frage, wer oder was denn in der heutigen Gesellschaft »angebetet« wird.

Bei der praktischen Arbeit im Unterricht empfiehlt es sich, zwei Arbeitsbereiche zu unterscheiden (ausführliche Hinweise bei Berg, 1986, S. 103- 132):

a. Arbeit mit Verfremdungen

Immer wieder wird sich ein Anlaß bieten, eine Verfremdung zu einem Bibeltext einzusetzen. Verfremdungen können in verbaler oder in visueller Form vorliegen. Zu den visuellen Verfremdungen zählt natürlich Kunst, die sich mit biblischen Themen im weitesten Sinn beschäftigt, ebenso Karikaturen.

In der Regel bietet es sich an, im Unterricht mit einer Verfremdung einzusetzen, sich der Provokation auszusetzen, sich zu einer neuen Beschäftigung mit dem Bibeltext anregen zu lassen.

Bei der Analyse könnte man von folgenden Fragen ausgehen:

- Was löst die Verfremdung bei mir aus (Freude – Zustimmung – Ärger – Protest – Abscheu)?
- Welcher Zug an der Verfremdung ruft diese Reaktion hervor?
- Welche Veränderungen am Bibeltext hat die Verfremdung vorgenommen (Zu den Stilmitteln s.u.)?
- Was könnte den Autor zu diesen Änderungen veranlaßt haben?
- Welche neuen Gedanken über den Bibeltext, über den Glauben oder über mich selbst hat diese Verfremdung angestoßen?

b. Verfremden als Methode

Besonders anregend sind eigene Versuche, verfremdend mit biblischer Überlieferung umzugehen. Hier legt sich der umgekehrte Weg nahe wie bei der Arbeit mit vorgegebenen Verfremdungen: Am Anfang wird die Beschäftigung mit einem Bibeltext stehen. In einem zweiten Schritt wird man mit den Schülern gemeinsam überlegen, welche Barrieren sich zwischen Text und heutige Leser schieben. Das können beispielsweise Schwierigkeiten sein, biblische Bilder in die Erfahrungswelt der Gegenwart zu integrieren. Mit einer 2. Klasse versuchte ich, die den Kindern im Grunde fremde Hirten-Symbolik des 23. Psalms in ihre Welt zu transformieren. Sie überlegten, welche Bedeutung die Symbole wohl für einen Menschen des Alten Testaments hatten und versuchten, dafür neue Bilder zu finden. Ein Ergebnis war:

»Gott ist mein Vater und Lehrer.
Er gibt mir Freiheit, Brot und Milch.
Er führt mich zu einer grünen Wiese,
zum Spielplatz, zum Schulhaus,
zum frischen Essen,
zu Milch und Fruchtsaft.«

Mit älteren Schülern ist grundsätzlich der gleiche methodische Weg zu gehen; es bietet sich an, mit ihnen die Techniken des Verfremdens zu erarbeiten. Für die verbalen Verfremdungen kommen in Frage:
– Veränderungen am Bibeltext (Kürzungen, Erweiterungen, Transformation des Geschehens in andere Räume oder Zeiten, Veränderung des Personeninventars, Veränderung der Aussageabsicht).
– Veränderungen im Umfeld des Textes (Einbeziehung des Textes in einen neuen Rahmen), z.B. eine Wundergeschichte wird in einer verfolgten Gemeinde der Urkirche erzählt; Kombination des Textes mit anderen, z.B. Gen 2 mit einem apokalyptischen Text wie Apk 8,6-13).
– Veränderungen im Blick auf die heutige Situation (Einbeziehung des Textes in heutige Erfahrungs- und Konfliktsituationen, z.B. die Weherufe Jesu Lk 6, 24-26 auf einer Welthandelskonferenz).

Im Blick auf visuelle Verfremdungen kommen vor allem Montagen in Frage: In ein idyllisches Bild der Schöpfung werden z.B. visuelle Elemente montiert, die die Umweltzerstörung zeigen…

Leseratschlag

Schier unübersehbar ist die Zahl von Veröffentlichungen mit Texten und Bildern, die in irgendeiner Beziehung zu biblischen Texten stehen. Darum nur ein Hinweis auf Quellen, die viele unterschiedliche Materialien anbieten:
Berg, Biblische Texte verfremdet, Band 1 (Zur Theorie und Methodik der Verfremdung).
Berg/Berg, Biblische Texte verfremdet, Band 2-12 (Beispiele zu verschiedenen Themenbereichen).

2.6 Kreatives, spontanes Gestalten

In diesem Abschnitt stelle ich fünf Methoden vor, die sinnliche, spontane Zugänge zu Bibeltexten fördern. Walter Wink, ein amerikanischer Theologe, der sich besonders um die Interaktionale Bibelarbeit gekümmert hat, bezeichnet diesen Vorgang als Verleiblichung oder Somatisierung eines Bibeltextes. Und Elisabeth Moltmann-Wendel notiert: »Was sinnenlos ist, wird auch bald sinnlos.«
Solche ganzheitlichen Aktivitäten sind stärker personbezogen als andere Methoden. Jeder, der sich daran beteiligt, gibt immer etwas von sich selbst preis. Darum sollte die Teilnahme an solchen Übungen freigestellt sein; außerdem sollte der Unterrichtende sich selbst am Prozeß beteiligen.

a. Nicht-gegenständliches Malen

Zu den ältesten Methoden des biblischen Unterrichts gehört die Aufgabe, zu einer gehörten Geschichte ein Bild zu malen. Sie ist aber nicht besonders empfehlenswert, weil sie die Schüler auf die in der »Oberflächenschicht« eines Textes dargestellten Ereignisse fixiert und die in der »Tiefenschicht« verwahrten existentiellen symbolisch gefaßten Inhalte eher absperrt.
Diese können durch nicht-gegenständliches Malen aufgeschlossen werden. Diese Methode hat außerdem den Vorteil, daß auch Kinder, die sich im gegenständlichen Zeichnen nichts zutrauen, ohne Scheu mittun können. Auch jüngere Schüler finden schnell Zugang zum nicht-gegenständlichen Malen. Es kommt nur darauf an, daß der Unterrichtende ihnen an Beispielen erklärt, wie man mit bestimmten Formen und bestimmten Farben Gefühle ausdrücken kann. Es empfiehlt sich, Werkstoffe zu verwenden, die mit den Händen verarbeitet werden und so die Körpererfahrung mit einbeziehen, z.B. Fingerfarben oder selbst hergestellte Materialien wie Erdfarben, Asche, angemischten Sand.
Die Schüler werden vielleicht am besten in diese Technik hineinkommen, wenn sie anfangs mit biblischen Geschichten umgehen, die starke Kontraste aufweisen, z.B. Durchzug durch das Schilfmeer (Ex 14: Todesangst – Rettung) oder Heilung des Bartimäus (Mk 10, 46-52: Dunkelheit – Licht).

Die mit dieser Methode gefundenen Einsichten sind oft recht signifikant: So kann beispielsweise die nicht-gegenständliche Gestaltung des Themas »Wer ist Gott für mich?« den Teilnehmern viel deutlichere Aufschlüsse über ihre Gefühle und Einstellungen geben als das bei Grundschülern stereotyp verwendete Motiv des alten Mannes auf der Wolke.

b. Arbeiten mit Ton

Vielleicht noch intensiver als das freie Malen kann das Tonen einen ganzheitlichen Zugang zu biblischer Überlieferung öffnen. Auch hier geht es nicht darum, den Inhalt einer Erzählung aus dem Alten oder Neuen Testament darzustellen, sondern darum, den nicht offen zutage liegenden Aspekten eines Textes non-verbal nachzuspüren. Wenn die Teilnehmer im Zusammenhang einer Heilungs-Erzählung das Thema gestalten »Was in mir verzerrt oder verkrümmt und auf Heilung angewiesen ist« oder auch »Der Kain in mir«, wird wahrscheinlich eine intensive, lebensbezogene Beschäftigung mit der Überlieferung angeregt.

c. Verklanglichen

Die Empfindungen, die ein Text zum Schwingen bringt, können auch sehr gut durch eine musikalische Gestaltung ausgedrückt werden. Hierfür eignen sich Orff-Instrumente, selbst hergestellte Klangkörper oder auch die körpereigenen Mittel wie Klatschen, Trommeln usw. Auch diese Methode kann man am günstigsten anhand von kontrastreichen Geschichten einführen (vgl. die Hinweise zum freien Malen). Insgesamt sollte darauf geachtet werden, daß es um die Gestaltung von inneren Erfahrungen und Gefühlen geht, nicht um die möglichst naturalistische klangliche Darstellung von Geräuschen beispielsweise bei einem Seesturm!

d. Bewegung, Tanz

Beim Spielen, Singen und Verklanglichen wird oft wie von selbst Bewegung hinzukommen. Diese spontanen Äußerungen lassen sich dann sehr gut ausbauen: Zu Pantomimen, zu Bewegungen in der Gruppe, zum vorbereiteten und geübten Tanz. Eine spezielle Form ist die geplante Bewegungsmeditation, z.B. zum Thema »Wachsen«. Gefühle und Erfahrungen wie: Hoffnung – Angst – Enttäuschung – Sich Öffnen können körpersprachlich gestaltet und dann zu einem Bibeltext in Beziehung gesetzt werden (z.B. Mt 13,31 f.).

e. Symbolhandlung

Als besonders eindrückliche Gestaltungsübung wird die Symbolhandlung vorgeschlagen. Beispiele: Ein Netz knüpfen und im Kreis ausspannen als Ausdruck der

Verbundenheit und Bereitschaft zur gegenseitigen Hilfe. – Auf einen Zettel schreiben, was das Leben belastet und wovon man frei werden möchte. Die Zettel werden verbrannt. – Nach einer Baum-Meditation kleine Ast-Scheiben verteilen, auf die man schreibt, was man einem anderen Gutes sagen möchte. Die Scheiben werden untereinander ausgetauscht. – Nach einem Unterricht über Mt 13,31 f. Senfsamen in bemalte Joghurt-Becher pflanzen und verschenken.
Solche Symbolhandlungen müssen vom Bild her stimmig und von der Handlung her plausibel sein. Unter diesem Kriterium leuchtet wenig ein, wenn beispielsweise in einem Religionsbuch vorgeschlagen wird, die Taufe durch das Eintauchen von Tellern in eine Wasserschüssel zu symbolisieren (Großer Teller: Jesus; kleiner Teller: Täufling. Zusammenhalten der Teller: Jesus und der Täufling gehören zusammen).

Zur »Auswertung«:

Auch über spontane, nicht kognitive Verstehensweisen und Methoden sollte man in der Gruppe sprechen.
Dabei sollten aber einige Regeln beachtet werden:
- Im anschließenden Gespräch geht es nicht um eine Kritik an den Ergebnissen. Eine »Bewertung« durch den Unterrichtenden oder die Gruppe bleibt von vornherein ausgeschlossen.
- Wichtig sind überhaupt nicht die Ergebnisse, sondern der Vorgang: Die Teilnehmer sprechen über die Erfahrungen, die sie mit sich, mit dem Thema und vielleicht auch mit dem Partner gemacht haben, sie tauschen sich darüber aus, welcher neue Aspekt am Thema ihnen vielleicht aufgegangen ist. Auch hier sollte die Teilnahme unbedingt freiwillig sein!

Leseratschlag

S. Berg, Kreative Bibelarbeit in Gruppen.
W. Wink, Bibelarbeit.
Martini, Bibel und Malen/Zeichnen.
Martini, Malen als Erfahrung.
Lander/Zohner, Bibel und Tanz/Pantomime.
Bittner, Der religiöse Ausdruckstanz.
Macht, Kinder tanzen ihre Lieder.

2.7 Kommunizieren

Zu den grundlegenden Merkmalen der biblischen Überlieferung gehört ihre kommunikative Grundstruktur (s.o. Kapitel II.1). Sie muß in der Praxis des Bibelunterrichts erfahrbar sein und auch geübt werden.

Methodisch ist das kommunikative Konzept vor allem in der Interaktionalen Auslegung ausgeführt worden (vgl. Band 1, S. 169-195 und die unten genannte Literatur).
Kommunikatives Handeln kommt in drei Aktivitäten zum Zug:

a. Kommunizieren in der Lerngruppe

Einige Hinweise zum kommunikativen Aspekt habe ich schon bei der Darstellung der bibeldidaktischen Grundsätze notiert (Kapitel III.2.8). Zwei Aspekte sollen noch einmal ausdrücklich genannt werden:
- Die Klasse versteht sich als Gruppe, in der es um gemeinsame Suche nach lebensbezogener Erkenntnis geht. Dies Verständnis lockert die Fixierung auf das traditionelle Rollenschema von Wissenden, die den Unwissenden etwas vermitteln wollen. Jeder Beitrag, jede Erfahrung, jede Frage wird gleich ernst genommen.
- Der kommunikative Ansatz schließt auch den Verzicht ein, eine einzige Sichtweise auf einen Bibeltext als richtig und verbindlich festzulegen.

Grundsätzlich wird der Unterrichtende sich methodisch am Konzept der Themenzentrierten Interaktion orientieren.
Eine für kleinere Gruppen gut geeignete Methode ist das Interaktionale Schreiben: Jeder Teilnehmer notiert einen Gedanken oder eine Frage zum Text auf ein Blatt. Die Zettel machen die Runde im Kreis; jeder kann zum Beitrag der anderen Stellung beziehen, eine Antwort versuchen, eine andere Sichtweise anbieten. So kommt es zu einem Austausch in der Gruppe, der sich vielleicht zu einem Gespräch nach Abschluß des Interaktionalen Schreibens weiterentwickelt.

b. Kommunizieren mit dem Text

Ein wichtiger Grundsatz der erfahrungsbezogenen Auslegung biblischer Tradition ist, Texte nicht als Objekte zu betrachten, die man »bearbeiten« kann, sondern als Partner in einem Dialog. Wink schlägt vor, sich einen Text ganz real als eine Person vorzustellen, die mir gegenübersitzt, die ich ansprechen kann, z.B. :»Du machst mir Angst, weil...; du tröstest mich, weil...«
In einen solchen Dialog könnte auch die »lebensgeschichtliche Ortung« einbezogen werden. Ich könnte mich im Gegenüber zum Text erinnern, wann er einmal für mich wichtig war, oder auch: Wann ich ihn als hilfreiche Orientierung gebraucht hätte...

c. Kommunizieren mit Personen in einem Text

Die Schüler können einen Text in Form eines Gesprächs mit einer oder mit mehreren Personen des Textes erschließen. Es könnte sich beispielsweise ein

Streitgespräch mit Kain entwickeln, ein Dialog mit dem »barmherzigen Samariter«, eine Unterhaltung mit Jona. In allen Fällen ist nicht eine spielerische Dramatisierung des Textes das Ziel, sondern der Versuch, existentielle Erfahrungen aufzuspüren, zu klären, von ihnen zu lernen.

Leseratschlag

S. Berg, Kreative Bibelarbeit in Gruppen.
Grom, Methoden.

2.8 Mit Texten arbeiten

a. Gliedern und charakterisieren

Dies ist die Grundaufgabe, um einen Text inhaltlich und sprachlich zu erfassen. Die Schüler erhalten die Aufgabe, den Text in Sinnabschnitte aufzuteilen und passende Titel zum ganzen Text und zu den gefundenen Abschnitten zu formulieren. Das Gespräch über die Einteilung und die Überschriften kann vielleicht schon einige inhaltliche Fragen klären.
Als Variante könnten die Schüler versuchen, die Titel so zu verändern, daß der Text in unterschiedlichen Perspektiven erscheint. So könnte die Zachäus-Erzählung (Lk 19,1-11) die Schlagzeile erhalten: »Empörende Verbrüderung des ›Messias aus Nazareth‹ mit einem stadtbekannten Gauner«; oder: »Reicher Zolleinnehmer verschenkt sein Vermögen – ein Fall für den Psychiater?«

b. Zusammenfassen

Eine gründliche Beschäftigung mit einem Text erfordert auch die Aufgabe, ihn zusammenzufassen. Verschiedene Formen bieten sich an: Inhaltsangabe – Nacherzählung (u.U. aus der Sicht eines Beteiligten) – Erstellen eines Editorial (knappe Zusammenfassung in 2-3 Sätzen).

c. Vergleich verschiedener Übersetzungen

Bei dieser Arbeit erfahren die Schüler, daß jede Übersetzung schon eine Wertung des Textes einschließt. Sie versuchen herauszufinden, ob sich hinter den verschiedenen Übersetzungen bestimmte Absichten zeigen. Sie werden gebeten, sich begründet für eine Übersetzuung zu entscheiden, die sie besonders anspricht. Unter Umständen sind sie auch daran interessiert, für bestimmte Begriffe, einzelne Passagen oder den ganzen Text eine eigene Version zu finden.

d. Vergleich verschiedener Fassungen eines Textes

Hier bietet sich vor allem der synoptische Vergleich an. Günstig ist, wenn die Schüler die zu vergleichenden Texte gleich in synoptischer Anordnung vorgelegt bekommen.
Gezielte Beobachtungsaufgaben sind hilfreich: Welche Unterschiede im Blick auf den Umfang sind erkennbar? Welche Inhalte oder Gedanken kommen bei Erweiterungen hinzu? Gibt es typische Ausdrücke in den einzelnen Versionen? Welche Adressaten könnte der Autor des Textes im Blick gehabt haben? Was möchte er ihnen wohl mitteilen bzw. was möchte er bei ihnen bewirken?

e. Erarbeitung anhand Linguistischer Methoden

Zwei Arbeitsbereiche bieten sich an:
- Beobachten der beteiligten Personen: Wie läßt sich ihr Verhalten charakterisieren? Wie ist ihr Verhältnis zueinander: am Anfang des Textes, im Verlauf, am Schluß? Lassen sich den Personen bestimmte Rollen zuweisen (z.B. Hilfsbedürftiger, Helfer, Gegenspieler, Freund, Zuschauer...)?
- Beobachtungen der Erzählperspektiven: Aus welcher Perspektive wird erzählt (Zuschauer? Beteiligter...)? Welche Gefühle zeigen sich bei den Beteiligten? Welche Maßstäbe lassen sich erkennen (entweder als direkt ausgesprochene Wertungen im Text oder als implizite Wertungen, die sich aus der Art der Darstellung ablesen lassen)?

Gute Beispiele und Arbeitshinweise bieten die beiden von Hans Zirker herausgegebenen Bände.

f. Vergleich verschiedener Auslegungsmethoden

Schüler sind von der 7. Klasse an durchaus in der Lage, bestimmte Auslegungswege kennenzulernen und anzuwenden. Voraussetzung dafür ist, daß sie auf einer ihnen zugänglichen Ebene in Voraussetzungen und Methoden der betreffenden Wege eingeführt werden. Beispiele dafür werde ich im Praxisband für die Sekundarstufe I vorlegen. Gute Erfahrungen habe ich mit Tiefenpsychologischen und Feministischen Ansätzen gemacht.
Die Schüler lernen, daß es unterschiedliche Zugänge zu Texten gibt; sie können versuchen, sie in ihrer Reichweite und in ihrem Gewicht für sich selbst einzuschätzen und kommen vielleicht in ein engagiertes Gespräch über die Bedeutung des Textes.

g. Mit Fragenkatalogen arbeiten

Der Fragenkatalog ist in der Interaktionalen Bibelarbeit mit dem Ziel entwickelt worden, erwachsene Teilnehmer in Arbeitskreisen zur selbständigen Erarbeitung von Sachaspekten eines Bibeltextes anzuregen und anzuleiten. Die Fragen sind so formuliert, daß die Teilnehmer sie auch ohne direkte Beratung durch den theologischen Sachverständigen klären können.
Dies Instrument bietet sich auch für den schulischen Religionsunterricht an, um die Schüler zur eigenständigen Auseinandersetzung mit Texten zu befähigen.
Als Beispiel gebe ich einen leicht veränderten Ausschnitt aus einem Fragenkatalog zu Gen 4,1-16 wieder (vgl. Band 1, S. 187):

1. Gliedern Sie bitte den Text; geben Sie Überschriften.
2. In welcher Zeit, an welchem Ort spielt die Geschichte? Welche Schlüsse können Sie aus Ihrer Beobachtung ziehen?
3. Welche fünf Personen sind nach V 2 im Spiel? Wie ist ihre Beziehung zueinander? Wer hat am meisten Gewicht, wer am wenigsten?
4. Warum bringen Kain und Abel Opfer?

Leseratschlag

Niehl, Einige Methoden für die Bibelarbeit.
Vogt, Bibelarbeit.
Zirker, Zugänge zu biblischen Texten I/II.

2.9 Recherchieren

Als »Recherchieren« werden in diesem Abschnitt alle Aktivitäten der Schüler zur selbständigen Erarbeitung von Informationen im biblischen Unterricht bezeichnet.
Ausdrücklich ausgeklammert bleiben die Begriffe »Projekt« und »Freiarbeit«. Projekte übersteigen grundsätzlich die strukturellen und organisatorischen Möglichkeiten des Religionsunterrichts in seiner »Normalform« und brauchen eine eigene, gründliche Darstellung, die hier nicht zu leisten ist. Freiarbeit ist in meiner Sicht keine Methode, die beliebig zur Belebung des gewöhnlichen Unterrichts eingesetzt werden kann, sondern ist sinnvoll nur in einem Gesamtkonzept freien Lernens und Arbeitens einzulösen, das in diesem Zusammenhang ebenfalls außer Betracht bleiben muß.
Es ist ratsam, sich auf kleine Vorhaben der Informationsbeschaffung zu konzentrieren, die in der gegebenen schulischen Situation realisierbar sind.
Solche Aktivitäten haben Aussicht auf Erfolg, wenn sie einige Bedingungen beachten:

- Sie sollten sachlich und zeitlich überschaubar sein;
- die Themen sollten gut vorstrukturiert sein;
- die Schüler sollten sich auf eine Auswahl vorgebener Materialien stützen können;
- die Arbeitsvorschläge sollten klar formuliert sein;
- die Ergebnisse der Recherchen sollten in geeigneter Form präsentiert werden.

Drei Arten von Recherchen haben sich gut bewährt:

a. Beschaffung und Auswertung von Informationen zur Welt der Bibel

Bei solchen Untersuchungen geht es nicht um die direkte Erarbeitung von Texten, sondern um die Kenntnisse der Umwelt, die für das Verständnis der Überlieferung nötig sind.

Beispiel:

Im Rahmen der Unterrichtseinheit »Missionsreisen des Paulus« wurden mit Schülern einer 6. Klasse folgende Informationen recherchiert:

- Wer war Paulus?
- Das Römische Weltreich.
- Wie lebten die Juden zur Zeit des Paulus?
- Jerusalem.
- Rom.
- Die Religion der Römer.
- Der römische Kaiser – ein Gott.
- Ephesus und die Religion der Griechen.
- Wie reiste man damals?
- Wie schrieb man damals?
- Paulus – Abenteuerliche Reisen für Gott.

Die einzelnen Teams erhielten vorstrukturiertes Material zu ihrem Thema und hatten drei Unterrichtsstunden zur Bearbeitung. Bei der Präsentation wurden die einzelnen Themen in eine kleine Rahmenhandlung (Reisen des Paulus) eingebettet. Die Teams wählten unterschiedliche Formen der Darbietung (Erzählung, Brief, Rollenspiel…). Jedes Team stellte eine bebilderte Kurzfassung seiner Ergebnisse auf einer DIN-A4-Seite zusammen, die auf ein großes Poster aufgeklebt wurde.

b. Beschaffung und Auswertung von Informationen zu innerbiblischen Themen und Motiven

Dieser Arbeitsgang hat die Funktion, den einzelnen Text in größeren Zusammenhängen wahrzunehmen, indem einzelne Züge des Textes in der Bibel verfolgt werden. Diese Aufgabe wird vor allem in der Schweizer Bibeldidaktik gepflegt. Theophil Vogt bezeichnet sie als »Textatelier« (Vogt, 1985, S. 65 u.ö.).

Ein solches Textatelier könnte beispielsweise folgenden Linien nachgehen:

- Ausgehend von einem Text, in dem eine Symbolhandlung vorkommt (z.B. Gen 28,18 f.), können weitere Symbolhandlungen im Alten und Neuen Testament untersucht werden (z.B. Jer 9; Jer 27; Mt 26,17-30).
- Ebenso könnte ein Symbol verfolgt werden (Beispiel: Ausgehend von Ps 1 wird das Symbol »Baum« untersucht).
- Bestimmte Motive werden erforscht, z.B. das Motiv der beiden Brüder im Zusammenhang von Gen 4, 1-16.
- ein anspruchsvolles Textatelier könnte sich auch auf einen Grundbescheid und einige der ihm zugeordneten Texte beziehen.

c. Beschaffung und Auswertung von Informationen zu einem Thema mit biblischem Hintergrund

Ausgangspunkt ist hier ein Thema, dessen biblische Aspekte ebenfalls selbständig erkundet und ausgewertet werden können.

Beispiel: Beim Thema »Glauben, Vertrauen« bearbeiteten kleine Gruppen einer 7. Klasse folgende Teilaspekte:

- »Urvertrauen« in der frühkindlichen Erziehung;
- negative Folgen von Defiziten im Aufbau von Vertrauen (Sozialisationsschäden);
- Konsequenzen für eine christliche Erziehung (Aufbau von Vertrauen und Ich-Stärke);
- Biblischer Aspekt: Vertrauen als Ermöglichung neuer Lebensperspektiven: Abraham kann in eine neue Lebensrichtung aufbrechen (Gen 12); Menschen werden geheilt, weil sie sich vertrauensvoll einer heilenden Beziehung öffnen (»Dein Glaube hat dich gerettet« in den synoptischen Wundererzählungen, Mt 9,22 u.ö.).

Gerade bei diesem Beispiel zeigte sich deutlich, wie Eigenarbeit motivieren und Fähigkeiten aktivieren kann, die oft verdeckt bleiben: Die Schüler einer nicht besonders leistungsstarken Realschulklasse sahen sich durch diese Aufgaben produktiv gefordert; sie merkten, daß man ihnen etwas zutraute und erkannten in den Materialien einen Erkenntniszuwachs. Darum waren sie bereit und in der Lage, diese Arbeiten selbständig und erfolgreich auszuführen.

Leseratschlag

Fischer, Offenes Lernen.
Fischer, Den Kindern das Wort geben.
Vogt, Bibelarbeit.

Einige empfehlenswerte Bücher für die Hand der Schüler:
Ich entdecke die Welt der Bibel: 1. Altes Testament. – 2. Neues Testament.
Elwell, Kleines Bibelhandbuch.
Calvocoressi, Who's who in der Bibel.
Bubolz, Religionslexikon.

2.10 Mit AV-Medien arbeiten

Abschließend will ich noch einige praktische Hinweise zum Einsatz von audiovisuellen Medien geben. Dabei nenne ich einige Medien, die sich in meiner Unterrichtspraxis gut bewährt haben.

a. Das Dia zur Welt der Bibel – ein klassisches Medium

Das Dia, das die geographischen und historischen Verhältnisse zur Zeit des Alten und Neuen Testaments anschaulich erschließt, gehört zu den klassischen Medien des Bibelunterrichts.
Für den täglichen Gebrauch sollte in der Lehrerbücherei zur Hand sein:
– Neue Schulbibel. Dias.
Die über 100 Bilder decken alle wesentlichen Aspekte ab.
Ungleich anspruchsvoller angelegt ist:
– Zink, Bildwerk zur Bibel.
Seine über 800 Bilder in hervorragender Qualität, sein durchdachter Aufbau und die klare Gliederung machen seinen Wert aus. Der Preis wird in der Regel verhindern, daß es in der einzelnen Schule zur Verfügung steht. Es empfiehlt sich, das übersichtliche Gesamtregister zu kopieren, damit man in der Bildstelle gezielt suchen kann.

b. Eine Alternative: Die Tageslichtfolie

Lange Zeit galt die Tageslichtfolie im Religionsunterricht nicht ganz zu Unrecht als ein wenig differenziertes Medium, das nur gelegentlich einsetzbar sei. In den letzten Jahren ist es aber sehr produktiv weiterentwickelt worden. Die bisher bekannten Funktionen (Präsentation von Karten; Veranschaulichung von Strukturen und Zusammenhängen) werden sehr gut wahrgenommen durch:
– Arbeitsfolien Religion;
– Traudisch, Die Botschaft der Bibel.
Als weiteren Bereich haben U.Jaeschke und R.v.Olnhausen das Farbbild systematisch in die Tageslichtfolien einbezogen:
– Medienbausteine Religion 1-3.
Sie bieten – neben Karten, Zeichnungen usw. – eine große Zahl von Bildern zur Welt der Bibel in bisher bei Folien nicht gewohnter ausgezeichneter Qualität an. Außerdem werden die Medien durch didaktisch-methodische Kommentare sehr gut erschlossen.
Gegenüber dem Dia bietet die Folie einige ansehnliche Vorteile: Sie ist ohne großen technischen Aufwand (Dia-Projektor aufbauen; verdunkeln...) rasch verfügbar. Sie kann durch Overlay-Technik bearbeitet und verändert werden. Außerdem ist eine Erweiterung durch eigene Materialien leicht möglich; vielleicht bietet es sich an, einige wichtige eigene Bilder farbig auf Folien kopieren zu lassen.

c. Hörspiele zur Bibel

Hier seien nur zwei Beispiele genannt:
Vor einigen Jahren erschienen 20 Hörspiele in der »jesus phonothek«:
- Dieser Jesus aus N.

Die einzelnen Szenen sind sehr lebendig gespielt. Meist ist es ratsam, die Vorspanntexte wegzulassen.
Eine Reihe von Szenen zu biblischen Themen liegen auf Cassette vor:
- Berg/Berg, Lieder – Bilder – Szenen im Religionsunterricht.

d. Zeichentrickfilme zu biblischen Geschichten

In den letzten Jahren sind einige gute Trickfilme für Grundschüler zu biblischen Geschichten erschienen. Ich nenne exemplarisch:
- Josef und seine Brüder. 1-3. – Als Video erschienen im Katholischen Filmwerk Stuttgart.

Der Film ist sehr gut gegliedert, und die Abfolge der einzelnen Sequenzen ist klar, so daß die Schüler die Handlung leicht verfolgen können. Die Zeichnungen sind recht ansprechend. Die Mittel werden sparsam eingesetzt, so daß sich der Blick auf das Wesentliche konzentriert.
Filme dieser Art sollten nicht als Ersatz für das Erzählen eingesetzt werden, sondern eher als Zusammenfassungen und Wiederholungen (evtl. den Ton weglassen und die Schüler selbst erzählen lassen).
Gesichtspunkte für die Auswahl und den Einsatz von Hörspielen und Filmen:
- Sie sollten kurz sein, so daß sie in einer Unterrichtsstunde nicht nur konsumiert, sondern auch verarbeitet werden können.
- Sie sollten nicht auf eine bestimmte Sichtweise der biblischen Vorlage festlegen, sondern so offen angelegt sein, daß sie verschiedene Interpretationen zulassen.
- Sie sollten die sprachlichen und bildnerischen Mittel sparsam einsetzen, um die Phantasie der Schüler nicht zu überdecken;
- Sie sollten Fragen offen lassen und damit zum Nachdenken und Gespräch einladen.

Materialien

Neue Schulbibel. Dias.
Zink, Bildwerk zur Bibel.
Jaeschke, Medienbausteine Religion 1-3.
Arbeitsfolien Religion. Teil 1.
Traudisch, Die Botschaft der Bibel.
Dieser Jesus aus N. – Hörfolgen.

Literaturverzeichnis

1 Hermeneutik und Didaktik

Achtnich, Elisabeth (Hg), Frauen die sich trauen. Ein Vorlesebuch. Lahr: Verlag E. Kaufmann. 1991.

Albus, Michael (Hg), Die Welt ist voller Hoffnung. Ein Buch der guten Initiativen. Mainz: Matthias-Grünewald-Verlag. 1984.

Baldermann, Ingo, Biblische Didaktik. Die sprachliche Form als Leitfaden unterrichtlicher Texterschließung. Hamburg: Furche Verlag. 1963.

Baldermann, Ingo, Der biblische Unterricht. Braunschweig: G.Westermann Verlag. 1969.

Baldermann, Ingo; Nipkow, Karl Ernst; Stock, Hans, Bibel und Elementarisierung (Religionspädagogik heute Band 1). Aachen: Haag + Herchen Verlag. 1979.

Baldermann, Ingo, Zum Verhältnis von Anthropologie und Theologie im Religionsunterricht. In: Baldermann, Ingo; Nipkow, Karl Ernst; Stock,Hans, Bibel und Elementarisierung (Religionspädagogik heute Band 1). Aachen: Haag + Herchen Verlag. 1979. S. 9-21.

Baldermann, Ingo, Die Bibel – Buch des Lernens. Grundzüge biblischer Didaktik. Göttingen: Vandenhoeck & Ruprecht. 1980.

Baldermann, Ingo, Der Gott des Friedens und die Götter der Macht. Biblische Alternativen. Neukirchen: Neukirchener Verlag. 1983.

Baldermann, Ingo, Engagement und Verstehen. Politische Erfahrungen als Schlüssel zu biblischen Texten. In: Der Evangelische Erzieher 1984 (Heft 2), S. 147-157.

Baldermann, Ingo, Wer hört mein Weinen? Kinder entdecken sich selbst in den Psalmen (Wege des Lernens Band 4). Neukirchen: Neukirchener Verlag. 1986.

Baldermann, Ingo, Die Bibel lesen, auf die Bibel hören. In: KatBl 1990 (Heft 12), S. 854-857 (a).

Baldermann, Ingo, Ich werde nicht sterben, sondern leben. Psalmen als Gebrauchstexte (Wege des Lernens 7). Neukirchen: Neukirchener Verlag. 1990 (b).

Baldermann, Ingo, u.a. (Hg), Arbeitsbuch Religion. Band 1-9. Düsseldorf/Braunschweig: A.Bagel Verlag/Fr. Vieweg + Sohn. 1971 ff.

Barth, Hermann; Schramm, Tim, Selbsterfahrung mit der Bibel. Ein Schlüssel zum Leben und Verstehen. München/Göttingen: Verlag J.Pfeiffer/Vandenhoeck & Ruprecht. 1977.

Barz, Heiner, Religion ohne Institution? (Jugend und Religion 1). Opladen: Leske und Budrich. 1992. – Postmoderne Religion. Die junge Generation in den Alten Bundesländern (Jugend und Religion 2). Opladen: Leske und Burich. 1992.

Baudler, Georg, Religiöse Erziehung heute. Grundelemente einer Didaktik religiösen Lernens in der weltanschaulich pluralen Gesellschaft (UTB 898). Paderborn: F.Schöningh. 1979.

Baudler, Georg, Korrelationsdidaktik. Den Glauben durch Leben erschließen. (UTB 1306). Paderborn: Verlag F. Schöningh. 1984.

Bayer, Oswald, Was ist Theologie? Eine Skizze. Stuttgart: Calwer Verlag. 1973.

Berg, Horst Klaus, Der biblische Unterricht nach dem Ende des Biblischen Unterrichts – oder: Fachspezifische Kurse im Religionsunterricht. In: ZUM BEISPIEL 1970 (Heft 4/5), S. 82-88.

Berg, Horst Klaus, Plädoyer für den biblischen Unterricht. In: ru 1972, S. 6-13.

Berg, Horst Klaus/Doedens, Folkert, Gesichtspunkte zur Didaktik des problemorientierten Religionsunterrichts. In: dies., (Hg), Unterrichtsmodelle im Religionsunterricht. Zur Praxis und Theorie. Frankfurt/München: Verlag M.Diesterweg/Kösel-Verlag. 1974. S. 73-105.

Berg, Horst Klaus, Hoffnung lernen. Beobachtungen und einige Vorschläge zum Unterricht im Alten Testament. In: Goßmann, K.(Hg), Dreißig Jahre religionspädagogische Reform. (Festschrift H.B.Kaufmann). Gütersloh: Gütersloher Verlagshaus Gerd Mohn. 1987. S. 63-75.

Berg, Horst Klaus, Die Bibel – ein wichtiges Buch für Schüler? Ergebnisse einer Umfrage. In: ru 1989, S. 93-96.

Berg, Horst Klaus, Ein Wort wie Feuer. Wege lebendiger Bibelauslegung. Stuttgart/München: Calwer Verlag/Kösel-Verlag. 2. Aufl. 1992.

Berg, Horst Klaus, Stille – unterwegs zum Beten. Ein Unterrichtsversuch in einer 1./2. Klasse. In: ru 1991 (Heft 3), S. 101-105.

Berg, Sigrid; Berg, Horst Klaus, Interaktionale Bibelauslegung. In: KatBl 1989 (Heft 6), S. 428-432.

Bertram, Hans, Jugend in Deutschland. In: KatBl 1991 (Heft 10), S. 686-693.

Betz, Otto, Religiöse Erfahrung. Wege zur Sensibilität. München: Verlag J.Pfeiffer. 1977.

Betz, Otto, Elementare Symbole. Zur tieferen Wahrnehmung des Lebens. Freiburg: Verlag Herder. 1987.TB –Ausgabe: 1992.

Biehl, Peter, Vorbereitende Bemerkungen zu einer Didaktik des themenorientierten Religionsunterrichts. In: Berg, H.K./Doedens, F. (Hg), Unterrichtsmodelle im Religionsunterricht. Zur Praxis und Theorie. Frankfurt/München: Verlag M.Diesterweg/Kösel-Verlag.1974, S. 106-123.

Biehl, Peter, Erfahrungsbezogener, themenzentrierter Religionsunterricht. In: Becker, U./Johannsen, F. (Hg), Lehrplan kontrovers. Frankfurt: Verlag M.Diesterweg. 1979. S. 32-55.

Biehl, Peter, Erfahrungsbezug und Symbolverständnis. Überlegungen zum Vermittlungsproblem in der Religionspädagogik. In: Biehl, Peter/Baudler, Georg: Erfahrung – Symbol – Glaube. Grundfragen des Religionsunterrichts (Religionspädagogik heute 29). Aachen: Haag + Herchen Verlag. 1980. S. 37-121.

Biehl, Peter, Erfahrung als hermeneutische, theologische und religionspädagogische Kategorie. Überlegungen zum Verhältnis von Alltagserfahrung und religiöser Sprache. In: Heimbrock, Hans-Günter (Hg), Erfahrungen in religiösen Lernprozessen. Göttingen: Vandenhoeck & Ruprecht. 1983, S. 13-69.

Biehl, Peter, Alltagserfahrungen und Bedürfnisse. In: Böcker, W./Heimbrock, H.-G./Kerkhoff, E. (Hg); Handbuch Religiöser Erziehung. Düsseldorf: Pädagogischer Verlag Schwann-Bagel. Band I. 1987. S. 214-227.

Biehl, Peter, Erfahrung, Glaube und Bildung. Studien zu einer erfahrungsnahen Religionspädagogik (Eine Veröffentlichung des Comenius-Instituts Münster). Gütersloh: Gütersloher Verlagshaus Gerd Mohn. 1991.

Bizer, Christoph, Jugend und Religion. In: Pastoraltheologie 1992 (Heft 4), S. 166-180.

Bloth, Hugo Gotthardt, Die elementare Struktur der Evangelischen Unterweisung. In: Die Evangelische Unterweisung. 1960. S. 65-72 (a).

Bloth, Hugo Gotthardt, Die elementare Struktur der Laien-Bibel. In: Die Evangelische Unterweisung. 1960. S. 94-100 (b).

Brandt,Hermann (Hg), Die Glut kommt von unten. Texte einer Theologie aus der eigenen Erde (Brasilien). Neukirchen: Neukirchener Verlag. 1981.

Bröking-Bortfeld, Martin, Schüler und Bibel. Eine empirische Untersuchung religiöser Orientierungen. Die Bedeutung der Bibel für 13- bis 16-jährige Schüler. (Religionspädagogik heute Band 13). Aachen: Religionspädagogik heute. 1984.

Buß, Hinrich, Die Bedeutung und Funktion der biblischen Überlieferung. In: Kaufmann, H.B. (Hg), Streit um den problemorientierten Religionsunterricht. Frankfurt: Verlag M.Diesterweg. 1973. S. 123-134.

Buß, Hinrich, Politische Theologie und Religionspädagogik. In: Berg, H.K./Doedens,F. (Hg), Unterrichtsmodelle im Religionsunterricht. Frankfurt/München: Verlag M.Diesterweg/Kösel-Verlag. 1974. S. 49-63.

Büttner, Gerhard, Seelsorge im Religionsunterricht. Stuttgart: Calwer Verlag. 1991.

Cardenal, Ernesto, Psalmen. Mit dem Brief an das Volk von Nicaragua. Wuppertal:Jugenddienst-Verlag. 1968.

Cardenal, Ernesto, Das Evangelium der Bauern von Solentiname. Wuppertal: Jugenddienst Verlag. Band 1 und 2. 1976.

Casalis, Georges, Die richtigen Ideen fallen nicht vom Himmel. Grundlagen einer induktiven Theologie (Urban-TB 540). Stuttgart: Verlag W. Kohlhammer. 1980.

Dreher, Bruno, Die biblische Unterweisung im katholischen und evangelischen Religionsunterricht. Eine theologisch-kerygmatische Gegenüberstellung. Freiburg: Verlag Herder. 1963.

Dross, Reinhard, Evangelische Religion (Kompendium Didaktik Ehrenwirth). München: F.Ehrenwirth Verlag. 1981.

Eisinger, Walther, Neue Bibelfrömmigkeit in der jungen Generation. In: Pastoraltheologie 1985 (Heft 7), S. 311-322.

Fisch, Mascha M., Gemeinsam werden wir es schaffen. Selbsthilfegruppen berichten (Herderbücherei 1195). Freiburg: Verlag Herder. 1985.

Gabriel, Karl, Schülerinnen und Schüler von heute. Was kennzeichnet sie? In welcher Welt leben sie? In: KatBl 1991 (Heft 11), S. 755-763.

Gloy, Horst, Evangelischer Religionsunterricht in einer säkularisierten Gesellschaft (Paedagogica 4). Göttingen: Vandenhoeck & Ruprecht. 1969.

Gollwitzer, Helmut, Einige Leitsätze zur christlichen Beteiligung am politischen Leben. In: ders., Forderungen der Umkehr. Beiträge zur Theologie der Gesellschaft. München: Chr. Kaiser Verlag. 1976. S. 15-20.

Gottwald, Norman K., Sozialgeschichtliche Präzision in der biblischen Verankerung der

Befreiungstheologie. In: Schottroff, L. und W. (Hg), Wer ist unser Gott? Beiträge zu einer Befreiungstheologie im Kontext der ›ersten‹ Welt. München. Chr. Kaiser Verlag. 1986. S. 88-107.

Grewel, Hans, u.a. (Bearb.), Aufbruch zum Frieden. Arbeitsbuch für das 1./2.;3./4.; 5./6. Schuljahr. Dortmund: W.Crüwell Verlag. 1973 ff.

Grundlagenplan für den katholischen Religionsunterricht im 5.-10. Schuljahr. Revidierter Zielfelderplan. Hg von der Zentralstelle für Bildung der Deutschen Bischofskonferenz. München: 1984.

Halbfas, Hubertus, Die Konfessionen im Religionsunterricht. In: frage zeichen. bildungspolitische Zeitschrift. Paderborn. 19. Heft, April 1970, S. 60-67. Abdruck in: ders., Aufklärung und Widerstand. Stuttgart/Düsseldorf: Calwer Verlag/Patmos Verlag. 1971. S. 59-71.

Halbfas, Hubertus, Das dritte Auge. Religionsdidaktische Anstöße. Düsseldorf: Patmos Verlag. 1982.

Halbfas, Hubertus, Lehrpläne und Religionsbücher. Notizen zur didaktischen Theorie. In: rhs 1990 (Heft 4), S. 228-244.

Halbfas, Hubertus, Wer sind unsere Schülerinnen und Schüler? Wie religiös sind sie? In: KatBl 1991 (Heft 11), S. 744-753.

Hammelsbeck, Oskar, Der kirchliche Unterricht. München. Chr. Kaiser Verlag. 1939. 2. Aufl. 1947.

Heinemann, Horst, Projektideenplan zum Religions-Unterricht. In: informationen zum religions-unterricht (Heft 3+4/1970), S. 21-25.

Hiller-Ketterer, Ingeborg, Kontextuelle Auslegung: Mutlieder für alle. Das Gleichnis vom verlorenen Sohn. In: entwurf 1992 Heft 1, S. 11-16.

Höffken, Peter, Elementarisierung – Ausweg oder Sackgasse für den Bibelunterricht? In: Der Evangelische Erzieher 1986, S. 168-178.

Hofmann, Bernhard F., Kognitionspsychologische Stufentheorien und religiöses Lernen. Zur (korrelations-) didaktischen Bedeutung der Entwicklungstheorien von J.Piaget, L. Kohlberg und F.Oser/P.Gmünder. Freiburg: Verlag Herder.1991.

Hofmann, Manfred, Identifikation mit dem anderen. Theologische Themen und ihr hermeneutischer Ort bei lateinamerikanischen Theologen der Befreiung. Göttingen: Vandenhoeck & Ruprecht. 1978.

Janzen, Wolfram, Okkultismus (Reihe: Unterscheidung). Mainz/Stuttgart: Matth. Grünewald Verlag/Quell Verlag. 1988.

Jungmann, Josef Andreas, Die Frohbotschaft und unsere Glaubensverkündigung. Regensburg: Verlag F.Pustet. 1936.

Jungnitsch, Reiner, Korrelations-Schritte. Reflexionen aus der Berufsschule. In: KatBl 1991 (Heft 3), S. 169-174.

Kampmann, Theoderich, Erziehung und Glaube. Zum Aufbau einer christlichen Pädagogik. München: Kösel-Verlag. 1960.

Kampmann, Theoderich, Das Geheimnis des Alten Testaments. Eine Wegweisung. München: Kösel-Verlag. 1962.

Kampmann, Theoderich, Wortverkündigung – Glaubensunterweisung – Religionsunterricht. In: Pädagogische Rundschau 19 (1966), 1. Beiheft.

Kassel, Maria, Tiefenpsychologische Bibelauslegung. In: Langer, W. (Hg), Handbuch der Bibelarbeit. München: Kösel-Verlag. 1987, S. 156-162.

Kaufmann, Hans Bernhard, Die Ursprungssituation des Glaubens, theologisch und didaktisch interpretiert. In: Theodor Wilhelm (Hg), Die Herausforderung der Schule durch die Wissenschaften. Weinheim: Julius Beltz Verlag. 1966. S. 117-134.

Kaufmann, Hans Bernhard, Muß die Bibel im Mittelpunkt des Religionsunterrichts stehen? In: Loccumer Protokolle 12/1966, S. 37-39.

Kaufmann, Hans Bernhard, Thesen zum thematisch-problemorientierten Religionsunterricht. In: Wegenast, K. (Hg), Religionsunterricht unterwegs. Hamburg: Furche Verlag. 1970. S. 39 ff.

Kaufmann, Hans Bernhard, Streit um den problemorientierten Religionsunterricht. In: Zilleßen, D. (Hg), Religionspädagogisches Werkbuch. Frankfurt: M. Diesterweg Verlag. 1972. S. 102-109.

Kittel, Helmuth, Vom Religionsunterricht zur Evangelischen Unterweisung. Wolfenbüttel-Hannover: Wolfenbütteler Verlagsanstalt. 1947.

Kraus, Hans-Joachim, Systematische Theologie im Kontext biblischer Geschichte und Eschatologie. Neukirchen: Neukirchener Verlag. 1983.

Kremer, Jacob, Die Bibel – ein Buch für alle. Berechtigung und Grenzen ›einfacher‹ Schriftauslegung. Stuttgart: Verlag Katholisches Bibelwerk. 1986.

Lange, Günter, Religion und Glaube. Erwägungen zum Gegenstand des Religionsunterrichts. In: KatBl 1977, S. 715-723.

Langer, Wolfgang, Kerygma und Katechese. Theologische und didaktische Neubegründungen des Religionsunterrichts (Schriften zur Katechetik VII). München: Kösel-Verlag. 1966.

Langer, Wolfgang, Die Bibel in der Schule. In: Langer, W. (Hg), Handbuch der Bibelarbeit. München: Kösel-Verlag. 1987, S. 210-220.

Lohff, Wenzel, Glaubenslehre und Erziehung (Kleine Vandenhoeck-Reihe 1392). Göttingen: Vandenhoeck & Ruprecht. 1974.

Luther, Henning, Jugend und Religion. Auswertung neuerer Untersuchungen. In: Der Evangelische Erzieher 1989 (Heft 1), S. 32-40.

Marsch, Wolf Dieter (Hg), Plädoyer in Sachen Religion. Gütersloh: Gütersloher Verlagshaus Gerd Mohn. 1973.

Meinerzhagen, Margitta (Hg), ›Bäume und Vögel gibt es auch nicht mehr‹. Kinder schreiben über ihre Zukunft. Mit einem Vorwort von James Krüss. Hamburg: Rasch und Röhring Verlag. 1988.

Mette, Norbert, ›Jugend begreifen‹ – religionspädagogische Anmerkungen. In: KatBl 1991 (Heft 10), S. 696-703.

Moltmann, Jürgen, Der gekreuzigte Gott. München: Verlag Chr. Kaiser. 1972.

Moltmann-Wendel, Elisabeth, Das Land, wo Milch und Honig fließt. Perspektiven einer feministischen Theologie (GTB Siebenstern 486). Gütersloh: Gütersloher Verlagshaus Gerd Mohn. 1985.

Nipkow, Karl Ernst, Problemorientierter Religionsunterricht nach dem »Kontexttypus«. In: ders, Schule und Religionsunterricht im Wandel. Ausgewählte Studien zur Pädagogik und Religionspädagogik. Heidelberg/Düsseldorf: Quelle&Meyer/Patmos Verlag. 1971. S. 264-279.

Nipkow, Karl Ernst, Grundfragen der Religionspädagogik. Band 1: Gesellschaftliche Herausforderungen und theoretische Ausgangspunkte (Gütersloher TB 105). Gütersloh: Gütersloher Verlagshaus Gerd Mohn. 1975.

Nipkow, Karl Ernst, Grundfragen der Religionspädagogik. Band 2: Das pädagogische Handeln der Kirche. (Gütersloher TB 106). Gütersloh: Gütersloher Verlagshaus Gerd Mohn. 1975.

Nipkow, Karl Ernst, Elementarisierung biblischer Inhalte. Zum Zusammenspiel theologischer, anthropologischer und entwicklungspsychologischer Perspektiven in der Religionspädagogik. In: Baldermann, Ingo/Nipkow, Karl Ernst/Stock, Hans, Bibel und Elementarisierung (Religionspädagogik heute Band 1). Aachen: Haag + Herchen Verlag. 1979. S. 35-73.

Nipkow, Karl Ernst, Grundfragen der Religionspädagogik. Band 3: Gemeinsam leben und glauben lernen. (Gütersloher TB Siebenstern 756). Gütersloh: Gütersloher Verlagshaus Gerd Mohn. 1982.

Nipkow, Karl Ernst, Grundfragen didaktischer Textvermittlung. In: Langer, W. (Hg), Handbuch der Bibelarbeit. München: Kösel-Verlag. 1987, S. 242-249.

Nipkow, Karl Ernst;Schweitzer, Friedrich;Fowler, James W. (Hg), Glaubensentwicklung und Erziehung. Gütersloh: Gütersloher Verlagshaus Gerd Mohn. 1988.

Nipkow, Karl Ernst, Bildung als Lebensbegleitung und Erneuerung. Kirchliche Bildungsverantwortung in Gemeinde, Schule und Gesellschaft. Gütersloh: Gütersloher Verlagshaus Gerd Mohn. 1990.

Ott, Rudi, Geschichte der katholischen Bibeldidaktik. In: Langer, W. (Hg), Handbuch der Bibelarbeit. München: Kösel-Verlag. 1987, S. 226-230.

Otto, Gert, Schule, Religionsunterricht, Kirche. Stellung und Aufgabe des Religionsunterrichts in Volksschule, Gymnasium und Berufsschule. Göttingen: Vandenhoeck & Ruprecht. 1964.

Otto, Gert/Rauschenberger, Hans, Mainzer Thesen zum Religionsunterricht in der Grundschule. 1970 In: W.G.Esser (Hg), Zum Religionsunterricht morgen III. Konzeptionen und Modelle zu künftiger Praxis in der Grundschule. München/Wuppertal: Verlag J.Pfeiffer/Jugenddienst Verlag. 1972. S. 217-224.

Perls, Fritz, Grundlagen der Gestalt-Therapie. Einführung und Sitzungsprotokolle (Leben lernen 20). München: Verlag J.Pfeiffer. 1976.

Petzold, Klaus, Theorie und Praxis der Kreativität im Religionsunterricht. Kreative Zugänge zur Bibel in Hauptschulen. Frankfurt: Verlag Peter Lang. 1989.

Rad, Gerhard von, Theologie des Alten Testaments. Band 1 (Kaiser Traktate NF 2). München: Chr. Kaiser Verlag. 9.Aufl. 1987. (a); Band 2. 9. Aufl. 1987. (b).

Rahmenplan für die Glaubensunterweisung mit Plänen für das 1.-10. Schuljahr. Hg. von den katholischen Bischöfen Deutschlands durch den Dt. Katechetenverein. München: 1967.

Robinsohn, Saul B., Bildungsreform als Revision des Curriculum. 1967. In: ders., Erziehung als Wissenschaft. Stuttgart: Verlag Ernst Klett. 1973. S. 110-181.

Roth, Heinrich, Die »originale Begegnung« als methodisches Prinzip. In: ders., Pädagogische Psychologie des Lehrens und Lernens. Hannover: Schroedel Verlag. 9. Aufl. 1966, S. 109-117.

Rumpf, Horst, Wagenschein. In: Forum Pädagogik 3/1990, S. 108-113.

Schillebeeckx, Edward, Erfahrung und Glaube. In: F.Böckle u.a. (Hg), Christlicher Glaube in moderner Gesellschaft. Band 25. Freiburg: Verlag Herder. 1980. S. 72-116.

Schmidt, Eva Renate u.a., (Hg), Feministisch gelesen. Band 1/Band 2. Stuttgart: Kreuz Verlag. 1988/89.

Schröer, Henning, Elementarisierung. In: Bitter,G./Miller,G.(Hg), Handbuch religionspädagogischer Grundbegriffe. Band 2. München: Kösel-Verlag. 1986. S. 502-505.
Sorger, Karlheinz, Was in der Bibel wichtig ist. Grundthemen des Alten und Neuen Testaments. München: Kösel-Verlag. 1992.
Stachel, Günter, Die neue Hermeneutik. Ein Überblick. Einsiedeln/Zürich/Köln: Benziger Verlag. 1967. Veränderte Lizenzausgabe: München: Kösel-Verlag. 1968.
Stallmann, Martin, Christentum und Schule. Stuttgart: Curt E. Schwab. 1958.
Stallmann, Martin, Die biblische Geschichte im Unterricht. Katechetische Beiträge. Göttingen: Vandenhoeck & Ruprecht. 1963.
Steinwede,Dietrich/Schupp, Renate (Hg), Unbeirrbar. Lebensbilder von Männern und Frauen des 20. Jahrhunderts. Lahr/Kevelaer: Verlag E. Kaufmann/Butzon & Bercker. 1991.
Stock, Alex, Umgang mit theologischen Texten. Methoden, Analysen, Vorschläge. Zürich/Einsiedeln/Köln: Benziger Verlag. 1974.
Stock, Alex, Textentfaltungen. Semiotische Experimente mit einer biblischen Geschichte. Düsseldorf: Patmos Verlag. 1978.
Stock, Hans, Studien zur Auslegung der synoptischen Evangelien im Unterricht. Gütersloh: C. Bertelsmann Verlag. 1959.
Stock, Hans, Theologische Elementarisierung und Bibel. In: Kaufmann,H.B./Ludwig,H.(Red), Die Geistesgegenwart der Bibel. Elementarisierung im Prozeß der Praxis. Münster: Comenius- Institut. 1979. S. 14-28.
Stock, Hans, Evangelientexte in elementarer Auslegung. Göttingen: Vandenhoeck & Ruprecht. 1981.
Stock, Hans, Elementartheologie. In: Böcker, W./Heimbrock, H.-G./Kerkhoff,E. (Hg), Handbuch Religiöser Erziehung. Düsseldorf. Pädagogischer Verlag Schwann-Bagel. Band II. 1987. S. 452-466;
Stoodt, Dieter, Die Praxis der Interaktion im Religionsunterricht. In: Der Evangelische Erzieher, 1971, S. 1-10.
Stoodt, Dieter, Umstrittene Therapie (Interview). In: Der Evangelische Erzieher, 1973, S. 215-219.
Stoodt, Dieter, Religionsunterricht als Interaktion. Grundsätze und Materialien zum evangelischen Religionsunterricht in der Sekundarstufe I. Düsseldorf: Pro Schule Verlag. 1975.
Theißen, Gerd, Urchristliche Wundergeschichten. Ein Beitrag zur formgeschichtlichen Erforschung der Evangelien. Gütersloh: Gütersloher Verlagshaus Gerd Mohn. 1974.
Theißen, Gerd, Die Bibel an der Schwelle zum dritten Jahrtausend nach Chr. Überlegungen zu einer Bibeldidaktik für das ›Jahr mit der Bibel 1992‹. In: Theologia Practica 1992 (Heft 1), S. 4-23.
Tillich, Paul, Systematische Theologie. Band 1. Stuttgart: Evangelisches Verlagswerk. 3. Aufl. 1956.
Veit, Marie, Alltagserfahrungen von Jugendlichen, theologisch interpretiert. In: Biehl, Peter (Hg), Jahrbuch der Religionspädagogik, Band 1. Neukirchen: Neukirchener Verlag. 1985. S. 3-28.
Vogt, Theophil, Bibelarbeit. Stuttgart: Verlag W. Kohlhammer. 1985.
Wagenschein, Martin, Verstehen lehren. Genetisch – Sokratisch – Exemplarisch. Weinheim/Berlin: Verlag Julius Beltz. 1968.

Weber, Ulrike, Praxis der Umkehr. Aktion Sühnezeichen/Friedensdienste in Konsequenz der Bergpredigt. Unterrichtsversuch in einer 9. Klasse. In: ru 1986, S. 154-157.

Weber, Ulrike, EIRENE – ein Beispiel verbindlicher Gemeinschaft. Informationen und Hinweise für den Unterricht in Klasse 5-9. In: ru 1987, S. 115-118.

Wegenast, Klaus, Herkömmliche und gegenwärtige Grundtypen einer Theorie. In: Feifel, E. u.a. (Hg), Handbuch der Religionspädagogik. Band 1. Gütersloh/Zürich: Gütersloher Verlagshaus Gerd Mohn/Benziger Verlag. 1973. S. 260-279.

Wegenast, Klaus, Geschichte der evangelischen Bibeldidaktik. In: Langer, W. (Hg), Handbuch der Bibelarbeit. München: Kösel-Verlag. 1987, S. 221-226.

Wolff, Hans Walter, Anthropologie des Alten Testaments. München: Chr. Kaiser Verlag. 3. Aufl. 1977.

Zielfelderplan. Katholischer Religionsunterricht 5-10. Grundlegung. Hg im Auftrag der Bischöflichen Kommission für Erziehung und Schule von der Zentralstelle für Bildung der Deutschen Bischofskonferenz. München. 1973.

Zielfelderplan für den katholischen Religionsunterricht in der Grundschule. Teil I: Grundlegung. Hg im Auftrag der Bischöflichen Kommission für Erziehung und Schule von der Zentralstelle für Bildung der Deutschen Bischofskonferenz. München. 1977.

Zimmermann, Klaus, Der Beitrag der strukturalen Textanalyse in einer Didaktik der Korrelation. Regensburg: S. Roderer Verlag. 1988.

Zinnecker, Jürgen, Lebensorientierungen Jugendlicher in Deutschland. In: KatBl 1991 (Heft 10), S. 675-685.

2 Unterrichtsmethoden

Berg, Sigrid/Berg, Horst Klaus (Hg), Lieder – Bilder – Szenen im Religionsunterricht. Band 1-10. Stuttgart/München: Calwer Verlag/Kösel-Verlag. 1978 ff.

Berg, Sigrid; Berg, Horst Klaus, Mit Liedern, Bildern und Szenen im Religionsunterricht arbeiten. Didaktisch-methodische Einführungen und Gesamtregister, Stuttgart/München: Calwer Verlag/Kösel-Verlag. 1981.

Berg, Horst Klaus, Biblische Texte verfremdet (Band 1). Grundsätze, Methoden, Arbeitsmöglichkeiten. Stuttgart/München: Calwer Verlag/Kösel-Verlag. 1986.

Berg, Sigrid/Berg, Horst Klaus (Hg), Biblische Texte verfremdet. Band 2-12. Stuttgart/München: Calwer Verlag/Kösel-Verlag. 1986 ff.

Berg, Sigrid, Kreative Bibelarbeit in Gruppen. 16 Vorschläge. München/Stuttgart: Kösel-Verlag/Calwer Verlag. 1991.

Bittner, Christine, Der religiöse Ausdruckstanz. Erfahrungen mit Jugendlichen in Katechese und Gemeinde. München: Kösel-Verlag. 1982.

Brockmann, Gerhard; Heller, Hans (Hg), Gott liebt Geschichten. Erzählungen zu biblischen Geschichten. Schönberger Hefte – Sonderband. 1986/87, Folge 7.

Brockmann, Gerhard, Zurück zur Bibel – aber wie? In: G.Brockmann/H.Heller (Hg), Gott liebt Geschichten. Erzählungen zu biblischen Geschichten. Schönberger Hefte 1986/87, Sonderheft, Folge 7. S. 129-150.

Bubolz, Georg (Hg), Religionslexikon. Kompaktwissen für Schüler und junge Erwachsene. Frankfurt: Cornelsen Verlag Scriptor. 1990.

Bücken, Hajo (Hg), Mit Kindern die Bibel erleben (Reihe: 8-13). Offenbach/Freiburg: Burckhardthaus-Laetare Verlag/Christophorus-Verlag. 1987.

Calvocoressi, Peter, Who's who in der Bibel (dtv 11313). München: Deutscher Taschenbuchverlag. 2. Aufl. 1991.

Cratzius, Barbara; Longardt, Wolfgang, Biblische Spiele für alle. Ein Werkbuch zum Aufführen und Musizieren. Lahr/Zürich/Köln: Verlag E. Kaufmann/Benziger Verlag. 1984.

Dieser Jesus aus N. jesusphonothek. Eine Hörfolge. 20 Hörspiele. Begleitbuch. Freiburg/Wien/Gelnhausen: Christophorus-Verlag/Verlag Herder/Burckhardthaus-Verlag. 1983.

Elwell, Walter A., Kleines Bibelhandbuch. Bearbeitet von Herbert Hartmann. Konstanz: Friedrich Bahn Verlag. 1988.

Erl, Willi/Gaiser, Fritz, Neue Methoden der Bibelarbeit. Vom Anti-Gleichnis zum Zeitungsbericht. Tübingen: Katzmann Verlag. 7. Aufl. 1981.

Eykman, Karel/Boumann, Bert, Die Bibel erzählt. Freiburg/Gütersloh: Verlag Herder/Gütersloher Verlagshaus Gerd Mohn. 1978.

Fischer, Dietlind, Offenes Lernen. In: Böcker, W./Heimbrock, H.-G./Kerkhoff, E. (Hg); Handbuch Religiöser Erziehung. Düsseldorf. Pädagogischer Verlag Schwann-Bagel. Band I. 1987. S. 255-266.

Fischer, Dietlind, Den Kindern das Wort geben. Freie Arbeit mit Religion. In: ru 1991 (Heft 2), S. 65-68.

Goecke-Seischab, Margarete/Domay, Erhard, Botschaft der Bilder. Christliche Kunst sehen und verstehen lernen am Beispiel von 9 Farbtafeln und 9 Dias. Lahr: Verlag E. Kaufmann. 1990.

Grom, Bernhard, Methoden für den Religionsunterricht, Jugendarbeit und Erwachsenenbildung. Düsseldorf/Göttingen: Patmos Verlag/Vandenhoeck & Ruprecht. 6. Aufl. 1985.

Haas, Dieter/Vicktor, Gerhard (Hg), Spielideen zur Bibel. Anregungen und Beispiele für Schule und Gemeinde. Lahr: Verlag E. Kaufmann. 1988.

Hollenweger, Walter J., Konflikt in Korinth. Memoiren eines alten Mannes. Zwei narrative Exegesen zu 1 Kor 12-14 und Ez 37. München: Chr. Kaiser Verlag. 1978.

Hübner, Reinhard, u.a., Biblische Geschichten erleben. Spielversuche zu biblischen Texten. Offenbach/Freiburg: Burckhardthaus-Laetare Verlag/Christophorus-Verlag. 1980.

Ich entdecke die Welt der Bibel. Band 1: Altes Testament. Band 2: Neues Testament. Ravensburg: Otto Maier Verlag. 1990/91 (1987/88).

Jaeschke, Ursula/Olnhausen, Renate von, Medienbausteine Religion. Band I-III. Jesus und seine Zeit. Karlsruhe: Urs Görlitzer Verlag. 1991.

Kiehn, Antje u.a., Bibliodrama. Stuttgart: Kreuz-Verlag 1987.

Knecht, Lothar/Knecht, Martin, Lebendige Bibelarbeit. Beispiele für Schule und Gemeinde. Freiburg: Herder Verlag. 1992.

Krenzer, Rolf, Das große Liederbuch. 135 religiöse Lieder für Kindergarten, Schule und Gottesdienst. Limburg: Lahn-Verlag 1988.

Kurz, Helmut, Entdeckungen in der Bibel. Tips. Informationen. Methoden. München: Kösel-Verlag. 1988.

Kurz, Helmut, Methoden des Religionsunterrichts. Arbeitsformen und Beispiele. München: Kösel-Verlag. 2. Aufl. 1989.

Laeuchli, Samuel, Das Spiel vor dem dunklen Gott. ›Mimesis‹ – ein Beitrag zur Entwicklung des Bibliodramas. Neukirchen: Neukirchener Verlag. 1987.

Lander, Hilda-Maria; Zohner, Maria-Regina, Bibel und Tanz/Pantomime. In: Langer, W. (Hg), Handbuch der Bibelarbeit. München: Kösel-Verlag. 1987, S. 311-320.

Lange, Günter, Umgang mit Bildern. In: Bitter,G./Miller,G.(Hg), Handbuch religionspädagogischer Grundbegriffe. Band 2. München: Kösel-Verlag. 1986. S. 530-533.

Lange, Günter, Bibel und Bild. In: Langer, W. (Hg), Handbuch der Bibelarbeit. München: Kösel-Verlag. 1987, S. 81-87.

Lange, Günter, Kunst zur Bibel. 32 Bildinterpretationen. München: Kösel-Verlag. 1988.

Langer, Wolfgang (Hg), Handbuch der Bibelarbeit. München: Kösel-Verlag. 1987.

Laubi, Werner/Dirnbeck, Josef, Lese- und Spielszenen zur Bibel. Düsseldorf/Lahr: Patmos Verlag/Verlag E.Kaufmann. 1990.

Laubi, Werner, Geschichten zur Bibel. 1) Saul, David, Salomo. – 2) Elia, Amos, Jesaija. – Abraham, Jakob, Josef. – 4+5) Jesus von Nazareth. Teil 1 und 2. Lahr/Zürich: Verlag E.Kaufmann/Benziger Verlag. 1981 ff.

Lieder und was man damit machen kann. Beispiele zum Aufführen, Basteln, Tanzen. Improvisieren, Diskutieren und Meditieren (Reihe: 8-13). Offenbach/Freiburg: Burckhardthaus-Verlag/Christophorus-Verlag. 1981.

Longardt, Wolfgang, Bibel und Spiel. In: Langer, W. (Hg), Handbuch der Bibelarbeit. München: Kösel-Verlag. 1987, S. 296-304.

Longardt, Wolfgang, Spielbuch Religion. Für den Umgang mit fünf- bis zwölfjährigen Kindern. 65 Ideen, Praxisvorschläge und Werkstattskizzen. Lahr/Freiburg: Verlag E.Kaufmann/Christophorus Verlag. 1986.

Macht, Siegfried, Kinder tanzen ihre Lieder. Religiöse Sing- und Tanzspiele. Paderborn/Weinheim: Bonifatius Verlag/Deutscher Theaterverlag. 1991.

Martin, Gerhard Marcel, Bibliodrama. In: Langer, W. (Hg), Handbuch der Bibelarbeit. München: Kösel-Verlag. 1987, S. 305-310.

Martini, Guido, Bibel und Malen/Zeichnen. In: Langer, W. (Hg), Handbuch der Bibelarbeit. München: Kösel-Verlag. 1987. S. 320-327.

Martini, Guido, Malen als Erfahrung. Kreative Prozesse in Religionsunterricht, Gruppenarbeit und Freizeiten. Stuttgart/München: Calwer Verlag/Kösel-Verlag. 1977.

Meyer, Hilbert, Unterrichtsmethoden. I: Theorieband. II: Praxisband. Frankfurt: Scriptor Verlag. 2. Aufl. 1987.

Müller, Bernhard, Menschlich –Allzumenschlich. Karikaturen für Religionsunterricht und Ethik. Stuttgart/München: Calwer Verlag/Kösel-Verlag. 1992.

Neidhart,Walter/Eggenberger, Hans (Hg), Erzählbuch zur Bibel 1. Theorie und Beispiele. Lahr/Düsseldorf/Zürich: Verlag E.Kaufmann/Patmos Verlag/TVZ. 5. Aufl. 1987.

Neidhart, Walter, Erzählbuch zur Bibel 2. Geschichten und Texte für unsere Zeit weitererzählt. Lahr/Düsseldorf/Zürich: Verlag E. Kaufmann/Patmos Verlag/TVZ. 1989.

Neue Schulbibel. Schülerausgabe. Lehrerkommentar. Dias. München/Lahr: Kösel-Verlag/Verlag E. Kaufmann. 1974.

Niederer, Otto u.a., Arbeitsfolien Religion. Band 1. Geschichte Israels, Zeit Jesu, Frühe Kirche. Band 2. Kirchengeschichte. Stuttgart/München: Calwer Verlag/Kösel-Verlag. 2. Aufl. 1989.

Niehl, Franz W., Einige Methoden für die Bibelarbeit. In: KatBl 1980 (Heft 8). S. 617-622.

Schinzer, Reinhard, Die Bibel ins Spiel bringen. Anregungen für den Umgang mit der Bibel in Gruppen. Göttingen: Vandenhoeck & Ruprecht. 1983.

Schinzer, Reinhard, Im Spiel die Bibel verstehen. Anregungen für den Umgang mit der Bibel in Gruppen. Göttingen: Vandenhoeck & Ruprecht. 1986.

Schmalfuß, Lothar/Reinhard Pertsch, Methoden im Religionsunterricht. Ideen, Anregungen, Modelle. München: Claudius Verlag. 1987.

Schmitt, Rainer, Musik und Spiel in Religionsunterricht und Jugendarbeit. Praktische Anleitungen, Beispiele und Modelle. Stuttgart/München: Calwer Verlag/Kösel-Verlag. 1983.

Steinwede, Dietrich, Werkstatt Erzählen. (Kindergottesdienst heute 5). Münster: Comenius-Institut. 1974.

Theißen, Gerd, Der Schatten des Galiläers. Historische Jesusforschung in erzählender Form. München: Chr. Kaiser Verlag. 1987.

Traudisch, François, Die Botschaft der Bibel. Transparente. Aus dem Alten Testament: Teil 1-4. Aus dem Neuen Testament. Teil 1-4. Offenbach: Jünger Verlag. o.J.

Unkel, Elisabeth, Biblisches Lied und Spiellied. In: Langer, W. (Hg), Handbuch der Bibelarbeit. München: Kösel-Verlag. 1987, S. 327-335.

Vanoni, Gottfried, Der Mann, der Taube hieß. Mit Kindern die Bibel lesen. Das Buch Jona. Wien: Verlag Herder. 1984.

Watkinson, Gerd (Hg), 111 Kinderlieder zur Bibel. Freiburg/Lahr: Christophorus-Verlag/Verlag E. Kaufmann. 1968.

Watkinson, Gerd (Hg), 77 Spiel- und Tanzlieder zur Bibel. Freiburg/Lahr: Christophorus-Verlag/Verlag E. Kaufmann. 1979.

Watkinson, Gerd (Hg), 9x11 neue Kinderlieder zur Bibel. Freiburg/Lahr: Christophorus-Verlag/Verlag E. Kaufmann. 1973.

Wink, Walter, Bibelarbeit. Ein Praxisbuch für Theologen und Laien. Stuttgart: Verlag W. Kohlhammer. 1982.

Zink, Jörg, Bildwerk zur Bibel. Geschichte und Umwelt. Band 1-6. Offenbach/Freiburg: Burckhardthaus-Laetare Verlag/Christophorus-Verlag. 1980 ff.

Zink, Jörg, Der Morgen weiß mehr als der Abend. Bibel für Kinder. Stuttgart: Kreuz Verlag. 1981.

Zink, Jörg, DiaBücherei Christliche Kunst. Mitverfasser: Gabriele Heidecker, Gerhard Boos und Klaus Röhring. 1440 Dias in 24 Bänden. Eschbach: Verlag am Eschbach. 1981-1988.

Zirker, Hans, u.a.; Zugänge zu biblischen Texten. Eine Lesehilfe zur Bibel für die Grundschule. Altes Testament. Neues Testament. Düsseldorf: Patmos Verlag. 1980/81.

Register

Bibel

Begriffe, biblische Namen

Autoren